três mulheres

três mulheres

lisa taddeo

Tradução
Marina Vargas

Rio de Janeiro, 2019

Copyright © 2019 by Lisa Taddeo. Todos os direitos reservados.
Título original: Three Women

Todos os direitos desta publicação são reservados à Casa dos Livros Editora LTDA.
Nenhuma parte desta obra pode ser apropriada e estocada em sistema de banco de dados
ou processo similar, em qualquer forma ou ameio, seja eletrônico, de fotocópia, gravação etc.,
sem a permissão do detentor do copyright.

Diretora editorial: *Raquel Cozer*

Gerente editorial: *Alice Mello*

Editor: *Ulisses Teixeira*

Copidesque: *Bárbara Prince*

Revisão: *Thaís Lima*

Capa: *Alison Forner*

Adaptação de capa: *Túlio Cerquize*

Projeto gráfico: *Ruth Lee-Mui*

Diagramação: *Abreu's System*

CIP-Brasil. Catalogação na Publicação
Sindicato Nacional dos Editores de Livros, RJ

T127t

Taddeo, Lisa
Três mulheres / Lisa Taddeo ; tradução Marina Vargas. — 1. ed.
— Rio de Janeiro : Harper Collins, 2019.
320 p.

Tradução de: Three women
ISBN 9788595085787

1. Mulheres – Crônicas. 2. Crônicas americanas. I. Vargas,
Marina. II. Título.

19-58868
CDD: 818
CDU: 82-94(73)

Meri Gleice Rodrigues de Souza – Bibliotecária CRB-7/6439

Os pontos de vista desta obra são de responsabilidade de seu autor, não refletindo necessariamente a posição da
HarperCollins Brasil, da HarperCollins Publishers ou de sua equipe editorial.

HarperCollins Brasil é uma marca licenciada à Casa dos Livros Editora LTDA.
Todos os direitos reservados à Casa dos Livros Editora LTDA.
Rua da Quitanda, 86, sala 218 — Centro
Rio de Janeiro, RJ — CEP 20091-005
Tel.: (21) 3175-1030
www.harpercollins.com.br
MWP

Para Fox

Aquele que olha de fora através de uma janela aberta nunca vê tantas coisas quanto aquele que olha para uma janela fechada. Não há nada mais profundo, mais misterioso, mais fecundo, mais tenebroso, mais deslumbrante do que uma janela iluminada por uma única vela. O que se vê à luz do sol é sempre menos interessante do que o que acontece por trás de uma vidraça. Nesse buraco obscuro ou luminoso, vive a vida, sonha a vida, sofre a vida.

— CHARLES BAUDELAIRE

nota da autora

Esta é uma obra de não ficção. Ao longo de oito anos, passei milhares de horas com as mulheres retratadas neste livro — pessoalmente, ao telefone, trocando mensagens de texto e e-mails. Em dois casos, me mudei para as cidades onde elas moravam e me estabeleci lá a fim de compreender melhor seus cotidianos. Em alguns casos, estive presente e vivenciei os momentos que incluí no livro. Para os eventos que aconteceram no passado ou em momentos em que eu não estava presente, me baseei nas lembranças dessas mulheres, em seus diários e em suas comunicações. Realizei entrevistas com amigos e parentes e as acompanhei nas redes sociais. Na maior parte do tempo, no entanto, me ative ao ponto de vista das três mulheres.

Usei documentos judiciais e artigos da imprensa local e conversei com jornalistas, juízes, advogados, investigadores, colegas e conhecidos para confirmar acontecimentos e cronologias. Quase todas as citações são oriundas de documentos legais, e-mails, cartas, gravações e entrevistas com as mulheres e com outros indivíduos citados no livro. Uma exceção importante é o único caso em que as mensagens de texto, as cartas e alguns e-mails não estavam disponíveis. Nesse caso, o conteúdo fornecido baseou-se em diversos relatos da mulher em questão, que foram contestados pelo homem com quem ela se correspondia.

Baseei minha escolha dessas três mulheres na capacidade de identificação com suas histórias, em sua intensidade e na maneira como os acontecimentos, quando ocorridos no passado, continuavam no íntimo daquelas mulheres. Eu me restringi a falar com mulheres que estivessem abertas a me contar suas histórias, de forma não confidencial e sem omitir informações. Diversas mulheres decidiram, no decorrer da minha pesquisa, que estavam receosas demais para se expor. Mas, essencialmente, baseei minha seleção no que compreendi como a capacidade dessas mulheres de serem sinceras consigo mesmas e na disposição delas para contar suas histórias de maneiras que revelassem seu desejo. Outros não têm uma voz distinta neste texto porque as histórias aqui contadas pertencem a essas mulheres. Decidi, no entanto, proteger aqueles cujas vozes não foram incluídas, mudando quase todos os nomes, locais exatos e detalhes que permitissem a identificação nos dois relatos que ainda não se tornaram objeto de conhecimento público. No terceiro relato, mudei os nomes dos indivíduos que não desempenharam um papel público ou que tiveram importância secundária durante o período em questão.

Tenho certeza de que estas histórias contêm verdades vitais sobre as mulheres e o desejo. No fim das contas, no entanto, são essas três mulheres específicas que estão no comando de suas narrativas. Todas as histórias têm muitos lados; este é o delas.

prólogo

Quando minha mãe era jovem, um homem a seguia até o trabalho todas as manhãs e se masturbava enquanto andava atrás dela.

Minha mãe tinha frequentado a escola até o quinto ano apenas e seu dote consistia de panos de prato de linho de qualidade média, mas ela era linda. Essa ainda é a primeira maneira que me ocorre de descrevê--la. Seus cabelos eram da cor dos chocolates dos Alpes Tiroleses e ela sempre os usava da mesma maneira: cachos curtos presos no alto da cabeça. Sua pele não era morena como a da família, mas de uma cor toda própria, o rosa claro do ouro barato. Seus olhos eram sarcásticos, sedutores, castanhos.

Ela trabalhava como caixa em uma venda de frutas e legumes no centro de Bolonha. A venda ficava na Via San Felice, uma grande rua no distrito de moda. Havia muitas lojas de sapatos, joalherias, perfumarias, tabacarias e lojas de roupas para mulheres que não trabalhavam. Minha mãe passava por essas butiques a caminho do trabalho. Pelas vitrines, ela observava o couro de qualidade das botas e os colares reluzentes.

Mas antes de chegar a essa zona comercial, saía de seu apartamento e caminhava tranquilamente por pequenas ruas e vielas onde não trafegavam carros, passando pelo chaveiro e pelo açougue de carne de cabra, atravessando pórticos desertos que cheiravam a urina e ao odor sombrio de água estagnada em poças sobre as pedras. Era por essas ruas que o homem a seguia.

Onde ele a teria visto pela primeira vez? Imagino que tenha sido na venda de frutas. Aquela linda mulher, cercada por uma cornucópia de produtos frescos — figos suculentos, montanhas de castanhas-da-índia, pêssegos dourados, bulbos de funcho brancos e brilhantes, couves-flores verdes, tomates na vinha ainda cobertos de terra, pirâmides de berinjelas de um roxo profundo, morangos pequenos mas magníficos, cerejas reluzentes, uvas, caquis — além de uma seleção variada de grãos e pães, taralli, friselle, baguetes, algumas panelas de cobre à venda e barras de chocolate amargo.

Ele estava na casa dos sessenta anos, tinha nariz grande e começava a ficar careca, com uma barba branca por fazer sobre o rosto encovado. Usava uma boina, como todos os outros homens idosos que percorriam as ruas de bengala em sua *camminata* diária.

Um dia ele deve tê-la seguido até em casa, porque, em uma manhã ensolarada de maio, minha mãe abriu a pesada porta do edifício onde morava, saindo da escuridão para a súbita claridade — na Itália quase todos os prédios de apartamentos têm corredores escuros, as luzes diminuídas e cronometradas para cortar custos, o sol bloqueado pelas paredes de pedra, grossas e frias —, e lá estava aquele velho que ela nunca tinha visto, esperando por ela.

Ele sorriu, e ela sorriu de volta. Em seguida, começou sua caminhada para o trabalho, carregando uma bolsa barata e vestindo uma saia na altura da panturrilha. Suas pernas, mesmo depois de velha, eram absurdamente femininas. Posso me imaginar dentro da cabeça daquele homem, vendo as pernas de minha mãe e seguindo-as. Uma das heranças de ter vivido durante séculos sob o olhar masculino é que as mulheres heterossexuais com frequência olham para outras mulheres da mesma maneira que um homem faria.

Minha mãe sentiu a presença dele atrás de si por muitos quarteirões, passando pelo vendedor de azeitonas e pelo fornecedor de vinho do Porto e cerejas. Mas ele não se limitou a segui-la. Ao dobrar determinada esquina, ela percebeu um movimento com o canto do olho. As ruas de pedra estavam vazias àquela hora, no início da manhã, e ao se virar ela viu que ele estava com o pênis, longo, fino e ereto, para fora das calças, e que o estimulava com rapidez, para cima e para baixo, os olhos tão concentrados nela que parecia possível que o que acontecia abaixo de sua cintura fosse controlado por um cérebro completamente diferente.

Ela ficou assustada na época, mas, anos depois do episódio, o medo daquela primeira manhã se transformou em uma diversão sarcástica. Nos meses que se seguiram, ele apareceu diante do apartamento dela várias manhãs por semana, e por fim começou a acompanhá-la também na volta da venda até em casa. No auge do relacionamento, ele a seguia duas vezes por dia.

Minha mãe já morreu, portanto não posso perguntar por que ela permitiu isso, dia após dia. Perguntei então a meu irmão mais velho por que ela não fez nada, por que não contou a ninguém.

Era a Itália da década de 1960. Os policiais teriam dito: *Ma lascialo perdere, è un povero vecchio. È una meraviglia che ha il cazzo duro a sua età.*

Deixe para lá, é só um coitado de um velho. É um milagre que consiga ficar de pau duro nessa idade.

Minha mãe deixou que aquele homem se masturbasse observando seu corpo, seu rosto, enquanto caminhava para o trabalho e de volta para casa. Ela não era o tipo de mulher que sentiria prazer nisso. Mas não posso ter certeza. Minha mãe nunca falava sobre seu desejo. Sobre o que a excitava ou o que lhe causava repugnância. Às vezes parecia que ela não tinha nenhum desejo próprio. Que sua sexualidade era apenas uma trilha no meio da floresta, do tipo sem sinalização, que é aberta por botas pisoteando a vegetação alta. E as botas pertenciam a meu pai.

Meu pai amava as mulheres de uma maneira que era considerada encantadora. Ele era médico e chamava as enfermeiras de *benzinho* quando gostava delas e de *querida* quando não gostava. E, acima de tudo, amava minha mãe. Sua atração por ela era tão evidente que ainda me deixa desconfortável.

Embora eu nunca tenha me perguntado sobre o desejo de meu pai, algo em sua força, na força de todo desejo masculino, me cativava. Os homens não queriam, simplesmente. Os homens *precisavam*. O homem que seguia minha mãe até o trabalho e de volta todos os dias *precisava* fazer isso. Presidentes renunciam à glória em troca de boquetes. Em troca de um momento, um homem pode colocar em risco tudo que levou uma vida inteira para construir. Nunca concordei inteiramente com a teoria de que homens poderosos têm egos tão inflados que não conseguem conceber que um dia serão pegos; na verdade, acho que o desejo é tão intenso no instante, que tudo mais — família, lar, carreira — se funde em um pequeno líquido mais frio e mais ralo que o sêmen. Torna-se nada.

Quando comecei a escrever este livro, um livro sobre o desejo humano, achei que seria atraída pelas histórias dos homens. Seus anseios. A forma como podem virar um império de cabeça para baixo por uma garota de joelhos. Então comecei conversando com homens: com um filósofo em Los Angeles, um professor em Nova Jersey, um político em Washington, D.C. De fato fiquei atraída por suas histórias da mesma forma como uma pessoa se sente compelida a pedir repetidas vezes a mesma entrada do cardápio de um restaurante chinês.

A história do filósofo, que começou como um homem atraente cuja esposa menos atraente não queria dormir com ele, com todos os tormentos mesquinhos associados ao amor e à paixão que definham, se transformou na história de um homem que queria dormir com a massagista tatuada com quem vinha fazendo sessões por causa de uma dor nas costas. Ela diz que quer fugir comigo para Big Sur, ele mandou mensagem bem cedo em uma manhã de sol. Na próxima vez que nos encontramos, fiquei sentada diante dele em um café enquanto ele descrevia os quadris da massagista. Sua paixão não parecia digna, considerando o que ele havia perdido no casamento; na verdade, parecia superficial.

As histórias dos homens começaram a parecer todas iguais. Em alguns casos, havia um cortejo prolongado; às vezes esse cortejo mais parecia um aliciamento; mas na maior parte as histórias terminavam nos espasmos ofegantes do orgasmo. E ao passo que o ímpeto dos homens se esgotava na salva final do clímax, descobri que o das mulheres com frequência estava apenas começando. Havia complexidade, beleza e até mesmo violência na forma como as mulheres experimentavam o mesmo acontecimento. Dessa forma e de outras, a meus olhos, as partes femininas de um interlúdio passaram a representar o todo de como era o desejo nos Estados Unidos.

É claro que o desejo feminino pode ser tão impetuoso quanto o masculino, e quando o desejo era propulsor, quando procurava um fim que pudesse controlar, meu interesse desvanecia. Mas as histórias nas quais o desejo era algo que não podia ser controlado, quando o objeto do desejo ditava a narrativa, era aí que eu encontrava mais grandiosidade, mais dor. Era como pedalar uma bicicleta para trás: a agonia e a inutilidade e, por fim, a entrada em um mundo completamente diferente.

Para encontrar essas histórias, atravessei o país seis vezes. Fiz um vago planejamento de meus destinos. Na maior parte das vezes, eu parava em um lugar como Medora, Dakota do Norte. Pedia torradas e café, e lia o jornal local. Foi assim que encontrei Maggie. Uma jovem mulher sendo chamada de *puta* e *vadia gorda* por mulheres ainda mais jovens do que ela. Ela supostamente tivera um relacionamento com um de seus professores do ensino médio, que era casado. O fascinante, em seu relato, era a ausência de intercurso sexual em si. Como ela relatou, ele tinha feito sexo oral nela, mas não a deixara baixar o zíper da calça jeans dele. Ele, no entanto, havia colocado bilhetes em post-its amarelo-claros no livro favorito dela, *Crepúsculo*. Ao lado de passagens sobre a ligação duradoura entre dois amantes malfadados, ele havia traçado paralelos com a relação dos dois. O que impressionou aquela jovem mulher, o que a fez se sentir enaltecida, foi o grande número de bilhetes e o fato de serem ricos em detalhes. Ela mal podia acreditar que o professor que tanto admirava tivesse lido o livro inteiro, menos ainda que ele tivesse se dado ao trabalho de fazer comentários tão profundos, como se estivesse ministrando uma aula de estudos avançados sobre amantes vampiros. Ele também tinha, ela contou, perfumado as páginas com sua colônia, pois sabia que ela amava seu cheiro. Receber aqueles bilhetes, viver uma relação como aquela e então vê-la chegar a um fim repentino: eu podia imaginar com facilidade o vazio que algo assim deixaria.

Tomei conhecimento da história de Maggie quando as coisas estavam indo de mal a pior. Ela me pareceu uma mulher cuja sexualidade e cujas experiências sexuais estavam sendo negadas de uma maneira terrível. Vou recontar a narrativa de seu ponto de vista; entretanto, uma versão dessa história foi apresentada a um júri, que viu os fatos de forma muito diferente. Parte da narrativa de Maggie expõe para o leitor a questão muito familiar de quando, por que e por quem as histórias das mulheres são levadas a sério — e quando, por que e por quem não são.

Ao longo da história, homens partiram o coração de mulheres de uma determinada maneira. Eles as amam, ou as amam pela metade, em seguida se cansam e passam semanas e meses se desvencilhando em silêncio, tirando o time de campo, se afastando, e nunca mais ligam. Enquanto isso, as mulheres esperam. Quanto mais apaixonadas estão e quanto menos opções têm, mais tempo esperam, nutrindo a esperança de que ele reaparecerá com um celular quebrado, ou com a cara quebrada, e dizer: me perdoe, fui enterrado vivo e a única coisa na qual pensava era você e tive medo de que você achasse que a esqueci, quando a verdade é apenas que perdi seu número, foi roubado de mim pelos homens que me enterraram vivo, mas passei três anos procurando em listas telefônicas e agora a encontrei. Eu não desapareci, tudo que eu sentia não foi embora simplesmente. Você estava certa em pensar que isso seria cruel, inconcebível, impossível. Case comigo.

Maggie foi, de acordo com seu relato, destruída pelo suposto crime de seu professor, mas ela tinha algo que as mulheres abandonadas não costumam ter. Um certo poder, determinado por sua idade e pelo cargo de seu ex-amante. O poder de Maggie, ela acreditava, estava estabelecido pelas leis do país. Em última instância, no entanto, não estava.

Algumas mulheres esperam porque, se não esperarem, há uma ameaça de efemeridade. Maggie acredita, no momento, que ele é o único que ela vai desejar na vida. O problema pode ser econômico. As revoluções levam muito tempo para chegar a lugares onde as pessoas compartilham mais receitas da revista *Country Living* do que artigos sobre o fim da submissão feminina.

Lina, uma dona de casa de Indiana que não era beijada havia anos, esperou para deixar o marido porque não tinha dinheiro suficiente para viver separada dele. As leis sobre pensão alimentícia no estado de Indiana não eram uma realidade disponível para ela. Então ela esperou que outro homem deixasse a esposa. Em seguida esperou um pouco mais.

A forma como o vento sopra em nosso país pode nos levar a questionar quem somos em nossa própria vida. Com frequência o tipo de espera a que algumas mulheres se submetem é para ter certeza de que serão aprovadas por outras mulheres, para que elas também possam aprovar a si mesmas.

Sloane, a séria proprietária de um restaurante, deixa que o marido assista enquanto ela transa com outros homens. De vez em quando, há dois casais na mesma cama, mas na maior parte das vezes ele apenas assiste, em vídeo ou ao vivo, enquanto ela transa com outro homem. Sloane é linda. Enquanto o marido vê ela transar com outros homens, uma cobiçada faixa do mar espuma diante da janela do quarto. Mais à frente na rua, ovelhas Cotswold cor de aveia pastam. Uma amiga minha, que considerou o *ménage à trois* sórdido e quase abominável no contexto de um grupo de praticantes de swing que conheci em Cleveland, achou a história de Sloane esclarecedora, crua, uma história com a qual conseguia se identificar. E a capacidade de identificação com algo é o que nos leva a sentir empatia.

Eu penso diariamente sobre o fato de ser filha de uma mulher que deixou que um homem se masturbasse enquanto olhava para ela, e penso em todas as coisas que permiti que fossem feitas comigo, nada tão escandaloso, talvez, mas não muito diferente no plano geral. Então penso no quanto já desejei dos homens. Quanto desse desejo era algo que eu queria de mim mesma, de outras mulheres até; quanto do que eu achava que queria de um amante vinha do que eu precisava de minha própria mãe. Porque as mulheres, em muitas das histórias que ouvi, têm um domínio maior sobre outras mulheres do que os homens. Somos capazes de fazer outras mulheres se sentirem desleixadas, vulgares, sujas, desprezadas, feias. No fim, tudo se resume ao medo. Os homens podem nos amedrontar, outras mulheres podem nos amedrontar, e às vezes nos preocupamos tanto com o que nos causa medo que esperamos até estarmos sozinhas para termos um orgasmo. Fingimos querer coisas que não queremos para que ninguém veja que não conseguimos aquilo de que precisamos.

Os homens não amedrontavam minha mãe. A pobreza sim. Ela me contou outra história; embora não me lembre das circunstâncias exatas do momento em que me contou, sei que ela não me pediu para sentar. A história não foi contada enquanto comíamos biscoitos de água e sal e bebíamos vinho rosé. É mais provável que tenham sido Marlboros à mesa da cozinha, nenhuma janela aberta, o cachorro piscando em meio à fumaça, sentado entre nossos joelhos. Ela estaria limpando a mesa de vidro.

A história era sobre um homem cruel com quem ela estava se relacionando antes de conhecer meu pai. Minha mãe tinha algumas palavras que me intrigavam e me assustavam. *Cruel* era uma delas.

Ela cresceu em meio à pobreza, urinando em penicos e borrifando as sardas com urina porque diziam que isso suavizava os pigmentos. Havia apenas um quarto, que ela dividia com as duas irmãs e os pais. Quando chovia, a água entrava pelo telhado e pingava em seu rosto enquanto ela dormia. Passou quase dois anos em um sanatório tratando uma tuberculose. Ninguém a visitava, porque ninguém tinha dinheiro para custear a viagem. Seu pai era um alcoólatra que trabalhava em vinhedos. Um irmão mais novo morreu antes de completar um ano.

Ela acabou conseguindo sair de casa e foi para a cidade, mas pouco antes de isso acontecer, no início de fevereiro, sua mãe ficou doente. Câncer de estômago. Ela foi internada no hospital local, de onde não sairia mais. Certa noite, houve uma nevasca, o granizo se chocava contra os paralelepípedos, e minha mãe estava com esse homem cruel quando recebeu a notícia de que a mãe dela estava morrendo e não passaria daquela noite. O homem cruel estava levando minha mãe de carro até o hospital, em meio à tempestade de neve, quando eles começaram um briga horrível. Minha mãe não deu detalhes, mas disse que tudo terminou com ela no acostamento, debaixo de neve pesada, na noite escura. Ela viu as luzes traseiras do carro desaparecerem, e não havia nenhum outro veículo na estrada congelada. Não conseguiu estar com a mãe em seus momentos finais.

Até hoje não tenho certeza do que *cruel* significava naquele contexto. Não sei se o homem agredia minha mãe, ou se a violentava sexualmente. Sempre imaginei que crueldade, no mundo dela, envolvia alguma ameaça sexual. Em meus pensamentos mais góticos, eu o imagino tentando fazer sexo com ela na noite em que sua mãe estava morrendo. Imagino-o tentando mordê-la. Mas foi o medo da pobreza, não do homem cruel, que permaneceu nela. O fato de não poder chamar um táxi para ir até o hospital. O fato de não ter independência. De lhe faltarem recursos.

Mais ou menos um ano depois que meu pai morreu, quando conseguíamos chegar ao fim de um dia sem ter chorado, ela me pediu que lhe ensinasse a usar a internet. Minha mãe nunca havia usado um computador na vida. Digitar uma única frase levava vários e árduos minutos.

Apenas me diga o que você quer, falei, ao fim de um dia inteiro passado diante da tela. Nós duas estávamos frustradas.

Não posso, disse ela. É uma coisa que preciso fazer sozinha.

O quê?, perguntei. Eu já tinha visto tudo dela, todas as suas contas, bilhetes, até mesmo a carta escrita à mão que ela guardara para que eu encontrasse no caso de ela sofrer uma morte súbita.

Quero pesquisar sobre um homem, disse ela baixinho. Um homem que conheci antes do seu pai.

Fiquei perplexa, e até mesmo magoada. Eu queria que minha mãe fosse para sempre a viúva do meu pai. Queria que a imagem que eu tinha dos meus pais permanecesse intacta, mesmo depois da morte, mesmo à custa da felicidade dela. Eu não queria saber sobre o desejo da minha mãe.

Esse terceiro homem, dono de um vasto império de joalherias, a amava tanto que fora até a igreja para tentar impedir o casamento dos meus pais no momento em que era celebrado. Muito tempo atrás, ela me deu um colar de rubis e diamantes, algo que parecia estar passando adiante para negar o quanto era valioso para ela. Eu disse para ela tentar se entender com o computador sozinha, mas ela ficou doente antes de conseguir.

Eu penso sobre a sexualidade da minha mãe e sobre como ela ocasionalmente a usava. As pequenas coisas, o modo como se maquiava antes de sair de casa ou abrir a porta. Para mim, isso sempre pareceu um sinal de força ou fraqueza, mas nunca de um coração batendo. Como eu estava errada.

Ainda assim, me pergunto como uma mulher pode ter deixado que um homem se masturbasse atrás dela por tantos dias. Eu me pergunto se ela chorava à noite. Talvez ela chorasse até pelo velho solitário. São as nuances do desejo que guardam a verdade sobre quem somos em nossos momentos mais brutais. Eu decidi registrar o ardor e o tormento do desejo feminino de forma que os homens e outras mulheres possam compreender melhor antes de condenar. Porque são os minutos cotidianos de nossas vidas que vão permanecer para sempre, que vão nos dizer quem fomos, quem nossas vizinhas e nossas mães eram enquanto nos esforçávamos para pensar que elas eram muito diferentes de nós. Esta é a história de três mulheres.

maggie

Você se arruma naquela manhã como alguém que se prepara para uma guerra. Sua pintura de guerra é a maquiagem. Olho neutro e esfumaçado. Cílios carregados. Blush rosa escuro e lábios nude. Seu cabelo está levemente ondulado e muito longo.

Você aprendeu sozinha a fazer a maquiagem e o cabelo, diante de espelhos, com Linkin Park e Led Zeppelin tocando ao fundo. Você é uma daquelas garotas que entendem de forma inata sobre contornos e acessórios, que fazem bom uso de grampos enterrados no cabelo.

Você usa botas de salto anabela, leggings e uma blusa transparente estilo quimono. Quer que ele saiba que não está mais lidando com uma criança. Você tem vinte e três anos.

É claro, você também quer que ele ainda a deseje, que lamente o que perdeu. Quer que, mais tarde, ele se sente à mesa para jantar e fique pensando na curva dos seus quadris.

Seis anos atrás, você era menor, e ele adorava suas mãos pequenas. Naquela época, as mãos dele tremularam dentro de você. Muita coisa mudou. Seu pai está morto. Em agosto, ele cortou os pulsos em um cemitério próximo. Você conversava com ele sobre seu pai, sobre os problemas com seus pais. Ele sabia como um ia buscar o outro no bar.

Ambos bêbados, mas um pior que o outro. Agora você acha que ele entenderia o quanto você se preocupa com a chuva tamborilando na terra acima de seu pai. Será que ele está se molhando lá embaixo, se perguntando por que você o deixou na escuridão fria e úmida? A morte não prevalece sobre as coisas que acontecem em um tribunal? A morte não prevalece sobre todas as outras bobagens, até mesmo policiais e advogados? De alguma forma, em algum lugar, não continua sendo apenas vocês dois?

Você vai de carro até o tribunal distrital do Condado de Cass com seu irmão, David, compartilhando alguns cigarros no caminho. Parte do seu perfume é cheiro de banho misturado à fumaça de cigarro. Ele detestava quando você fumava, então você mentia. Dizia que fora a fumaça do cigarro dos seus pais que se impregnara em seus cabelos e nas fibras do seu moletom azul-marinho. Em um retiro católico, você prometeu parar de fumar, por ele. Ele merecia você inteira, inclusive as partes que você não queria dar.

Você poderia ter feito as coisas de forma que ele não aparecesse hoje. Mesmo que, de acordo com os advogados, ele tivesse o direito de estar lá. Enfim, uma pequena parte de você o queria lá. Você poderia até dizer que uma de suas razões para ir a polícia foi obrigá-lo a ficar diante de você novamente. Porque a maior parte das pessoas vai concordar — quando um amante se afasta, se recusa a ter contato, não quer a escova de dentes de volta, não precisa dos tênis de caminhada, não responde um e-mail, sai para comprar outros tênis de caminhada, por exemplo, porque isso é melhor do que lidar com sua dor traiçoeira, é como se alguém estivesse congelando seus órgãos. Faz tanto frio que você não consegue respirar. Durante seis anos, ele ficou longe. Mas virá hoje, e também irá ao julgamento, então, de alguma maneira, pode-se dizer que uma das razões por que você está fazendo isso é o fato de que assim vai vê-lo mais ou menos outras seis vezes. Essa ideia só é estranha para quem não sabe como uma pessoa pode destruir outra com o simples ato de desaparecer.

Você tem medo de desejá-lo e se pergunta se a mulher dele está preocupada. Imagina-a em casa, ignorando as crianças e olhando para o relógio.

Você estaciona e fuma um pouco mais antes de entrar. Deve estar fazendo uns quinze graus negativos do lado de fora, mas é bom fumar no frio. Às vezes Fargo parece um novo começo. Os caminhões prateados passando zunindo pela via expressa. Os caminhões têm destinos definidos, coordenadas a seguir. Mas você acha os trens mais bonitos, mais livres. Inspira, e o gelo toma seus pulmões.

Você chega à sala primeiro. Graças a Deus. Você, David, o promotor, Jon, o assistente do promotor, Paul. Você pensa em todos esses homens pelo primeiro nome, e se dirige a eles dessa forma. Eles acham que você está ultrapassando os limites. Na verdade, eles não estão representando você; estão representando o estado de Dakota do Norte. Não estão lá para defendê-la. Seria mais preciso dizer que estão lá para defender sua sombra.

Uma estenógrafa entra.

Então Ele entra. Com o advogado dele, um babaca elegante chamado Hoy.

Ele se senta diante de você. Está vestindo o que costumava vestir na escola. Camisa de botão, gravata, calças. É estranho. Você esperava que ele vestisse um terno. Algo mais elegante e sério. Essa roupa o torna reconhecível novamente. Você se pergunta se esteve enganada nestes últimos anos. Achou que o silêncio dele significava indiferença, mas talvez ele estivesse afundado em um temor sobrenatural, como você. Ele teve um terceiro filho, você ficou sabendo, e em sua mente imaginou balanços, a mulher dele com o rosto rosado e todos aproveitando a vida enquanto você tremia em banhos de gelo de autodepreciação. Você ficou mais pesada e sua maquiagem ficou mais pesada, mais camadas. Mas, durante todo aquele tempo, talvez ele estivesse morrendo. Sentindo sua falta. Entregando-se, como um poeta, a décadas de tristeza. O balanço está enferrujado. A cerca da classe média demarca os limites de sua prisão. A esposa é a carcereira. Os filhos, bem... Eles são a razão; é por eles que ele decide permanecer infeliz, sem você.

Pelo mais breve dos momentos, você tem vontade de estender as mãos pequenas que ele tanto amava — Será que ainda ama? Para onde o amor pelas mãos vai quando morre? —, tomar seu rosto nelas e dizer:

Ah, merda, me perdoe por traí-lo. Eu estava extremamente magoada e furiosa, e você roubou vários anos de minha vida. Não foi comum, o que você fez, e agora aqui estou eu. Olhe para mim. Coloquei esta pintura de guerra, mas por baixo dela estou marcada por cicatrizes, assustada, excitada, cansada e amo você. Engordei 14 quilos. Fui expulsa da faculdade algumas vezes. Meu pai acabou de se matar. Tomo um monte de remédios, olhe dentro da minha bolsa, tem uma porrada deles. Sou uma garota tomando os remédios de uma velha. Eu deveria estar saindo com garotos com hálito de maconha, mas em vez disso personifiquei por completo minha fantasia de vítima. Estou pendurada em um cabide bege na loja Party City. Você nunca escreveu de volta.

Quase, você quase estende as mãos na direção dele, tanto para dizer que sente muito como para implorar que ele cuide de você. Ninguém cuida de você como você sabe que ele pode cuidar. Ninguém a ouve como ele ouvia. Todas aquelas horas. Como um pai, um marido, um professor e seu melhor amigo.

Os olhos dele param de encarar a mesa e encontram os seus. São frios, escuros, mortos. Pequenas ágatas, são reluzentes e severos, e mais velhos do que você se lembrava. Na verdade, você não se lembra desses olhos. Eles costumavam estar cheios de amor, desejo. Ele sugava sua língua para dentro da boca como se quisesse ter mais uma língua.

Agora ele a odeia. Está claro. Você o obrigou a vir até aqui, a sair do conforto do lar com os três filhos e a mulher que vai ficar ao lado dele até a sepultura. Você o arrastou para a neve derretida demoníaca de janeiro, para esta sala escura, e o está obrigando a gastar todo o salário e todas as economias dos pais para pagar aquele advogado engomado e apático, e está determinada a arruinar a vida dele. Tudo o que ele construiu. Cada mesa educativa da Fisher-Price que ele ligou no ar abafado das sete da manhã. Ele vendeu uma casa e comprou outra por causa de você.

Na Dakota do Norte, neste exato momento, Aaron Knodel é Professor do Ano; por todo o estado ele é considerado o melhor em sua profissão. E aí está você, sua vagabunda maluca, descendente de alcoólatras, filha do suicídio, uma garota que se relacionou com homens mais velhos antes e lhes causou problemas, homens do exército, homens íntegros dos

Estados Unidos, e eis você aqui de novo, sua vadia destrutiva, tentando destruir o Professor do Ano. Ele expira diante de você com amargura. Hálito de ovos.

Outra coisa que está perfeitamente clara: você precisa parar de se importar. Agora mesmo. Se não, talvez nunca mais saia desta sala. Você procura pelo lugar onde seu coração termina e, por incrível que pareça, o encontra. Sua gratidão por si mesma e por Deus é atordoante. Quantas vezes você sentiu que estava fazendo a coisa certa? Hoje é um desses dias. Talvez o único.

Você achou que ainda ia sentir vontade de dar para ele. Seguiu-o obsessivamente na internet. Hoje em dia nem é mais preciso obcecar. Você abre seu computador e os fantasmas se acumulam. Não pode evitar os elogios obsequiosos nos jornais locais. Ou o Facebook mostra uma propaganda de uma loja onde as luvas de seu antigo amante foram compradas. As fotografias recentes que você viu ainda a fizeram vibrar de excitação, e você ardeu com um desejo antigo. Mas sentada aqui, agora, não há nada. A boca pequena e estreita dele. A pele cheia de imperfeições. Os lábios não sensuais, mas secos e perturbadores. Ele está pálido, como se estivesse se alimentando de muffins, bebendo café e Coca-Cola, sentado em um porão frio, fazendo cara feia para a parede.

Bom dia, diz o advogado dele, Hoy, que é um terror, com seu bigode de fios astutos e rígidos. Ele fez questão de anunciar para a imprensa que seu cliente tinha feito o teste do polígrafo, e passado, mesmo que, de acordo com o promotor, fosse improvável que aceitassem a admissão desse resultado no tribunal.

Você consegue ver o julgamento nos bigodes de Hoy. Ele é do tipo que a faz se sentir uma merda nada refinada com um carro cujo motor não pega em manhãs de inverno como esta.

Ele diz: Por favor, diga seu nome completo para que conste dos autos.

A estenógrafa do tribunal digita, seu irmão, David, respira em uníssono com você, você diz seu nome completo em voz alta. Você diz: Maggie May Wilken. E joga para trás seus cabelos longos e bem cuidados.

A primeira rodada de perguntas é construída para fazê-la relaxar sem que você perceba. Hoy pergunta sobre o tempo que você passou com sua irmã, Melia, no estado de Washington. Melia e o marido, Dane, que é militar — são os mesmos parentes que você visitou no Havaí —, mas por ora ele pergunta apenas sobre quando eles moravam em Washington. Isso foi depois de Aaron. Porque sua vida pode ser dividida dessa forma. Antes de Aaron e Depois de Aaron. Também pode ser dividida em antes do suicídio do seu pai e depois disso, mas Aaron foi o início de tudo, se você for sincera.

Ele pergunta sobre o site de relacionamentos PlentyOfFish. Você de fato conheceu alguns caras lá enquanto estava em Washington. Mas esse advogado age como se você estivesse vendendo seu corpo por cerveja. Você sabe que homens como ele têm o poder de fazer as leis sob as quais você vive. Homens que falam como se sites de relacionamento fossem classificados para sexo. Como se você fosse uma garota que tira fotos do rosto espreitando por entre as próprias coxas.

Na verdade você saiu com alguns caras do site que eram uns fracassados. Foi triste, e você não transou com ninguém, nem sequer aceitou bebidas de graça. Você fica constrangida. Isso foi antes de as pessoas fazerem posts de Instagram com o objetivo de provocar inveja. Isso foi nos tempos iniciais e lentos da nova era. Hoy também pergunta sobre um site cujo nome ele nem ao menos sabe pronunciar. Você pergunta: O que é isso, ele responde: Eu não conheço, mas você já se cadastrou nesse site, e você responde: Não, eu nem sei o que é. E ao mesmo tempo pensa: Nem você, seu babaca. Mas a formalidade dele a faz ter medo de contradizê-lo. Você poderia apostar que a mulher e os filhos desse homem aprenderam a mentir para ele com regularidade, para escapar de um tipo de crítica digna de dilacerar a alma.

Ele pergunta sobre as brigas entre você e seu pai. Seu amado pai morto, sob barro e chuva. No passado, vocês dois brigaram muito, e você confirma isso. Qual era o motivo das brigas, pergunta Hoy, e você responde: Qualquer coisa. Você não esconde nada, não importa o que signifique, ou o que eles possam pensar.

Ele pergunta sobre seus irmãos, sobre como todos deixaram a casa da família cedo. Naquela época você não sabia que um depoimento na fase de instrução é exatamente isso. Eles montam um caso contra você com suas próprias palavras. Mostrando como você era problemática. A garota libertina que talvez fosse. Em todos aqueles sites de relacionamento, com todos aqueles irmãos; seus pais eram bêbados copuladores que fizeram todos aqueles filhos e deixaram que se espalhassem pelo país, criando problemas e surfando neles como em ondas em direção a novos estados. Você não mora na parte boa de West Fargo, você mora no lado pobre, ao contrário do sr. Knodel, Professor do Ano do estado de Dakota do Norte, que vive em uma casa bonita, de cor neutra, com uma mangueira enrolada em um gancho e grama que ninguém se esquece de regar.

Você olha para ele enquanto isso. E se lembra do passado. E pensa: E se o tempo nunca tivesse corrido? E você pudesse voltar para aquela época. Quando tudo era inofensivo e todos estavam vivos. E se as suas mãos e as mãos dele ainda fossem amigas. E Hoy diz: Você indicou que antes do seu penúltimo ano na escola... que você era próxima do sr. Knodel antes disso.

Você diz: Correto.

Como isso aconteceu?, pergunta Hoy.

Você pensa bastante na resposta para essa pergunta. Prende suas memórias. E em um instante lá está você. Longe da morte negra do presente, e de volta ao paraíso considerável do passado.

O destino de Maggie chega certa tarde, sem o soar de um clarim. Ele chega sorrateiramente, como tudo mais no mundo que tem o poder de nos destruir.

Ela apenas ouvira falar dele. Algumas das garotas estavam comentando sobre como ele era bonito. Cabelo escuro e liso com um pequeno topete na frente, como se tivesse sido fixado com gel em uma saudação permanente. Olhos escuros encantadores. O tipo de professor que faz você querer ir para a escola, mesmo nas manhãs frias da Dakota do Norte. Nos corredores, o nome dele causava tanta excitação que precisava ser sussurrado.

Sr. Knodel.

Maggie não é o tipo de pessoa que confia na palavra de outras no que diz respeito à beleza de alguém. E não costuma concordar com a opinião popular apenas para se encaixar. Suas amigas dizem que ela não tem filtro. Elas riem disso mas, em segredo, ficam felizes por ela estar no mesmo time. Ela é do tipo que diz a um cara que ele não vai dar uma volta, então é melhor nem perguntar: Você quer dar uma volta?

Finalmente, um dia, entre o segundo e o terceiro períodos, ela o vê passando no corredor. Está usando calça cáqui, camisa de botão e gravata. Não é um momento meteórico. A primeira vez que você vê a próxima pessoa mais importante de sua vida não costuma ser um grande momento. Ela diz às amigas: Está bem, ele é bonitinho, mas com certeza não é tudo que dizem.

Não há muitos professores bonitos. Na verdade, não há nenhum. Há dois outros professores jovens do sexo masculino, o sr. Murphy e o sr. Krinke, que junto com o sr. Knodel são os "três mosqueteiros". Além de serem próximos entre si, eles também se comunicam com os alunos de todas as formas, como por mensagens de texto, especialmente os alunos que eles orientam; o sr. Murphy e o sr. Knodel coordenam o congresso estudantil, e o sr. Krinke e o sr. Knodel coordenam juntos o clube de oratória e debates. Depois da escola, eles vão a restaurantes que servem degustação de cerveja, como o Spitfire Bar & Grill. Applebee's. TGI Friday's. Eles assistem a jogos e bebem. Nos dias de aula, comem na sala do sr. Knodel o que chamam de almoço de homem. Conversam sobre um jogo online de futebol americano e dão grandes e impiedosas mordidas em sanduíches de frios.

Dos três mosqueteiros, o sr. Knodel é o melhor partido. Tem 1,80 metro, 85 quilos, cabelos e olhos castanhos. Não é um bom partido no sentido tradicional: ele é casado e tem filhos. Um bom partido significa que, de todos os professores com menos de 40 anos, ele é o mais atraente. Quem não pode ir a Las Vegas vai ao cassino Foxwoods.

No segundo semestre do primeiro ano do ensino médio, Maggie tem aulas de inglês com o sr. Knodel. Ela se interessa pelas aulas. Senta-se com a coluna ereta, levanta a mão, sorri e quase sempre chega na hora. Eles conversam depois da aula. Ele olha nos olhos dela e ouve, como um bom professor.

Tudo começa a se encaixar. Quando o West Fargo enfrenta o Fargo South nas semifinais de futebol feminino, o técnico convoca Maggie e ela começa a tremer da cabeça aos pés como um passarinho. Ele diz que o time precisa dela em campo. Eles perdem, mas graças a ela quase não perdem. O ar está gelado, o dia ensolarado, e ela se lembra de pensar: Eu tenho o resto da vida para fazer isso, e qualquer outra coisa que eu queira fazer.

Nas paredes de seu quarto há pôsteres das jogadoras Mia Hamm e Abby Wambach. Sua mãe pinta uma rede no lugar da cabeceira da cama. Maggie é apaixonada por David Beckham. Nos ventrículos mais confiantes de seu coração, ela se imagina ganhando uma bolsa de estudos para a faculdade. Pensa no futuro, depois de deixar para trás garotos, festas e fofocas, nos grandes estádios aonde as pessoas vão só para ver as garotas jogarem. Ela está diante daquele precipício: ainda possui os sonhos de uma criança, mas agora consegue contrapô-los ao potencial de um adulto.

No jogo de abertura, no primeiro ano, Maggie e algumas amigas entram no estádio com álcool escondido em garrafas de refrigerante, depois seguem para a casa de uma garota cujos pais estão fora da cidade, e bebem um pouco mais. Elas ficam com fome e vão até a Perkins, uma lanchonete que mais parece um refeitório popular. O lugar é desbotado, os clientes têm rostos avermelhados e as garçonetes têm tosse de fumante, mas quando se é jovem e se está bêbado, serve para um lanche de fim de noite. Quando se é jovem, é possível fazer quase qualquer coisa sem que pareça deprimente.

Um trem ressoa à distância. Maggie está animada, pensando em futuras viagens de trem, bilhetes só de ida para longe de Fargo, carreiras e apartamentos elegantes em cidades espelhadas. Toda sua vida se estende diante dela, um caminho de direções imprecisas, porém múltiplas. Ela poderia ser astronauta, estrela do rap, contadora. Ela poderia ser feliz.

Hoy pergunta sobre outras pessoas em sua turma de inglês, e também sobre seu círculo de amigas mais próximas. Você menciona Melani, Sammy, Tessa, Liz e Snokla.

Snokla, ele repete, como se fosse uma sobremesa gelada. É uma garota?

É uma garota, você responde.

E essa é aquela cujo sobrenome você acha que é Solomon?

Hoy diz isso de uma maneira condescendente. Então Aaron fala pela primeira vez. O homem que colocou a boca em todo o seu corpo e então um dia não só pôs fim a isso, mas passou a ignorar sua existência, fala com você pela primeira vez em seis anos.

Está errado, ele diz, balançando a cabeça. Ele quer dizer que Solomon, o sobrenome, está errado. Pela maneira como diz isso e balança a cabeça, você sabe que ele tem razão. É mais que inteligência. Ele é o tipo de homem que nunca vai contrair uma doença sexualmente transmissível, não importa com quantas mulheres imundas vá para a cama. Em um parque de diversões, ele não sai sem vários bichos de pelúcia baratos. Seus braços ficam rosa e azuis das cores da vitória.

Hoy repete: E essa é aquela cujo sobrenome você acha que é Solomon?

Parece que não, você responde. Seu rosto fica quente. Um dia, você o amou, mas ele ainda é, e sempre foi, uma figura de autoridade. Uma vez ele disse que tinha deixado o corpo liso por você, e você se sentiu tão idiota porque não fazia ideia do que isso significava.

Eu não entendo, diz Hoy.

Estou dizendo claramente que seu cliente diz que esse não é o sobrenome dela, então...

Quando está com raiva e encurralada, você fica sarcástica. Hoy diz: Tudo bem, não precisam começar com isso. Apenas responda minhas perguntas.

Mais tarde, você vai se perguntar por que ninguém achou estranho que Hoy estivesse agindo mais como um amigo pondo panos quentes em uma briga de casal do que como um advogado defendendo um homem inocente.

Mas não é Hoy quem está louco, é você. Você é uma garota maluca. Você quer dinheiro, é o que as pessoas pensam, e que esse homem pague por algo que não fez. Você está louca e avariada, assim como seu carro e sua saúde mental. Como sempre, os canalhas vencem. Aaron continua sendo maior que você. Isso não provoca dor, mas algo cancerígeno, algo que choraminga bem no fundo de você, que quer apenas a mãe. Você dá de ombros.

Então eu não sei, você diz.

Maggie se lembra de uma garota chamada Tabitha na mesma turma de inglês que ela. Ela se lembra porque, durante uma aula, o sr. Knodel revelou que teve câncer de testículo. É engraçado, legal e apenas ligeiramente estranho quando os professores compartilham fatos íntimos sobre si mesmos. Isso os torna menos professorais. É mais fácil se identificar com professores que têm uma vida comum como você, que pegam resfriados, querem coisas que não podem ter e nem sempre se sentem bonitos.

Então Tabitha perguntou ao sr. Knodel se isso significava que ele tinha apenas um testículo. Na verdade, ela não disse isso de maneira tão educada. Ela disse: Então, quer dizer que você só tem uma bola?

O sr. Knodel não ficou nem um pouco feliz. Com um ar severo, ele disse: Podemos falar sobre isso depois da aula.

Maggie ficou com pena do sr. Knodel, pois sabia que Tabitha o constrangera. Que coisa horrível de se perguntar. Quem teria coragem de perguntar algo assim? Maggie é insolente e espalhafatosa, mas não é cruel ou imprudente.

Algum tempo depois — como se quisesse mostrar que o testículo ausente não o incapacitava, brincam alguns alunos —, o sr. Knodel tira uma licença-paternidade. Sua esposa deu à luz o segundo filho. O sr. Murphy o substitui durante esse período. Quando o sr. Knodel retorna, logo depois de ser pai, ele parece ter se aberto. Está revitalizado e acessível de uma nova maneira — uma ostra polida e indulgente.

Maggie não se lembra exatamente como começou a falar com ele sobre sua vida nas sessões depois da escola. Ela se demorava depois da aula dele, ou ele fazia uma pergunta quando ela estava a caminho da porta. Maggie, ele chamava, com uma sinceridade incrível nos olhos, e ela ficava. Por fim, começou a contar a ele algumas coisas. Seu pai tinha ficado bêbado demais para dirigir do bar de volta para casa. Eles tiveram uma briga na noite anterior, e ela não quis ouvi-lo, porque como poderia ouvir um pai que lhe pedia para comprar uma caixa de cerveja?

Caso passasse um tempo sem que ela lhe contasse algo, ele a cutucava. Dizia: Ei, tudo bem em casa? E Maggie ficava para lhe contar o que havia de novo. Ele era um bom professor, e se importava. Às vezes, não há nada melhor no mundo do que alguém nos fazendo uma pergunta.

lina

Há dois tipos de garotas de quinze anos, Lina sabe, e ela é do tipo que se dedica mais a colecionar adesivos do que a dar beijos de língua. Em seu quarto, fecha os olhos e se imagina se apaixonando. Lina deseja isso mais do que qualquer outra coisa. Ela acredita que as meninas que dizem desejar sucesso na carreira mais do que desejam se apaixonar estão mentindo. No andar de baixo, sua mãe está assando bolo de carne. Lina detesta bolo de carne. Especificamente, detesta a maneira como o cheiro perdura. A casa toda cheira a bolo de carne agora, e daqui a dias o pó no corrimão ainda vai reter aquele fedor acastanhado.

Na testa dela tem uma espinha, cujo centro é da cor de uma laranja-de-sangue. É sexta-feira, o que não significa nada, porque suas sextas-feiras são praticamente iguais às terças-feiras, e na verdade as terças são melhores porque, pelo menos às terças, pode-se ter certeza de que ninguém está fazendo nada de importante, assim como você. Algumas pessoas não estão fazendo nada de importante em casas modulares ou trailers. Pelo menos Lina mora em uma casa decente. Sempre pode ser pior, embora, é claro, também possa sempre ser melhor.

Mas esta sexta-feira vai ser diferente. Ela ainda não sabe, mas esta sexta-feira vai mudar sua vida para sempre.

Algumas semanas antes, uma amiga de Lina, Jennifer, que beija muita gente, começou a namorar um cara chamado Rod. Rod é o melhor amigo de Aidan, e Lina sente por Aidan o tipo de paixão que toda garota que não é popular sente por um garoto popular. Ele é forte, atraente e muito calado, de modo que toda vez que ele abre a boca é empolgante. É apenas uma paixão moderada, porque ela mal o vê. Eles fazem uma matéria juntos e nunca se falaram. Ele namora garotas com lábios volumosos, seios grandes e um certo tipo de cabelo liso e sedoso. Ele namora garotas gostosas.

Lina não tem dismorfia. Ela não se olha no espelho e vê uma garota feia. Ela se olha no espelho e vê exatamente o que há para ver: cabelo loiro ondulado na altura dos ombros, olhos azul-acinzentados e pele avermelhada com pequenas fileiras de espinhas surgindo ao longo da linha do cabelo. Tem estatura normal, 1,64 metro, e seu corpo é algo entre normal e bom: suas coxas não se tocam muito e, se ela pular o jantar, se sente bem em relação à barriga.

Mas não é bonita. Por exemplo, se de repente se tornasse namorada de Aidan, não conseguia imaginar outro garoto dizendo: Cara, a mina do Aidan é *gostosa*.

E, nos últimos tempos, tem percebido que nada no mundo poderia ser mais importante. Nada mais importa. Ou melhor, tudo o mais *importaria*, porque quando é gostosa, você tem liberdade para se concentrar no resto da vida. Você é gostosa, então não precisa ficar uma hora na frente do espelho para ter uma aparência decente. Você é gostosa, então não precisa se esforçar para ser amada. Você é gostosa, então nunca precisa chorar, e quando chora, é porque alguém morreu, e fica bonita chorando.

De qualquer forma, não só ela não era gostosa, mas também não recebia o tipo de atenção que sabia ser fácil de receber. Como dos caras que trabalhavam nas lojas de conveniência 7-Eleven e nas lanchonetes Tastee Freez. Caras espinhentos que usam correntes prendendo a carteira à passadeira do cinto. Nem desses caras.

Mas agora que Jennifer estava namorando Rod, aquilo tinha se tornado uma possibilidade. Era praticamente como se a única coisa que impedisse Lina de ter um namorado popular fosse um pouco de estratégia. E para ter uma boa estratégia, você precisa ter uma obsessão prática.

Então, em questão de semanas, Lina aprende tudo sobre ele. Cara, se os garotos soubessem, ela brinca com Jennifer, quanto tempo gastamos pensando neles. Lina é sempre sincera sobre assuntos assim. Mas Jennifer nunca vai admitir que algum dia já fez algo parecido. Como descobrir tudo a respeito de alguém com quem você nunca falou.

Endereço.

Número do telefone de cor. E em duas semanas você disca os seis primeiros dígitos mais ou menos umas mil vezes, seu coração explode logo antes do sétimo número e seu dedo pulsa sobre ele, mas você nunca o pressiona. Fazer isso ativa os mesmos sentidos que a heroína.

Pais — os nomes, o que cada um deles faz para ganhar a vida e onde trabalham.

Animal de estimação — o nome e quando é levado para passear. Por quais ruas passa, para você ir com seu walkman, escolher uma roupa para a caminhada todos os dias e virar cada esquina com o coração cheio de mosquitos.

Número da camiseta.

Primeira garota que ele beijou. E então você cria uma história sobre como ela é péssima. Você cria histórias no chuveiro sobre como a menina é péssima e como ele não vai querer falar sobre ela porque não vale a pena. Como ele vai praticamente esquecer o nome dela. Mesmo que você nunca esqueça.

Bandas favoritas, filmes favoritos, tudo o que Lina admite que talvez só devesse saber depois de conhecer a pessoa.

Seus horários de aula, onde exatamente se sentar na sala durante a matéria que fazem juntos e como chegar antes dele, para que ele não pense que você está tentando se aproximar.

Tudo isso se torna mais importante do que respirar. Porque Lina sabe que se conseguir ter aquele garoto tão perfeito, então todo o resto ficará bem. Até o fato de não ser gostosa. Vai ficar tudo bem e as merdas da vida não vão importar.

Como a mãe de Lina, que faz com que ela se sinta uma idiota por querer mais do que tem. Que diz frases como, Que ideia ridícula, Lina, ou, Por que enfiou isso na cabeça, Lina?

Como o pai de Lina, que vai caçar patos, e ela morre de vontade de ir com ele, mas sua mãe é contra. Ela quer que Lina e suas irmãs se comportem como garotas. Moças.

E faz perguntas demais. Está sempre pegando no pé da Lina. Está sempre rondando. Lina pensa: Vá cuidar da sua vida. Vá cuidar da sua merda de vida. Eu nunca cheguei da escola e fiquei sozinha nesta merda de casa.

Ela não se importaria com coisas assim, ou pelo menos as toleraria, se pudesse ir para a casa de seu namorado Aidan Hart, assistir a um filme em seu quarto no porão com todas as luzes apagadas e dar uns amassos incríveis mas silenciosos, aninhados sob a colcha áspera dos Colts, sem se importar com mais nada, porque eles estão completamente apaixonados. Cara, a palavra *namorado*. É algo que ela nem consegue conceber. É muito distante, e ela sabe que se um dia tiver um, nunca deixará de valorizar isso, porque todo dia vai acordar e dizer: Puta merda, eu tenho um *namorado*.

Se ele ao menos soubesse como ela era perfeita para ele. Acariciaria seu rosto e diria: Garota, eu odeio que perdemos tanto tempo. Temos que compensar. Preciso passar cada minuto do resto da minha vida tocando seu corpo.

E ela apenas colocaria a ponta do dedo sobre os lábios dele, como uma vez viu uma garota gostosa fazer em um filme, tipo, Shh, garoto, depois o beijaria.

Nesta noite de sexta-feira, é precisamente isso que ela está fazendo. Está no quarto com as luzes apagadas, debaixo das cobertas, vestindo uma calcinha branca, movendo as pernas uma contra a outra como uma fatiadora de frios e imaginando sua vida em cenas de filme, beijando-o na chuva, no treino de futebol, no cinema, no banco branco da sorveteria. Ela está apenas de sutiã e calcinha em sua cama agora e ele está ao lado dela, os braços enormes em torno de sua cintura pálida e o polegar dentro de seu umbigo, e ela está dando um beijo de língua nele. Suas línguas estão mais molhadas que toboáguas, e ela sente cada papila.

Então o telefone toca e sua mãe grita *Lina* da base da escada, e são seis da tarde e Lina pega o telefone.

É Jennifer.

E quando Jennifer diz: Oi, Lina, Aidan acha você bonita e vamos ter um encontro de casais hoje à noite, e o seu mundo inteiro, com todas as sextas-feiras que parecem terças-feiras, o bolo de carne e todas as merdas, morre e uma nova vida começa.

Ela vai se lembrar para sempre de tudo o que acontecer naquela noite, a sensação de finalmente conseguir o que queria. A ideia de que é real, de que um sonho pode se tornar realidade.

Eles vão se encontrar no cinema naquela noite quente e sem vento de setembro. Os pais de Jennifer vão deixá-las lá. No carro, as pernas raspadas de Lina tremem. Ela está usando short jeans e uma camiseta rosa e seu cabelo loiro cai perfeitamente sobre os ombros, pelo menos dessa vez.

O carro para diante do cinema e lá estão os dois garotos, e ela não consegue acreditar que aquilo está acontecendo. Olha para os pés enquanto sai do carro porque tem medo de olhar para o rosto dele, tem medo de o rosto dele olhar para o rosto dela e não o achar bonito. E então algo atrai seus olhos para cima, algo derrete o medo.

Aidan.

Lá está ele, parado, parecendo o homem que ele está se tornando mais rápido do que todos os outros garotos.

Ela se apaixona por ele de imediato. Mas dessa vez é real. Há uma química. É como se seus ossos tivessem uma atração magnética para os ossos dele. De perto, ele parece tímido.

Bom ver você, Lina, ele diz.

Bom ver você, ela diz.

Aidan estende a mão para ela. Ao vê-la, ela quase desmaia. De repente, aquilo não é mais um sonho distante. Ela na verdade não tinha mentalizado aquilo. Não poderia ter imaginado, e isso tornava aquele encontro lindo. Ela se lembraria de pensar: Eu não sabia que minha vida poderia ser feliz.

Lina aperta a mão dele com a autoconfiança de alguém que de repente sabe que sua mão também é boa o suficiente. Ele sorri e suspira.

Rod e Jennifer, que já deram beijo de língua e provavelmente um pouco mais, são menos românticos um com o outro. Lina sempre achou que Jennifer era mais bonita do que ela, mas essa noite não.

Os garotos já compraram os ingressos, então os quatro entram no cinema. As duas meninas se sentam uma ao lado da outra, Rod se senta do outro lado de Jennifer e Aidan se senta ao lado de Lina. Ela sente o calor do corpo dele a seu lado e tem que se concentrar muito para agir normalmente. Fica feliz por eles terem chegado atrasados no filme, por as luzes do cinema já estarem apagadas, assim ele não vai ver seu rosto vermelho, suas espinhas, sua exaltação.

Seven — os sete crimes capitais não é o tipo de filme que Lina gosta. É sangrento e carnal e na cena em que o homem culpado de luxúria é forçado a fazer sexo com uma mulher usando um *strap-on* que vai mutilá--la, Lina não aguenta. Seu desconforto é maior do que o desejo de ficar sentada ao lado de Aidan, então ela se levanta da cadeira e, sem dizer nada, ele também.

Ela sai com a sensação triunfante de que aquele garoto vai atrás dela. As coisas nunca foram assim para ela antes. Lina era uma menina feia e sem graça em seu quarto. Ela anda mais depressa e o ouve acelerando o passo. E então ele a chama pelo nome que vai assombrar seus sonhos.

Ei. Ei, *Garota*, espere. Você está bem?

Ela se vira. Eles estão sob a luz do letreiro. De repente, parece 1957. Packards estacionam e Cary Grant diz: Olá, belezura! E Bette Davis diz: Uhuuu. *Aqui*. Ele segura o braço dela. Ela se vira para ele.

Você me chamou de garota?

Sim.

Nós estamos na mesma série.

É.

Então.

Então, você não gosta?

Não é isso, diz ela, abrindo um sorriso. Eu gosto. Gosto muito.

E é então que acontece o beijo mais romântico da história do mundo. Ele acaricia a bochecha dela com a palma da mão, lento e incerto, como o garoto que ainda é, embora seja mais homem do que qualquer outra pessoa que Lina conheça, e todo o rosto dela fica quente. Ela vê mil imagens, do jeito que deve acontecer quando uma pessoa morre, e não por causa do primeiro beijo. Ela vê a mãe ao pé da escada chamando-a de preguiçosa, vê o pai saindo pela porta, ele continua saindo pela porta e a porta continua se fechando e sua mãe diz: Lina, limpe sua bagunça imunda, Lina, que conversa é essa, Lina, onde você está, ainda está no maldito banheiro?, e vê as irmãs fazendo cara feia para ela, vê seu coelho de estimação que morreu à noite e de manhã a mãe a fez pegá-lo e ela queria enterrá-lo, mas viu o saco de lixo com os cordões torcidos, vê o pai saindo pela porta e, de repente, os lábios daquele homem lindo estão em seus lábios, ela sente a língua dele escorregar para dentro de sua boca e é algo que ela apenas imaginou, um assunto sobre o qual leu em um livro que ela e uma amiga compartilharam chamado *Como beijar*, que falava de línguas se movendo como peixinhos dourados, mas sua língua e a dele não são como peixinhos dourados, não são línguas, e sim almas, movendo-se contra o osso molhado dos dentes. Lina sente que poderia morrer naquele momento, que se morresse sua vida estaria completa.

Aidan, ela sussurra na boca dele.

O que foi, *Garota*.

Para algumas mulheres, a preparação para encontrar o homem amado é quase tão venerada quanto o encontro em si. Em alguns casos, é melhor, porque, no fim das contas, o homem amado vai embora, ou um dos dois perde o interesse, mas os tenros momentos de expectativa permanecem. Assim como Lina se lembra com mais facilidade da beleza da neve caindo do que da lama cinzenta que perdura.

Lina está nua e branca atrás de uma cortina amarelo-ovo em um box de chuveiro retangular, com a boca aberta para o fluxo de água, segurando o cabelo molhado para trás como as meninas fazem nos filmes — um polegar sobre cada orelha e as palmas no topo da cabeça, em seguida alisando-o para trás. Ela raspa as pernas e a área pubiana, deixando o que ouviu algumas garotas mais velhas chamarem de *pista de pouso*. Ensaboa-se, tomando o cuidado de limpar profundamente as áreas que a boca dele poderá beijar, esfregando essas áreas com mais força, talvez, do que deveria.

Ela programa tudo com perfeição para que a irmã esteja indo para o banheiro quando Lina estiver voltando para o quarto que dividem, de forma que ela possa ficar sozinha. Nua na cama, em cima da toalha, ela aplica hidratante rosa sobre a pele, sem deixar de cobrir um único ponto. Em seguida, coloca maquiagem, mas não muito, porque certa vez ele fez um comentário sobre garotas maquiadas demais, sobre como elas tentavam parecer mais velhas, mas na verdade acabavam parecendo vulgares.

Ela seca o cabelo em grandes mechas, de modo que fique liso, mas com volume, para que balance sobre as costas e os ombros enquanto ela anda.

Aplica perfume atrás das orelhas, na parte de trás dos joelhos e no interior dos pulsos. É um perfume floral com toque de limão, que evoca tardes em uma casa de praia, chá gelado com folhas de hortelã e brisa fresca.

O perfume é a última coisa que ela aplica, para que dure. Lina ficará silenciosamente irritada se passar por um fumante no caminho. Aidan é fumante, mas ela quer chegar a ele limpa, sem cheiro de cigarro, mesmo que as chances de ele estar fumando quando ela se aproximar sejam grandes.

Há uma sensação de nervosismo e leveza em suas entranhas, como se ela não comesse há dias. Ela tem, de fato, comido menos, porque Lina começou a perceber que é isso que o amor faz. Ele nos alimenta e nos eviscera ao mesmo tempo, de forma que ficamos preenchidos, mas também vazios. Não se quer comida nem a companhia de outras pessoas. Deseja-se apenas a pessoa amada e seus pensamentos a respeito dela. Todo o resto é um desperdício de energia, dinheiro, fôlego.

O lugar secreto é um rio, mas é mais que um rio. Mesmo agora, quase duas décadas depois, Lina pensa em *rio* quando lembra do lugar secreto, mas a palavra não se encaixa. O problema é que não há outro termo melhor. Como até mesmo as coisas mais perfeitas da vida, ele é o que é.

Não que nenhum dos dois jamais o tivesse chamado de lugar secreto. Não em voz alta. Era só como Lina o chamava em sua mente. Na verdade, tinha um nome muito mais simples, ainda mais simples que *rio*.

Lá.

Eu a encontro *lá.*

Vejo você *lá* às dez.

Bastava descer do ônibus, e lá estava, a apenas quatrocentos metros de distância, não muito dentro da mata, à margem da estrada de duas pistas que atravessava a planície.

Havia uma espécie de trilha pela mata, não uma trilha de fato, mas demarcada o suficiente, uma clareira estreita onde os galhos e as folhas tinham sido esmagados por tênis Keds e Timberlands.

Com seus tênis brancos, Lina se perguntava quanto da trilha fora criada por ela e pensava em todas as pessoas que vieram antes e deixaram as primeiras marcas.

Lá estava. Ali, em uma clareira, onde a grama crescia alta, um rio estreito e sinuoso em meio à névoa baixa. A melhor parte era ver a caminhonete dele, velha, detonada e tão cinza que ficava invisível, o que fazia o coração de Lina bater como uma bola quicando.

Ainda era outono quando eles começaram a se encontrar lá, mas o inverno logo chegaria, então ele disse que eles precisariam arrumar cobertores, porque manter o carro ligado seria caro demais. O fato de ele ter dito isso em setembro, quando ainda faltavam muitas semanas para o inverno, fez os olhos de Lina se encherem de lágrimas, o fato de ele imaginar seu futuro com ela. Por muito tempo, isso foi o suficiente, que o objeto de seu amor a considerasse um coração pulsante, algo vivo, em sua órbita.

Ver o carro dele lá, ouvir os pássaros nos galhos e o estalar dos galhos sob os pés. Sentir o cheiro da terra molhada e do escapamento e se perder em um holograma de névoa. Colocar o cabelo atrás das orelhas do jeito que tinha ensaiado na frente do espelho, da maneira exata que a deixava mais bonita. Todos aqueles sons, cheiros, rotinas. Eram as preliminares dela.

E ali, no carro, olhando diretamente para as árvores e cercado pelo halo de sua própria fumaça, estava aquele homem mitológico que seria dela, que estava naquele exato momento esperando por ela, de forma que a totalidade do seu ser estava validada. Ele era o sentido de sua existência; quem se importava com sua mãe, suas irmãs e as costas de seu pai. Ele estava lá.

Lá.

Um dia, Aidan vai beber demais, vai ter filhos e um trabalho que não pagará o suficiente para que ele compre o gás da churrasqueira para as festas de aniversário no verão. Um dia Aidan vai ter uma barriga grande e muitos arrependimentos. Ele não vai ser fuzileiro naval, astronauta nem jogador de beisebol. Não vai cantar em uma banda nem nadar no Pacífico. Além dos filhos, da mulher e das coisas que terá feito por eles (que contam, mas ao mesmo tempo não contam, da maneira que um homem precisa que algo no espaço sideral conte), ele não terá feito nada de que ninguém de fato se lembre. A não ser o que representou para uma única mulher. Ele representou tudo.

Querido Diário,

Estou apaixonada por Aidan Hart, e ele está apaixonado por mim!

E juro que sei que é de verdade. Ninguém no mundo nunca foi tão feliz. No segundo em que acordo, tenho a sensação de que vou explodir. Estou tão feliz que poderia morrer. Finalmente sei o que as pessoas querem dizer quando falam isso. Eu poderia morrer.

Quando o inverno se aproxima, o ritmo impetuoso de sua história de amor desacelera. Isso faz Lina detestar a estação. Ela sente qualquer afrouxamento de sua obsessão de maneira tão aguda quanto um de seus membros se partindo.

A escola e suas obrigações pesam sobre ela. Os comentários desagradáveis da mãe a ferem mais profundamente. Ela não gosta do casaco de inverno, não tem vontade de ler livros nem de aprender nada novo.

Nessa época, fica sabendo que um amigo de sua irmã mais velha está interessado nela. Isso a surpreende e não a surpreende ao mesmo tempo. É como se de repente, por causa de Aidan, ela tivesse se tornado visível para o mundo. Ela é *popular*. Sabia que isso poderia acontecer. Sempre soube. Mas essa constatação não a tranquiliza, pelo contrário.

O amigo não é muito bonito, mas é mais velho, tem muitos amigos e vai a todas as festas. No corredor, ele se aproxima de Lina enquanto ela está diante de seu armário. Ela sente a respiração quente dele em seu nariz. Ele a olha de uma maneira que não parece estar apaixonado. Não parece nem ao menos gostar muito dela.

Ele lhe conta sobre uma festa naquele fim de semana. Pergunta se parece algo que ela estaria afim de fazer. Ela sente a cabeça balançando. Tem medo de não dizer sim. Ela não acha que seja um encontro, mas gosta da ideia de que alguém a considere atraente. É como ser um abajur em uma loja de iluminação que não estava aceso, mas agora está: de repente, os clientes param e dizem: Querida, o que acha *deste*?

Ela está apaixonada por Aidan, mas acha que a festa pode ser uma noite divertida e que ele deve sair também. Esse é o problema, na verdade. Ela não sabe o que ele tem feito à noite. Na verdade, nunca soube, mas de repente se dá conta de que isso não mudou. Eles não se tornaram um casal de verdade, atrelados um ao outro, como Jennifer e Rod.

Lina diz para si mesma: Vai ser bom ir a uma festa. Sair de casa. Mas, na verdade, para ser sincera, ela quer ir porque faz alguns dias que Aidan não liga, e na escola ele sorriu ao passar por ela no corredor, mas anda distante e Lina não se permite pensar nisso, ainda não. Mas está em seu subconsciente, como as ordens de sua mãe.

Sua memória é turva. O cara que a busca, aquele que supostamente tem uma queda por ela, não é um deles. Isso, pelo menos, ela sabe.

Ele a leva para a casa de um amigo onde não há uma festa de verdade. São apenas quatro caras bebendo. Ela se lembra de pensar: Quando vamos sair para a festa? Então, de repente, o amigo de sua irmã, aquele que a levou até lá, desaparece, ou desaparece da memória dela. Agora é apenas uma sala com três caras bebendo e Lina.

Um dos três rapazes, *o primeiro*, como ela se lembra dele, entrega a ela uma bebida em um copo de plástico vermelho. Ela não tem certeza se é álcool. Parece roxo dentro do copo, ou azul-escuro. Não tem gosto de álcool. Tem um gosto escuro, repugnante e quente. De qualquer forma, Lina nunca provou álcool antes, então mesmo que fosse bebida alcoólica ela não teria cem por cento de certeza.

É dele que me lembro mais, ela dirá mais tarde, quando for mais velha, e sei que ele foi *o primeiro*. É *do primeiro* que me lembro mais. A gente estava transando. Eu não estava totalmente consciente do que estava acontecendo lá embaixo. Só sentia alguém em cima de mim e sabia que era sexo. A próxima coisa de que me lembro é de ele me virando de forma que eu ficasse de barriga para baixo. Então tem outro cara em cima de mim e eu o ouço dizer: Ah, não, essa é a irmã mais nova da Abby, eu não posso fazer isso. E ele desiste. Em seguida houve um terceiro cara, mas a essa altura minha memória já está péssima. Eu não resisti, disso eu me lembro. Apenas deixei tudo acontecer. Acho que eu não queria dizer não a ninguém, queria que eles gostassem de mim. Não queria lhes dar uma razão para não gostar. Não gostar de mim.

No dia seguinte e em todos os dias que se seguem, o boato é de que Lina transou com três caras em uma noite.

sloane

Sloane Ford tem cabelos muito longos e muito bonitos, da cor de castanhas. Um tom de marrom improvavelmente quente, embora ela não os pinte. É magra e tem quarenta e poucos anos, mas seu rosto é como o de uma universitária; tem a aparência de quem flerta. Ela vai à academia com mais frequência do que almoça com outras mães. Ao mesmo tempo parece e não parece uma mulher sobre a qual as pessoas fazem fofoca. Parece genuína, apesar de maliciosa, e diz coisas como: *Eu fico intrigada com a política do serviço.* Ela realmente acredita quando diz que uma experiência gastronômica é um microcosmo da dinâmica de conhecidos e estranhos se juntando, sob condições nas quais um lado do encontro firma, de certa forma, um contrato de aprendizado com o outro, pelo menos durante algumas horas.

Ela dá a impressão de não saber que está sendo observada. Em algumas circunstâncias, parece tão segura de si que pode ser assustadora, e as pessoas tomam muito cuidado para não irritá-la. Em outras ocasiões, é muito generosa, de modo que parece quase pequena, então seus amigos se esforçam para não perturbá-la. A confluência dessas duas perspectivas é impressionante, e o resultado é que as pessoas se sentem atraídas por ela.

Sloane é casada com um homem chamado Richard, que não é tão bonito quanto ela. Eles têm duas filhas, equinas e vibrantes como a mãe; e uma terceira filha, Lila, do primeiro relacionamento de Richard. Como família, são muito ligados, mas ao mesmo tempo há uma porosidade, o tipo de distância amigável que permite que cada membro tenha personalidade própria.

Eles moram em Newport, na Baía de Narragansett, em Rhode Island, onde grandes casas georgianas se alinham ao longo da costa rochosa, em uma rua movimentada, mas adorável, e veranistas compram patê de anchovas, biscoitos e lagosta no mercado de peixe. Richard e Sloane são donos de um restaurante a poucos quarteirões de distância dos barcos que balançam silenciosamente na baía. Ele é o chef, e ela cuida do salão. É perfeita para esse trabalho, o tipo de mulher que pode usar vestidos até o tornozelo sem se perder dentro deles.

O verão para eles é movimentado, como é para todos na ilha. É o momento de ganhar todo o dinheiro que puderem, porque os meses mais frios são infrutíferos. Em janeiro e fevereiro, os moradores precisam fechar as escotilhas e ficar dentro de casa com a família e o dinheiro ganho, comendo o pesto de couve que estocaram.

Nos meses mais frios, os residentes também conseguem se concentrar mais nos filhos, em sua rotina, na escola, nos recitais e nos esportes. Mas Sloane é uma mulher que não fala sobre as filhas, ou pelo menos não da mesma forma que algumas outras mulheres, cujas vidas giram em torno de pequenos cronogramas.

Quando Sloane não está por perto, as pessoas falam dela. Em uma cidade pequena, o fato de ela ir à academia com mais frequência do que conversa junto aos sacos de verduras já seria suficiente. Mas não é por isso que as pessoas falam.

A informação mais picante, a fofoca, é que Sloane transa com outros homens na frente do marido. Ou faz isso fora de casa, ou em outra ilha, grava e mostra o vídeo ao marido depois. Se ele não está presente, ela troca mensagens durante todo o tempo, para que ele acompanhe o que está acontecendo. Às vezes ela vai para a cama com outro casal.

Sua trajetória não é, à primeira vista, convincente. Ela vive naquele lugar o ano todo, o que já é estranho. Famílias como a dela costumam viajar até lá para uma temporada de duas semanas no verão. Por vezes passam o verão inteiro, ou a mãe fica, e o pai vai apenas nos fins de semana. Mas ficar ali o tempo inteiro, no inverno, pode deixar uma pessoa maluca. Não há shoppings nem grandes lojas pelos quais perambular. Quando sai de manhã, você leva uma lista de tudo que precisa fazer no mundo lá fora.

O caminho para sua vida adulta começou com uma festa de Natal na casa do chefe de seu pai. Um dos homens mais ricos da cidade de Nova York. A casa, nos subúrbios de Westchester, tinha colunas, tapetes persas e cristais com bordas douradas. Mulheres com saltos baixos.

Do lado de fora, os galhos das árvores estavam curvados de tanto gelo. As ruas brilhavam. Sloane era a convidada do pai, e o acompanhante dela era um garoto chamado Bobby. Ele era bonito, como todos os garotos que ela namorava. Sloane tinha vinte e dois anos e estava dando um tempo do mundo dos restaurantes. Queria explorar o teatro. Saía quase todas as noites e seu calendário social estava cheio de eventos, desde cerveja quente em casas de espetáculos abafadas a martinis gelados em casas como aquela.

A esposa do chefe de seu pai, uma mulher afetada e grisalha chamada Selma, disse:

Nós deveríamos juntar Keith e Sloane.

Ela disse isso na frente do acompanhante de Sloane, Bobby. Foi como uma epifania. Keith, o filho deles; e Sloane, a filha do braço direito do homem, bonita, educada, magra. Divinos e, como dois cavalos, prontos para reproduzir. Eles moravam a dois quarteirões um do outro. Como não tinham pensado nisso antes?

Sloane não estava tão interessada em dinheiro, mas, de qualquer maneira, aquele Keith tinha muito. O sobrenome da família dele estava no topo da maioria dos programas do mundo da arte.

Algumas semanas depois, Sloane saiu com Keith. Ela ficou feliz por fazer aquilo pelo pai. O fato de sua energia sexual ter alguma utilidade no mundo de negócios dele fazia com que se sentisse poderosa.

Keith perguntou aonde ela queria ir e Sloane respondeu: Vong. O próximo lugar ao qual ela queria ir estava sempre na ponta da língua.

Que coincidência, disse Keith, meu melhor amigo é gerente lá.

Sloane vestia uma blusa de gola rolê verde-oliva, calça cigarrete de veludo e um par de botas. Eles foram acomodados à melhor mesa, uma banqueta em um nicho. Era uma mesa para seis pessoas, mas naquela noite estava reservada apenas para os dois. Sloane estava acostumada a ser uma convidada especial. Ela usava brincos pequenos. O restaurante estava vibrando com a energia de ser o lugar do momento. Os garçons andavam apressados, serpenteando sem parar uns ao redor dos outros, como se metade deles fossem fantasmas. Os pratos eram artísticos: retângulos brancos e cinzentos de peixe no topo de pirâmides de legumes envoltos em algo escorregadio, doce e marrom. O aroma de acidez e calor. Os aquecedores ligados para não poupar gastos.

O gerente, o melhor amigo de Keith, apareceu para avisá-los que o chef enviaria para a mesa um cardápio especial de degustação. Antes do jantar, Keith e Sloane tinham fumado maconha. Sloane sempre consumia a quantidade perfeita de qualquer droga. Às vezes, a quantidade perfeita significava exagerar, então era isso que ela fazia. Álcool, por exemplo. Às vezes, ela sabia, era apropriado ficar um pouco bêbada demais.

Foram servidos cinco pratos, cada um mais interessante que o outro. Mas o último prato antes da sobremesa foi o que mais impressionou Sloane. Um robalo inteiro com feijões-chicotes e um molho viscoso de feijão preto. Ela não parava de dizer para Keith: Porra, isso está incrível. E Keith sorria e alternava entre olhar para ela e para os garçons que passavam. Ele parecia se divertir com o rápido fluxo do mundo. Sloane sabia que dentro da mente de caras como aquele havia a apreciação casual de mais um bom jantar com mais uma garota bonita. Um dia, ele teria uma mesa de bilhar em uma sala no andar de baixo, fumaça de charuto e filhos. Aquele robalo se tornaria linguado ou atum grelhado. Sloane se tornaria Christina ou Caitlin. Mas, naquele momento, na maioria dos momentos, Sloane não era como a água que ondulava a seu redor. Esse robalo, ela disse, tocando o pulso de Keith. Esse peixe do caralho! Havia algo na comida — sempre houvera — que conectava Sloane a um mundo diferente, um mundo onde não precisava ser bonita nem equilibrada. Um mundo onde os sucos podiam escorrer por seu queixo.

O chef apareceu no fim, quando Sloane e Keith estavam quase terminando de comer o robalo. As espinhas jaziam limpas no prato. Eles estavam saciados, dando risinhos. Sloane disse ao chef que a comida estava maravilhosa, mas ela não estava muito sociável. Estava basicamente chapada. Não disse a ele, por exemplo, como o peixe a aquecera. Seus olhos brilharam, mas ela não se conectou a ele com os olhos como sabia ser capaz, se quisesse.

Ele tampouco causou uma grande impressão nela, com seu chapéu branco de chef. Mas sorriu e foi simpático, e ela gostou da comida. Toda a experiência fora perfeita, e estar com Keith parecia exatamente o que ela deveria estar fazendo com sua vida.

De volta à cozinha, o chef mandou servir uma sobremesa. Mousse de chocolate e biscoitos de gengibre, com molho de frutas silvestres e saquê. Keith e Sloane beberam café e digestivos. Sloane sabia que a maioria das garotas de sua idade não comia aquele tipo de comida, na verdade, só comeriam quando tivessem vinte e tantos ou trinta e poucos anos e ficassem noivas.

Enquanto se encaminhavam para a porta, Sloane se virou para seu acompanhante e disse: Se eu voltasse a trabalhar em um restaurante, seria em um lugar como este.

Keith tinha acabado de descobrir, durante o jantar, sobre o passado de Sloane no ramo de restaurantes. A palavra *passado*, claro, era ridícula; essa palavra dava crédito à ideia de que, em se tratando de uma jovem como Sloane, trabalhar em restaurantes era quase como uma curiosidade. Ela vinha de uma família de classe alta de um subúrbio de Nova York e tinha estudado na escola Horace Mann, onde os futuros governadores e procuradores-gerais se formavam. Mas apesar de não precisar de dinheiro para coisas como roupas e brilho labial, havia arrumado um emprego de garçonete aos 15 anos. Preencheu o formulário de inscrição e, como experiência de trabalho anterior, listou as horas que passara arquivando documentos no escritório do pai e as noites que trabalhara de babá para os vizinhos.

Ela fora atraída por restaurantes porque gostava da atmosfera. Gostava de servir pessoas. Gostava de usar calças pretas e sapatos brancos e de ficar encarregada da experiência de uma mesa. Via o modo como outros jovens iam de mesa em mesa, entediados, irritados, nervosos. Em grande parte do tempo, ela sabia, eles não estavam envolvidos. Não estavam presentes no papel que representavam. Porque *era* um papel; como garçom você era um mestre de cerimônias. Você era o suserano da mesa e o representante da cozinha no salão. É claro que ela gostava do dinheiro, os números inteiros e doces, que eram elogios matemáticos a seu bom desempenho. E as gorjetas em dinheiro, que costumavam ser deixadas em mesas ocupadas apenas por homens, várias notas de vinte dobradas e enfiadas lascivamente sob um copo com gelo.

Sloane tentara, primeiro, o caminho correto. Ela se inscrevera e fora aceita na Hampshire University, conseguira um quarto lá, vestira botas de montaria enquanto andava por pontes sobre os lagos congelados e as sebes afiadas do ambiente acadêmico da Nova Inglaterra. Saíra com caras, entrara para uma fraternidade.

Ela abandonou a Hampshire, depois voltou. Em seguida abandonou a faculdade mais uma vez. Nenhum desses movimentos foi inteiramente cuidadoso. Ela era jovem e incerta. Tinha um irmão, Gabe, que também era assim, então enquanto um deles estava fazendo a coisa certa, o outro podia fazer a coisa errada. Seus pais podiam ficar apaziguados de um lado e preocupados do outro.

Sloane cursou algumas matérias enquanto trabalhava em restaurantes, mas sempre se sentia inquieta. Observava os outros alunos na sala; achava exótica a forma como eles pareciam mesmo prestar atenção. Esse estado de espírito parecia inalcançável. Ela se sentia mais confortável de pé. Então sempre voltava para os salões vibrantes, os copos tilintando.

Mesmo assim, aquela noite pareceu diferente. Ela se sentiu atraída, como se por um ímã. Fazia muitos anos que não trabalhava como garçonete. Ela havia voltado à faculdade e dado uma olhada nos teatros no centro da cidade, pensando que talvez fosse boa em produzir shows. Sabia como falar com as pessoas, como deixar os ricos e entediados interessados em algo novo. Como os amigos do pai, por exemplo. Ela os olhava nos olhos e dizia que estariam sendo omissos se não investissem na exposição de arte de determinada pessoa ou na linha de roupas de golfe de outra. Usava seu cabelo, seu sorriso e quem ela era no mundo. Ela não era alguém para esquecer.

E agora estava com Keith, o filho do chefe. Isso era exatamente o que o pai dela queria. Sua mãe também. Lençóis com monogramas. Cestas de piquenique no porta-malas de um Range Rover. Gêmeos com golas Peter Pan. A palavra off-white. Saint John. Natal em Aspen. Visitas a Telluride.

Se eu voltasse a trabalhar em um restaurante, seria em um lugar como este. Talvez ela tenha dito isso alto o suficiente para que o gerente a ouvisse.

Na semana seguinte, o gerente ligou e ofereceu um emprego a Sloane, que aceitou com entusiasmo. Não tinha percebido, até o momento, o quanto sentira falta do mundo dos restaurantes, do burburinho, do barulho e da relevância. Era quase como política.

Embora seu trabalho fosse recepcionar os clientes na entrada, Sloane teve que passar um dia na cozinha como parte de seu treinamento. A ideia era que todos os empregados soubessem como funcionavam as coisas, de modo que se um cliente perguntasse à *hostess* como o robalo era preparado, ela tivesse um conhecimento íntimo.

Normalmente, o treinamento na cozinha envolvia o chef conduzindo o novo contratado por cada estação: a estação fria, a estação quente, a estação de preparação de sobremesas e assim por diante. Mas naquela ocasião, o chef, Richard, não estava interessado em seguir a rubrica.

Ele a encontrou no salão. Estava limpando as mãos em um pano úmido. Tinha um rosto estreito e anguloso e o tipo de olhos claros que podiam ser calorosos ou maliciosos.

Richard sorriu e disse: O que acha de prepararmos *kneidl*?

Sloane riu. *Kneidl*? Ela olhou em volta, observando o salão do restaurante franco-tailandês. Uma música suave tocava ao fundo. Ela observou as formas e cores do tapete, que a faziam pensar em pirâmides em países arenosos que nunca tinha visitado. Às vezes ela sentia que era uma garota de lugar algum, que qualquer lugar onde estivesse poderia ser outro lugar. Que ninguém sentiria falta dela em casa, na escola. Ao mesmo tempo sabia que com frequência era a alma de uma festa. Ela sabia que as pessoas perguntavam: Cadê a Sloane?, se não a vissem até as dez da noite em um ambiente onde ela deveria estar. Ela tinha uma vaga ideia de que um dia outras mulheres diriam: Eu queria que Sloane fosse minha mãe, depois que ela desse uma festa suntuosa para comemorar o aniversário de uma menina no terceiro ano da escola. E no entanto, lá estava ela, naquele restaurante, sentindo que habitava o corpo de alguém que não compreendia por completo. Isso resultava, em parte, do medo de não ter uma identidade. Como nunca soube exatamente quem era, ela se esforçava muito para se concentrar, no mínimo, em não ser entediante. E algumas vezes tinha feito coisas empolgantes e fora do comum para garantir que ninguém a classificasse como entediante. Mas às vezes essas coisas faziam com que se sentisse uma pessoa sem amor, corrompida e fria.

E lá estava Richard. O chef daquele restaurante, mais velho do que ela, mas não de uma maneira característica de homens mais velhos. Ele não era rico nem insano. Não tinha um jatinho nem nada de corrupto a seu respeito. Não era o tipo de homem com quem Sloane estava acostumada a conviver. Especialmente naquela época, quando andava curtindo bad boys, baixistas, sujeitos sombrios e desleixados que pilotavam motos. Richard, ao contrário, era um chef sóbrio com seu chapéu branco, com um emprego ao qual comparecia, do qual precisava. Em casa, ela ficara sabendo, ele tinha uma filha pequena.

Ele a levou para a cozinha. Uma longa mesa de aço inoxidável brilhava, e ela viu o próprio queixo forte refletido. Nunca ficara chateada com um reflexo de si mesma. Tinha certa consciência da própria sorte. No sentido de que tinha amigas que não gostavam do próprio reflexo, que ou o evitavam ou o procuravam de maneira obsessiva. Sloane não fazia nada disso. Ver-se refletida em uma vitrine ou em uma mesa de aço apenas reforçava o que ela já sabia. Tinha ouvido durante toda a vida como era bonita. Havia começado quando era criança. Tias, estranhos. Pessoas acariciando distraidamente seus cabelos, como se ela fosse uma cadela retriever em um gramado, parte do castelo da boa sorte.

Richard pegou caixas de matzá. Outra coisa que Sloane amava nos restaurantes era a quantidade de itens. Caixas e caixas de itens utilitários, anônimos e organizados. Molho de tomate, em particular. Ela gostava de como era possível cobrir o perímetro de uma sala com a mesma lata de molho infinitas vezes.

Eles esmagaram os matzás para preparar o prato. Ele já havia trazido o alho, o sal e o fermento. Colocou esses ingredientes em uma tigela grande. Em outra começou a misturar os ovos e o *schmaltz*. Já havia picado o endro. Ela percebeu que ele não lhe deu abertura para se negar a preparar *kneidl*, e gostou disso. Em geral, Sloane respeitava a tomada de decisão. Gostava quando outros tomavam as decisões por ela. Vestiu um avental que ele lhe dera, um item padronizado e bonito.

Ele despejou a mistura úmida na tigela de ingredientes secos, instruindo-a a usar o garfo para misturá-los, mas sem mexer demais. Em seguida, mostrou a ela como formar as bolas usando uma colher fria. Suas mãos e braços roçavam uns nos outros. Sloane sentia o calor de sua atração. Mas também sentiu algo novo. Já experimentara luxúria e explosão antes. Fora jogada sobre camas e sentira que estava na igreja e no inferno ao mesmo tempo. Mas aquele sentimento era novo.

Eles arrumaram as bolas em uma bandeja e as colocaram na geladeira para descansar. Enquanto esperavam, conversaram. Movimentaram-se pela cozinha e contaram uma ao outro suas histórias. Não havia mais ninguém, no sentido de que outros funcionários entravam e saíam, mas nenhum deles fazia notar sua presença. Richard contou a Sloane sobre sua origem judaica. De repente ela se deu conta de que o *kneidl* poderia ter sido sua maneira de dizer: *Isto é quem eu sou, de onde venho.* Ele lhe contou sobre a filha, Lila. Como a maioria das jovens de sua idade, Sloane não podia nem imaginar ter um filho naquela época. Sempre que tinha medo de estar grávida, ela olhava ao seu entorno, analisando o quarto onde estava, em um dormitório universitário ou em um apartamento que estivesse dividindo com uma amiga ou um namorado, e tentava imaginar onde colocaria o berço. Ela olhava para as garrafas de vodca e para as pilhas de *Vogue*, e sentia tudo ficar escuro e abafado. Ela não era nem tia.

Quando as bolas de matzá estavam prontas, eles as tiraram da geladeira e começaram a colocá-las no caldo fervente. Exalavam um aroma acastanhado de pão. Sloane gostou. Cheirava a lar. Um lar que ela nunca conhecera, mas um *lar* mesmo assim.

Sentiu que Richard olhava para ela, espiando, através das curvas de seus braços junto à panela fervente. Ela tinha certeza de que ele não deixaria que ela se queimasse, que se a panela virasse subitamente, ele a empurraria como um ninja em outra direção, ou até assumiria a queimadura, deixando que o caldo escorresse pelo tecido fino de sua calça preta, escaldando suas pernas até ficarem da cor dolorosa de carne de porco crua.

Quando as bolas estavam cozidas, eles as adicionaram ao restante da sopa e os funcionários a comeram como uma refeição em família. Sloane olhou em volta da mesa, para os garçons, as recepcionistas e o gerente, todos parecendo menos experientes do que ela, tanto nos altos como nos baixos da vida. Ou pelo menos era como se sentia na época. Ela se sentia como um pequeno deus vermelho. Única no sentido de que não podia ser classificada. Ao mesmo tempo benevolente e cruel. Bonita e espalhafatosa. Rica e pobre, religiosa e ímpia. Ela era um equilíbrio de contradições, assim como todas as garotas subversivas com pais ricos e sofisticados e mães frias e enroladas em echarpes. Ela não estava em nenhum lugar onde era procurada e ao mesmo tempo estava em todos os lugares onde era desejada. Durante a maior parte de suas duas décadas de vida, fora um fantasma vestindo linho leve, bebendo suco de laranja em mesas elegantes, sendo requintada na Páscoa. Mas pela primeira vez sentiu que, se deixasse aquele ambiente, sua falta seria claramente sentida. Ali era onde deveria estar, sentia no seu âmago. Comeu a sopa, que a aqueceu por completo.

Depois daquele dia na cozinha com o *kneidl*, Sloane assumiu seu papel no restaurante. O restaurante se tornou ela, e ela se tornou o cargo. Aquilo ocupou toda a sua vida. Todos os empregos ocupam, até certo ponto, mas quando se trabalha em um restaurante, por causa da natureza do trabalho, por causa dos horários, porque consome as noites e os fins de semana, o trabalho se torna a vida social da pessoa. O restaurante se tornou o cerne em torno do qual girava o resto de sua vida. Ela passava mais tempo arrumando o cabelo quando tinha um turno mais longo, para que ele permanecesse limpo e liso por dez horas seguidas.

Por volta da hora do pôr do sol, certa tarde, ela sentiu que estava sendo observada. Ergueu os olhos e viu Richard na cozinha. Ela estava usando uma calça xadrez elegante. Era muito justa. Ela se sentia longa, bonita e útil. Movendo-se lentamente, cruzou o salão para encher os vasos ao longo da grade do restaurante com velas votivas. Sabia que isso daria a Richard uma melhor visão de seu traseiro. Ela se inclinou sobre a grade. Não olhou para trás para ver se ele estava olhando, mas sua pele formigava com o calor do olhar dele.

Pela manhã, Sloane também trabalhava gerenciando um café: o Housing Works Bookstore Cafe. Não tanto porque precisasse do dinheiro, mas porque se sentia mais capaz quando espalhava sua energia. Ela gostava de aprender diferentes modelos de negócios. Gostava de ter tentáculos. Jovens universitários frequentavam o café entre as aulas na Universidade de Nova York. Comiam granola, iogurte e bolo de milho salvadorenho. Chegavam de ressaca, mal-humorados ou radiantes. Ela os ouvia, os observava e esquadrinhava o ambiente. Sentia-se melhor administrando suas experiências do que quando se sentava ao lado deles durante as aulas e se perguntava como conseguiam absorver toda aquela informação.

Um dia, Sloane ia querer ter seu próprio negócio. Havia uma colega no café com quem ela falava sobre comprar um espaço que poderiam transformar em um restaurante ou um bar. Era seu sonho, na época, combinar comida e música em um espaço inovador. Um lugar onde um grupo pudesse passar uma noite inteira. Depois de comer filé com fritas e alcachofra recheada, uma mesa de amigos ficaria para beber, dançar e assistir a uma banda tocar.

Ela estava procurando um lugar na West Broadway, depois da Canal Street, onde naquela época havia estacionamentos, tabacarias, milk-shakes espessos e patins. Agora naquela parte da cidade há prédios com porteiros e jardins na cobertura, mercados butique vendendo alface-manteiga hidropônica e garotos de Ray-Ban fazendo selfies na frente do prédio dos bombeiros, cuja fachada aparecia no filme *Os caça-fantasmas*. Era típico de Sloane ver o potencial de algo antes de todo mundo.

Nas estreitas faixas de tempo em que não estava trabalhando, Sloane saía para se encontrar com um ex chamado Judd, ou uma jovem chamada Erika. Judd tinha olhos escuros, pele pálida e uma motocicleta. Sloane gostava de como o cabelo dela parecia sujo pela manhã, depois de estar com ele. Ele nem sempre ligava de volta tão rápido quanto ela gostaria. Com Erika, era um pouco mais previsível. Com as mulheres, mesmo quando há tumulto, há uma base de certeza. Elas ligam mais, respondem mais rápido. Erika não foi a primeira mulher de Sloane. Houvera uma garota em Hampshire chamada Lia. Elas namoraram, tanto quanto se pode namorar na faculdade. Em uma noite de inverno, Lia disse que precisava de um pênis. Elas ligaram para um rapaz com quem tinham saído, separadamente, no passado. Como um trio, eles riram mais do que qualquer outra coisa. Foi um borrão de brincadeiras. Ela ficou excitada com os vários rastros de saliva em suas coxas. Com Erika, em Nova York, era mais sério; além disso, Erika não gostava de homens. Às vezes, Sloane percebeu, podia haver um desequilíbrio em um relacionamento entre duas mulheres, quando uma das duas gosta de transar com homens e a outra não. Às vezes, a que não gosta pode achar que a outra mulher é uma traidora. Ela pode se preocupar que a outra mulher queira mais; não apenas o pênis, não algo que um consolo não possa saciar, mas a ideia do homem, a ideia de alguém que é maior, a ideia de ser subjugada pela energia masculina até o êxtase.

Sloane não queria nem precisava de um homem dessa maneira. Mas queria mais da vida do que uma única pessoa poderia lhe dar. Ela queria experiências maiores. Sempre desejava que uma noite evoluísse para algo mais complexo. Ela levou Erika para o Vong, para trabalhar como garçonete. Sloane sempre misturava seus mundos. Não tinha medo de contaminação; na pior das hipóteses, o caos potencial era excitante. Depois do trabalho, todos se reuniam para beber, repassavam os fracassos e sucessos e, dominados pela energia do lugar, discutiam como tornar a experiência melhor para os clientes na noite seguinte. Havia uma energia sexual envolvida. Colocar um mundo à mesa fazia Sloane se sentir viva.

Quando, ocasionalmente, a biosfera do restaurante parecia pequena e sufocante, quando sentia Erika se aproximando, Sloane desaparecia por algumas noites e ia para a casa de Judd. Com Judd, ela bebia muito, usava drogas, transava no escuro. Judd era como um loft, austero e frio. Muitas vezes, a aura Sid e Nancy de tudo aquilo a atraía. Ela nunca sabia se ele era seu namorado, ou se queria que ele fosse, mas gostava de como se preocupava se ele ia ligar ou não. Gostava de se arrumar para ir encontrá-lo. Rímel, canudos com um líquido transparente. Durante vários meses, aquilo foi um redemoinho; eles se separaram e voltaram, ficaram juntos de novo e moraram juntos, deixaram um ao outro e voltaram atrás. Ele era louco, e ela agia como uma louca quando estava perto dele.

E por fim começou um terceiro relacionamento, com Richard, o chef, embora no início não parecesse um relacionamento. Não houve uma grande trepada, nenhuma noite de uísque e bizarrices que desse início a tudo. A química entre Richard e Sloane era forte, mas também era clara. Ele não era mais criança. Tinha uma filha de oito meses em casa, com uma mulher de quem ele ainda era próximo, mas com quem não tinha mais envolvimento romântico. E embora Richard fosse pai, Sloane não pensava nele desse jeito. Na maior parte do tempo, ele parecia algo saudável. Sloane sentia que precisava crescer. Ou melhor, ela sabia que precisava crescer. Embora não soubesse ao certo quem queria ser, sempre soubera os marcos que precisava atingir. Isso era resultado do tipo de família do qual ela vinha.

Ela nunca disse realmente a Judd que o relacionamento tinha terminado. Eles meio que se afastaram um do outro, aos poucos. O segredo, ela aprendera, era nunca ser sincera, mas ao mesmo tempo nunca mentir de fato. Ela começou a ficar até mais tarde no restaurante, bebendo no bar enquanto Richard levava novos pratos para que Sloane e os garçons remanescentes experimentassem. Trouxinhas de crepe recheadas com carne de porco picante e amarradas com uma tira de cebolinha. Até que chegou uma noite em que ela não foi se encontrar com Judd, e ele ligou várias vezes, tanto quanto e até mais do que ela sempre quisera que ele ligasse. E então veio a noite seguinte, quando ela foi para casa com o chef.

De manhã, Sloane abriu os olhos e os dele já estavam abertos, olhando para ela, e isso pareceu muito diferente e contido, então ela perguntou, meio em tom de brincadeira: Você acha que devemos ser exclusivos?

Havia vários brinquedos infantis cuidadosamente arrumados nas prateleiras de livros. Na cozinha, havia um armário com cereal de arroz e um secador com mamadeiras de bicos anatômicos.

A cabeça de Richard estava apoiada na base da mão. Uma faixa larga de sol iluminava a poeira no chão.

Eu pensei que já éramos, ele disse.

O início do relacionamento deles não foi dramático, como todas as conexões anteriores de Sloane. Desde o começo pareceu algo que ela tinha sob controle. Não precisou correr atrás daquela parte íntima de Richard que, em homens como Judd, parecia trancada a sete chaves. Não era amor, essa parte, mas sim estase. Era o núcleo de outra pessoa, que permanecia imóvel por tempo suficiente para que Sloane confrontasse suas próprias partes com as dele. Ele era confiante, forte e poderoso. Nunca ciumento nem mesquinho. Era talentoso e seguro de si e dava ordens a sua equipe de uma maneira ao mesmo tempo gentil e resoluta. Além de tudo isso, ele a desejava tanto, ele a desejava o tempo todo. Ela o desejava também, é claro, mas a insaciabilidade quase furiosa que Richard sentia por ela fazia Sloane se sentir a mulher mais cobiçada do mundo.

Eles também compartilhavam os mesmos objetivos de vida. Ambos queriam abrir um restaurante e, ainda melhor, ele era a cozinha e ela ficava no salão. Era bom demais para ser verdade. Sete meses depois, em julho, Sloane levou Richard a Newport, para a casa de veraneio de seus pais, à beira-mar. Richard ficou impressionado da mesma maneira como todos os recém-chegados ficavam. As multidões na cidade e nas praias desapareciam no decorrer das estradas de cascalho em direção a casas brancas iluminadas em praias rochosas particulares. Dava para comprar ovos e brotos de samambaia, deixando dinheiro em uma caixa junto às barraquinhas dos produtores. Mas também desanimava o modo como locais muito apreciados podiam ser. Era o auge da temporada e eles não conseguiam entrar em lugar nenhum para comer. Chefs e garçons estavam sobrecarregados enquanto os turistas lotavam os melhores restaurantes à beira do mar.

Quando finalmente conseguiram uma mesa, descobriram que a toalha estava manchada, pois não fora trocada entre os fregueses. Enquanto comiam um prato de linguine nadando em um fino molho de amêijoas da cor da água da praia, Sloane olhou para Richard, ele olhou para ela, e uma decisão foi tomada por meio daquele olhar.

Em setembro, eles fecharam um contrato de compra de uma linda casa cor de menta no centro da cidade, com um restaurante anexo. Ela concordou com alguns amigos que talvez fosse uma decisão impulsiva, mas insistiu que não fora uma decisão burra. Ela sabia que não havia chef melhor do que Richard. Soube disso ao provar o robalo que ele preparara naquela primeira noite. Não tinha tanta certeza de que não houvesse um parceiro melhor, mas estava disposta a descobrir.

É assim que você lida com assistir a seu marido transando com outra mulher. Você precisa beber, mas não pode ficar bêbada. Se ficar bêbada demais, então ficará irracionalmente ciumenta. Vai parar de entender as coisas. Não vai ter acesso à parte de seu cérebro que diz: Não, ele ama você, só está fazendo isso por diversão.

Seu marido deve se concentrar em você. Sim, algo está acontecendo para ele, e essa é uma sensação física que ele precisa sentir, experimentar, aproveitar, mas a mente dele deve estar concentrada em saber onde você está. Onde você está no ambiente, e onde você está em sua própria mente.

Quanto à garota, ela pode fazer o que quiser. Você não pode controlá-la. Ela precisa ser muito atraente — mas não tanto quanto você, nem aos seus olhos nem aos do seu marido.

Não pode ser uma cena pornô. Isso é algo que vocês estão escolhendo experimentar juntos, como um lado de seu relacionamento amoroso. Vocês precisam conversar um com o outro, precisam ter consciência um do outro.

Consciência. Você pode achar que compreende a palavra, mas precisa absorvê-la. Seu marido deve estar consciente de você como se estivesse dentro de sua mente. O objetivo é deixar *você* excitada, e não a outra mulher. Então, mesmo que ele esteja transando com essa outra mulher, ele precisa, na mente dele, estar transando com você. Cada penetração atravessa a mulher e entra em você.

Já faz um bom tempo que vocês fazem swing, se é que se pode chamar assim, porque não é realmente swing. *Swing* é uma palavra que pertence a outro tempo, a pessoas que não são Sloane. Ela é refinada, assim como seu mundo, seus lençóis, sua mente.

É mais uma sexualidade sem fronteiras, mas não de um jeito hedonista e hipster. Se comparasse a vida sexual deles à arrumação de uma mesa de jantar, a mesa em si seria longa e grossa, decorada com chifres, outros ossos e flores. Para beber, haveria vinho e vinho do Porto, e os convidados comeriam a sobremesa e a salada ao mesmo tempo. Haveria cadeiras de veludo e bancos de bar simples, de madeira, mas os convidados também poderiam se sentar sobre a mesa, nus ou usando um vestido barroco.

Tudo começou em seu aniversário de vinte e sete anos. Na primeira semana de julho, mais de uma década atrás. Havia dois anos que tinham aberto o restaurante. Cornijas brancas, luz do sol. Ela estava satisfeita com o que havia construído. Sentia que tudo o que tinha feito até aquele momento tinha uma razão.

Fazia calor e Newport zumbia com a força do feriado. O Quatro de Julho é o primeiro fim de semana lucrativo da temporada. Os veranistas compram todas as flores do mercado de produtores. Carregam caules pingando de volta para seus carros de praia com ar-condicionado, suas caminhonetes verdes e seus conversíveis escarlate antigos. A ferrugem na parte de baixo da carroceria é uma declaração. Garotas de vinte e poucos anos, com cabelos compridos, usam partes de cima de biquíni e calças soltas. Todos os anos há um tipo de sandália preferido em detrimento de outro.

De manhã, Sloane foi ao restaurante para preencher alguns papéis. Passou a mão ao longo do aço inoxidável na cozinha, admirando a geladeira cheia de verduras de verão frescas. Todas as máquinas, os liquidificadores industriais. Ela possuía aquelas coisas. Podia alimentar centenas de pessoas em uma noite.

Um ruído a assustou no outro extremo da sala. Ela ergueu o olhar e viu Karin, uma garçonete que também cuidava da contabilidade do restaurante. Sloane sabia pouco sobre Karin, apenas que ela tinha se formado na faculdade recentemente. E, como muitas jovens que não sabiam o que queriam fazer ou onde queriam morar, Karin tinha ido trabalhar em Newport, onde os pais de seus amigos passavam férias. Ela estivera lá várias vezes quando era pré-adolescente e aprendera o que cobiçar. Tinha cabelo muito escuro e lábios escuros. Eram quase vampíricos. Como se estivessem cheios de sangue coagulado.

Sloane, conhecida por ser magra e sexy, começou imediatamente, ali na cozinha, a listar de que maneiras era melhor que Karin, e de que maneiras Karin era melhor que ela. Sloane era mais magra. Karin era mais nova. Sloane era dona do restaurante, Karin apenas trabalhava lá. Mas isso também podia ser revertido. Podia ser melhor que Karin fosse uma funcionária, uma jovem bonita obedecendo ordens. Não é esse o sonho de todo homem?, pensou Sloane. Mas não, Sloane era autoconfiante, alfa, abundante e ao mesmo tempo reservada, se divertia, mas ia para casa cedo o suficiente para que sentissem sua falta. Karin era uma criança, talvez uma pessoa insípida de se conversar, boa apenas em shows e no quarto durante os primeiros quinze minutos antes de você se cansar da troca de posições. Porque ela era uma menina, Sloane percebeu, que se movimentava com frequência, que mostrava todo o jogo, sorrindo. Ficaria satisfeita mais cedo do que um homem poderia imaginar. Sloane, por outro lado, de cabelos compridos, praticante de ioga, temível, tinha cada vez mais camadas. No fim das contas, qualquer homem no mundo iria até ela e permaneceria lá.

Oi, disse Karin. Era um "oi" incomum, caloroso e irascível.

Oi, disse Sloane. Ela tem um jeito de dizer "oi" que é ao mesmo tempo curioso, crítico e um pouco sensual.

Hoje não é seu aniversário?

Sloane fez que sim com a cabeça. E sentiu um sorriso se formando. Será tão simples?, pensou. Alguém diz que é seu aniversário e você baixa a guarda. Como se tivesse sete anos e estivesse usando seu novo vestido de algodão com bolinhas.

O que Sloane não sabia era que, alguns dias antes, Karin tinha proposto algo a Richard. Ela dissera: E se eu me juntar a você e sua mulher no quarto? É claro que a pergunta na realidade não tinha sido essa. A menos que o momento tenha sido registrado, nunca é possível saber qual foi a pergunta real. É impossível responder. Não dá para definir sinceramente quais são as palavras exatas para formular algo assim. Sinceridade absoluta, Sloane sabia, não tinha lugar no sexo a três — em nenhum tipo de sexo, para falar a verdade.

Sloane imaginou Richard erguendo as sobrancelhas, imaginou-o ficando tímido e nervoso. A esposa não estava por perto. Ele era um marido devotado. E disse: Você pode propor isso a Sloane, se quiser. Depois voltou a fazer o que estava fazendo, preparando comida para centenas de pessoas.

Karin sugeriu que elas tirassem o resto do dia de folga. Não conhecia Sloane bem o suficiente para sugerir algo daquele tipo, no entanto foi justo por essa razão que conseguiu fazê-lo. Vamos levar uma garrafa de champanhe para a praia, disse ela, pegando Sloane pela mão.

Elas foram de carro até Napatree Point com a garrafa de champanhe e o cachorro de Sloane. As duas mulheres estenderam toalhas. Suas unhas do pé estavam pintadas e as pernas e os pés, bronzeados. O mar estava agitado e ao mesmo tempo calmo; assim como uma nevasca obscurece o mundo com seu manto, o mar faz o mesmo com seu ruído branco. As duas mulheres colocaram música para tocar em uma pequena caixa de som gasta. Beberam champanhe, comeram uvas e Sloane se sentiu como uma menina. Algo em Karin fazia com que se sentisse não apenas jovem, mas infantil. Além disso, Karin estava ligeiramente no comando. Talvez porque Sloane tivesse permitido, mas, em todo caso, era bom poder confiar que a personalidade de alguém sobrepujasse a sua, para variar.

Por volta da hora do pôr do sol, elas voltaram para a casa de Sloane e Richard. Depois de passar o dia bebendo na praia, entrar em casa com aquela desconhecida pareceu estranho. Esse ato tinha um cheiro ácido, como rosas em decomposição. O gosto na língua de Sloane era rosa e cinzento. Ela estava queimada da areia e do sol, sua pele parecia ao mesmo tempo áspera e úmida, e parecia que a noite poderia seguir em qualquer direção, embora, é claro, o caminho fosse muito mais previsível. Era, na verdade, imutável.

A princípio, as duas mulheres ficaram sozinhas ali. Sloane pensou em mandar Karin para casa antes que Richard voltasse. Mas algo a impediu. O álcool, para começar. Mas também a maneira como, às vezes, fazer algo errado pode ter um efeito homeopático.

Uma hora depois, elas ouviram um carro estacionar. Richard se juntou a elas na varanda dos fundos. Ele não tinha levado um bolo. Não havia um na casa. O aniversário de Sloane era vários dias depois do Quatro de Julho, e ela era proprietária de um restaurante sazonal em um lugar onde o Quatro de Julho era o feriado mais importante. Ela não se lembrava de ter tido um bolo de aniversário em muito tempo.

Os três beberam coquetéis e vinho. Beber era importante, Sloane sabia, para aquele tipo de evento. Era quase mais importante do que as pessoas envolvidas. Ela sabia que precisava ficar embriagada na medida certa. Vinho era bom, um branco suave. E além do álcool, Sloane diria que há outro componente envolvido em como o sexo a três começa. Nestas palavras.

Uma coisa levou à outra.

Os indivíduos envolvidos raramente conseguem identificar o momento exato. Porque é impossível. Seria preciso admitir que se está procurando algo que parece indecente, estranho. Um marido que deseja penetrar outro corpo, segurar outro seio. Uma mulher que quer ver o marido desejar outra pessoa, para que possa desejá-lo tanto quanto gostaria. Uma terceira pessoa que não é francamente amada no mundo, que entra em um quarto como um criptograma vestindo camiseta regata. Um marido que faz o primeiro movimento. Uma esposa que fecha os olhos para o primeiro movimento. Uma terceira pessoa que não comeu nada o dia todo. Alguém coloca música. Alguém serve uma bebida. Alguém reaplica o batom. Alguém posiciona o corpo de determinada maneira. Alguém está menos magoado do que deveria. Alguém tem medo da própria carnalidade. Alguém está preocupado em não ser sexual o suficiente. Alguém acende uma vela. Alguém fecha a porta. Alguém sente um frio na barriga. Tem tudo a ver com corpos e nada a ver com corpos.

Uma coisa levou a outra, e Sloane começou a brincar com Karin. *Brincar* quer dizer beijar, tocar, ter intimidade sexual com alguém com quem você não tem um relacionamento. A conotação é a de que isso é algo superficial, sem um significado sagrado. Há também a ideia de algo descuidado, equivocado. Foi uma palavra que, por uma boa razão, ficou gravada na memória de Sloane.

Uma coisa levou a outra, e Sloane estava brincando com Karin, então Richard se aproximou e beijou os ombros de Sloane enquanto Karin beijava sua boca.

Sloane sempre achara sedutor brincar com uma garota. Ainda mais do que sedutor, era fácil. Nunca tinha sido: *Minha nossa, vou beijar uma garota*. Nem mesmo na faculdade, em sua primeira vez com Lia. Para Sloane, sempre houvera algo maduro em não traçar uma linha rígida entre os gêneros nem marcar suas predileções em qualquer um dos lados.

Mas daquela vez ela estava casada. A questão não era a garota, era seu marido com outra garota.

Ela racionalizou. Disse para si mesma: essa garota deu em cima de mim. Não foi Richard quem disse: eu quero que você fique com essa garota. Fomos ela e eu, na praia. E somos ele e eu em primeiro lugar, essa garota é apenas um aditivo. Ela é algo divertido.

Dois anos antes, quando decidiu se mudar em definitivo para Newport — quando, efetivamente, decidiu não se tornar uma mulher igual à mãe —, Sloane foi dar uma volta na vizinha Block Island. Estacionou o carro no interior do barco e foi até o andar de cima, onde ficou de pé do lado de fora e olhou para a água cinza e azul. O vento frio e salgado açoitava seus cabelos contra os olhos e ela pensou em que tipo de mulher queria ser. Durante toda sua vida essa tinha sido uma reflexão um tanto difícil. Audrey Hepburn em *Bonequinha de luxo*. Kim Novak em *Um corpo que cai*. Aquelas mulheres se moviam em meio a uma fina névoa de fumaça e intriga. E o mais empolgante: não se desculpavam por ser quem eram. Até Holly Golightly, com sua hesitação vertiginosa, sempre parecia fazer um acordo consigo mesma pela manhã, em seu minúsculo banheiro, de que enfrentaria o mundo.

Naquele dia, no barco, Sloane decidiu que queria ser imperturbável. Ser indiferente às marés que mudariam a seu redor. Segurar a si mesma nas próprias mãos. Haveria momentos em que ela seria testada, e encararia cada um deles como uma ferramenta de aprendizagem. Aquele foi um desses momentos. Ali estava aquela jovem sensual, segurando uma taça de vinho em sua casa.

Além disso, Sloane ainda não conhecia o marido completamente. Estavam casados havia apenas alguns anos, ficavam com a filha dele metade do tempo, e o resto era dedicado ao restaurante, a fazê-lo funcionar, escrever cardápios, contratar funcionários, demitir funcionários. Era *vamos, vamos, vamos*. Sloane não tinha certeza de que ele gostava apenas dela, de que desejava apenas ela no mundo. Afinal, ela se perguntava, será que uma pessoa poderia de fato se sentir assim em relação a outra?

Uma coisa que ela sabia com certeza era que Richard nunca havia feito nada como aquilo antes. No começo ele parecia inseguro, até chateado, e então alguém disse algo bobo e encantador, as guardas foram baixadas ao redor da sala e uma coisa levou a outra.

Aconteceu devagar. As duas mulheres começaram a se beijar, em seguida desafivelaram o cinto de Richard e abaixaram sua calça. Então ambas começaram a chupá-lo, se revezando, sorrindo, sendo educadas, e tudo foi fácil no começo, todos os olhos brilhando com o absurdo e a excitação de tudo aquilo. Outra coisa levou a outra e de repente o marido de Sloane estava por trás daquela outra mulher, transando com ela, e algo dentro de Sloane parou. Não o coração, mas algo que também mantinha seu corpo funcionando. Ela sentiu sua alma se fundir e deixar o quarto. Então seu corpo físico começou a murchar e ela recuou.

Richard notou na mesma hora. Imediatamente ele se afastou da outra mulher, se aproximou da esposa e perguntou: O que houve?

Foi muito difícil ver isso, disse Sloane. Ela olhava além dele, para a vela na mesa de cabeceira. O quarto cheirava a figos. Acho que eu não estava pronta, falou ela.

Que tolice, ela estava pensando, usar a palavra *pronta*. Quando uma pessoa está pronta para algo? Ou será que a vida, na verdade, é um contínuo de coisas para as quais você deve se preparar, e apenas com uma preparação perfeita é possível existir no presente?

Sloane não sabia o que a garota estava fazendo àquela altura. Não importava. Eram apenas ela e o marido naquele quarto abafado. Ela achou incrível que Karin fosse jovem, consideravelmente mais jovem que Sloane, mas que não fosse a primeira vez que ela fazia algo assim. Algo tão *adulto*. Na cama, a moça esperava, sabendo, talvez, como aquilo funcionava. Sabendo que ia passar.

Sloane estava confusa; era uma fantasia dela ver o marido comer outra mulher, uma fantasia que nunca havia expressado em voz alta, mas algo a que voltava com frequência em sua mente, em momentos sinceros demais. De repente, aquilo parecia terrivelmente errado. Em um futuro próximo, ela fantasiaria de novo com Richard transando com a garota e isso a deixaria excitada, mas naquele momento ela sentia que estava se derramando de dentro para fora. O marido dela, pelo amor de Deus, a estava consolando com um pênis ereto com o qual acabara de penetrar a mulher que durante o dia trabalhava em seu restaurante.

Uma coisa levou a outra, e de alguma forma eles retomaram aquilo. Sloane decidiu que podia continuar. Afinal, já tinha acontecido. Seu marido tinha penetrado outra mulher na frente dela. Ela tinha visto sua coluna se movendo enquanto ele a penetrava. Não havia como voltar atrás. Mesmo no mais complexo dos reinos que ela invocasse, Sloane não conseguia imaginar uma máquina do tempo convincente o suficiente para desfazer aquilo.

maggie

Durante o segundo ano do ensino médio, Maggie se torna tia de uma menina chamada Emily. Ela tem orgulho de como a bebezinha é linda e feliz. Às vezes, fica assustada com o quanto a criança gosta dela. Se ela se afasta por alguns segundos, a criança berra.

Ela é rebaixada da equipe principal de futebol da escola para a equipe júnior. Há dois novos técnicos, um homem e uma mulher, substituindo o antigo, que deixou o cargo naquele ano. Os dois novos técnicos a chamam para uma conversa depois dos testes de seleção. Em uma sala de professores encardida, eles ficam lado a lado e dizem: Olha, seu rendimento está caindo. Você tem uma ótima visão do campo, mas não leva a bola para onde ela precisa ir.

Ela não entende como essas duas coisas podem ser verdadeiras. Enquanto isso, outras alunas do segundo ano e algumas do primeiro ano são selecionadas para a equipe principal. Ela alterna entre se sentir indignada e humilhada.

Maggie sai da equipe. É assim que lida com as adversidades. Se alguém a critica da maneira errada, sem se preocupar em dizer que mesmo assim ela tem valor, ela não tenta melhorar. Simplesmente diz: Foda-se, vá se foder. E renuncia ao que ama. Ela não tem conselheiros que lhe digam para se acalmar, dar um tempo e refletir. Dar duro na equipe secundária e provar que os treinadores estão errados. O pai dela é forte, mas alcoólatra. Está tentando conseguir um novo emprego desde que foi demitido do cargo que teve pela vida inteira, mas não dá os passos certos.

Ela sabe que os dois novos técnicos a consideram arrogante. Acham que ela não conhece seu lugar. Fargo não gosta quando um dos seus sai da linha. Os Estados Unidos exigem que você faça por merecer. Maggie vê apenas injustiças, em toda parte. Mas há professores como o sr. Knodel, que sabem como conversar com ela. Há pessoas lá fora que são como os trens a distância, seguem adiante, gloriosas e inabaláveis, e ela quer ser uma delas. Mas às vezes ela é vítima de seu próprio desejo. E fica lá, se arrepende tarde demais, e de maneira incorreta demais, para que alguém queira salvá-la.

Você continuou a trocar confidências com o sr. Knodel enquanto cursava o ensino médio, depois de ele ter sido seu professor de inglês no primeiro ano, de ter feito parte do clube de oratória e debates, dos estudos combinados ao trabalho voluntário e esse tipo de coisa?

Você acha que o bigode espesso de Hoy é decrépito. Pessoas velhas e muito magras a assustam. Elas lembram a mãe do seu pai. Quando era criança, você sempre a percebia aparecendo do nada para pegá-la em flagrante no meio de algo pecaminoso. Da mesma maneira, Hoy a pega desprevenida com frequência. Ele a olha como se você fosse uma decepção. Você ganhou peso desde o ensino médio. Talvez ele saiba que seu cliente é culpado. Ele deve saber. De qualquer forma, olha para você como se estivesse surpreso por Aaron tê-la escolhido. Às vezes, você tem vontade de mostrar fotos de si mesma naquela época. Mostrar às pessoas seu sorriso, seu corpo pequeno. Você quer dizer a Hoy que ele é um velho nojento. Que sua esposa provavelmente teve mais dores de cabeça na hora do sexo do que qualquer outra mulher na história do desejo evanescente.

Desculpe, eu…

Continuou a confidenciar a ele suas experiências com um homem adulto no Havaí durante o terceiro ano…

O promotor, Jon Byers, diz: Protesto contra essa pergunta em termos da relevância e da proteção à vítima de estupro.

É horrível quando você se sente grata porque alguém que deveria defendê-la finalmente começa a defendê-la. Proteção à vítima de estupro significa que você não pode perguntar a uma suposta vítima de estupro sobre outros encontros sexuais. Isso significa que você não pode tentar provar que *vadia* é seu ponto de referência.

A passagem de avião foi comprada pelo cunhado dela. Seria a primeira vez que ela voaria sobre uma grande extensão de água. Quinze horas. Só a duração do voo já era exótica.

Dane e Melia moravam em Oahu. Dane estava servindo no Quartel de Schofield. Melia estava bronzeada e tinha uma filhinha. O fato de Melia agora ser *Dane e Melia* era algo que às vezes incomodava Maggie. Maggie e Melia haviam crescido inseparáveis em Fargo, onde o inverno reinava supremo. O fato de sua irmã mais velha não pertencer mais a ela já era ruim. O fato de ela também estar vivendo em uma utopia tropical só piorava as coisas.

Melia voltara para Fargo para sua cerimônia de casamento, que aconteceu durante o verão na vizinha Wild Rice. O vestido de dama de honra de Maggie era elaborado, um tomara que caia marrom com várias pregas, franzidos e camadas. Lembrava o vestido de Bela em *A Bela e a Fera*.

Depois do casamento, as irmãs foram para o Havaí com o bebê. Dane tinha ido na frente. Aparentemente isso acontecia muito no Exército. O homem muitas vezes ia na frente para algum lugar, para fincar uma estaca na terra ou consertar uma tubulação de água.

Antes de partir, Melia e Maggie saem para fazer compras para a viagem. Melia diz a ela que ninguém anda arrumado no Havaí. Nada de saltos, apenas lindas sandálias e roupas largas e coloridas. Maggie compra tops e saias soltos. Há uma blusa tomara que caia turquesa em particular, que é justa em torno do peito, mas fora isso é larga e comprida. Ela poderia usá-la como um vestido, ou como uma blusa sobre a calça jeans. No fim das compras, ela segura seus sacos plásticos como buquês de cabeça para baixo junto ao quadril. Ela os segura com força e gratidão, como se fossem experiências em si, ainda embrulhadas e fatídicas.

Maggie se encanta com o Havaí no momento em que o avião pousa. As árvores cor de esmeralda, as flores vívidas. O aeroporto em si já é lindo. Ela vê sua brancura, pela primeira vez, através das lentes da alteridade. Fargo era um vácuo, ou fria demais para permitir que ela parasse e se visse.

Elas passam os dias quentes e luminosos na praia, observando o bebê mamar as notas da vida. Peneirando areia através de seus dedos gorduchos, sentindo o gosto de salmoura do mar. Maggie também é uma recém-nascida. Tudo é estranho. Os pássaros fazem sons marcianos. A temperatura tem uma espécie de calor que ela nunca experimentou. O mar! Maggie sempre adorou nadar, mas nunca esteve em águas como aquelas antes. O azul límpido e as listras luminescentes dos peixes. Ela pensa na cinzenta Dakota do Norte, suas extensões de água cor de ardósia congeladas.

Um dia, caminha até o coração de uma cachoeira secreta. A água negra selvagem se precipita por entre as duas metades de uma montanha verde, como uma trufa vibrante. O Havaí é o tipo de lugar onde Maggie sente que deve sempre vestir roupas de banho, pois a oportunidade de nadar pode surgir bem no meio do trânsito.

Algumas pessoas, pensa Maggie, vivem a vida como se tivessem certeza de que terão outra. Mais uma chance de ser legal e popular ou inteligente e rico e fazer muito sexo. Elas agem como se não houvesse problema em se demorar nesta e apenas assisti-la como a um filme. Maggie é católica devota e não acredita em várias vidas. Está decidida a aproveitar esta ao máximo. Quer experimentar tudo, mas também quer seguir os mandamentos de sua religião. Ficou chateada, por exemplo, quando Melia lhe contou que estava grávida. Não é certo fazer sexo fora do casamento. Mas Emily, a garotinha, é pura, cintilante como uma estrela. Maggie não consegue conceber que ela tenha nascido do pecado. Especialmente agora que Dane e Melia têm o mesmo sobrenome ressonante. Eles têm um liquidificador. Nada é tão católico e vinculante quanto um liquidificador branco e limpo.

O preto e o branco costumavam ser decisivos para Maggie, mas no Havaí essa falta de ambiguidade parece pouco inteligente. O Havaí a faz ter consciência de suas contradições. Ela passa noites quentes inteiras examinando a si mesma. Faz longas caminhadas na praia. Observa os dedos dos pés se enterrarem na areia e pensa em todos os que ficarão surpresos com a pessoa que ela se tornou quando voltar para casa.

Algumas vezes — à noite, o momento em que as garotas de dezesseis anos mais lamentam a decisão de passar tanto tempo com um casal que acaba de ter um filho —, Melia fica em casa com Emily, enquanto Dane leva Maggie para sair com seus amigos. Eles são altos e ruidosos, com ombros largos, e Maggie é boa em beber e rir. Isso é fundamental, ela sabe, para se enturmar e conseguir as coisas.

Uma noite, Maggie anuncia que vai a uma festa na casa de alguém que Dane lhe apresentou. Melia diz ao marido para acompanhá-la, ficar de olho nela. Maggie e Dane chegam vestindo roupas normais e veem que todos estão vestindo toga. Copos de plástico vermelhos brilham como lâmpadas em meio a todas as vestes brancas.

Que merda, Maggie diz para o cunhado. Você não sabia que era uma festa de toga?

Eu esqueci, responde Dane.

Um colega militar chamado Mateo aparece, dá um tapinha no ombro de Dane e se apresenta a Maggie. Ele nasceu em Cuba, tem ombros largos, é charmoso.

Vocês não estão vestidos a caráter!, Mateo diz.

A culpa é dele, acusa ela, apontando para Dane.

Dane e Maggie seguem Mateo até sua casa escura e quase vazia, e ele tira de um pequeno armário dois lençóis razoavelmente brancos. Maggie se troca no banheiro, jogando o lençol sobre o ombro nu e amarrando-o com um nó nas costas. Se há pomadas antifúngicas ou remédio para queda de cabelo, ela não os vê. Há um frasco gigante de xampu no chuveiro simples. O banheiro tem cheiro de homem limpo.

De volta à festa, ela bebe Malibu, que desliza por sua garganta como um gel. Ri muito e se sente como uma versão mais formidável de uma menina de dezesseis anos.

Mateo diz a Maggie que ela é engraçada e que adora seu jeito impetuoso. Eles riem muito juntos, e ele olha em seus olhos quando ela fala. Confidencia que acabou de se separar da esposa e que ainda está arrasado. Ou ele usa a palavra *arrasado* ou talvez a irmã dela tenha usado. Ele tem trinta e um anos, mas parece ter cinquenta e sete, porque Maggie tem dezesseis, e ele já teve tempo de se casar e se divorciar, e ela às vezes ainda tem a sensação de que ler por prazer é trabalho demais para quem já tem dever de casa.

Maggie bebe tanto que vomita. Ela se debruça atrás de um carro estacionado e segura o próprio cabelo para trás. Seu cunhado sai da festa com um dos amigos. Eles a observam e riem. Maggie levanta a cabeça. Ela não se importa de ser o motivo da piada, pois sabe como lidar com ela. Está aliviada porque o amigo que a viu vomitar não é Mateo. Todos os outros são como irmãos.

Melia e Dane não acham estranho quando, algumas noites depois, Mateo aparece na casa deles mais arrumado do que de costume, usando uma colônia que colore o ar de um verde-floresta, e leva Maggie para jantar.

Maggie, por sua vez, fica impressionada. Ele parece muito legal. O carro dele é o carro de um *homem*. Tem cheiro de purificador de ar e também da tal colônia. Ela pensa nos garotos de Fargo, que nunca acendem os cigarros dela. Mateo abre a porta do carro para ela. Eles vão até o Applebee's. Ela pede seu prato favorito, frango tostado. Ele se preocupa se ela está ou não satisfeita. Certifica-se de que ela não esteja apenas fingindo que terminou de comer.

Tem certeza de que está satisfeita?, ele pergunta. Não aja como uma princesa. Além disso, eu como rápido demais.

Ela faz que sim com a cabeça, a boca cheia de comida. E sorri assim que consegue.

Ele paga por tudo. Ela está acostumada a viver em um lugar frio e cinzento, a sair com garotos que não prestam atenção se ela está feliz ou com fome. E de repente ali está ela no Havaí com um homem, em um encontro de verdade. A água troveja à distância. O ar é doce e tudo cheira a seu brilho labial sabor abacaxi.

Depois do jantar, eles saem para passear em uma praia próxima. A areia é fria e macia sob seus pés. Ela aprenderá, um dia, que há muitos homens assim, que ficam olhando para você enquanto você caminha. Mas Maggie tem apenas dezesseis anos. Para ela, Mateo é único. O corpo dela está aquecido pelo rum. Ela sente que seus membros estão tremendo, mas também que está no mais absoluto controle.

Ele sugere que eles parem e contemplem o mar. Eles se sentam com os joelhos junto ao peito e olham fixamente para a água, como as pessoas nas pinturas de Seurat. Maggie tenta se concentrar na escuridão ondulante. Mateo se inclina para perto. Seu sorriso é muito longo, mas sua boca está fechada. Como muitas garotas da idade dela, Maggie está exposta diante do mundo, sem medo, despovoada. Os homens se inserem e transformam uma garota em uma cidade. Quando vão embora, seus vestígios permanecem, a descoloração na madeira onde o sol entrou com regularidade por muitos dias, até que um dia não mais.

Por que você está sorrindo?, Maggie pergunta.

Porque quero beijar você, ele responde.

Em uma manhã havaiana iluminada, Mateo vai buscar Maggie em sua motocicleta. Ele a leva para um encontro de motoqueiros que começa com um café da manhã improvisado nas colinas verdejantes. Maggie é a única garota da idade dela. As outras mulheres são motoqueiras vestindo roupas de couro preto empoeiradas e com cabelos pegajosos. Ela se sente deslocada, mas de uma maneira gloriosa.

Está vestindo a blusa turquesa como um vestido. Suas pernas bronzeadas vibram contra as dele com o zumbido do motor. As primeiras curvas são assustadoras, mas depois de um tempo ela para de pensar no perigo. Cada curva se torna uma oportunidade de inclinar seu corpo na direção oposta e crescer.

Mateo é musculoso e tem pés de galinha que se irradiam da lateral dos olhos. Ela gosta de se segurar nas costas dele. Em Fargo, seus pais provavelmente estão bebendo. Quando está em casa, parece necessário controlar todos os movimentos deles. Mas ali no Havaí, ela está livre. Está de férias do medo e da injustiça.

Eles andam de moto o dia todo. Em determinado momento, ela sente uma dor aguda e acha que foi picada por uma abelha. Mas então percebe que foi uma pedra que voou da estrada e cortou seu braço. Ela não reclama. Não quer fazer nem dizer nada desagradável.

O motor silencia com um ruído crepitante quando Mateo chega na entrada de sua garagem, no fim de uma rua sem saída com um dossel de árvores. Todas as residências são construídas sobre palafitas, como casas na árvore de contos de fadas para surfistas hippies.

Mateo divide o aluguel com um amigo que não está em casa. Maggie percebe que não faz muito tempo que ele mora ali. Seu quarto é quase vazio, com lençóis escuros. Cestos de lixo virados de cabeça para baixo fazem as vezes de mesas de cabeceira. Parece que ele não manteve nada de sua antiga vida, com exceção de um isqueiro e algumas calças boas. Maggie acaba de ir ao casamento da irmã. Parece loucura que aquele homem antes tivesse um casamento com uma mulher e agora tenha apenas um quarto com uma cama encostada na parede. Na geladeira, apenas sachês de molho de pato, cerveja, um filtro com água arenosa.

Do ponto de vista de Maggie, ela está mais afim do que ele. Ele não sabe que ela é virgem. Ele não sabe que apenas alguns meses antes ela estava repreendendo a irmã por engravidar sem estar casada.

Maggie se deita na cama primeiro. Eles transam por vinte minutos. É mais e menos do que ela esperava. Por um lado, a parte física se torna conhecida, decomposta em partes identificáveis. Os aspectos escorregadios e copulativos são mais obscenos do que ela imaginava que seriam. Mas ela faz parte do clube agora. É uma das pessoas que caem sobre camas e ficam deitadas em cima de espaços molhados.

São as partes intangíveis que mais a impressionam. O sexo, para Maggie, está no modo como ele notou o corte que a pedra fez em seu braço. No fato de ele ter ficado chateado porque ela não o alertou, porque guardou a dor para si. Na maneira como ele tirou sua cueca boxer. A maciez desconhecida de determinadas áreas da pele. Seriam essas as coisas das quais ela se lembraria por muitos anos.

Depois que acaba, ele não a leva para casa imediatamente. Eles ficam deitados na cama dele e conversam por um longo tempo. Ele faz perguntas sobre Fargo e lhe conta sobre Cuba. Ela ouve, com a mão no peito dele, que sobe e desce como o de um animal. Ela se concentra na mão, espera que esteja pousada sobre o peito dele com a pressão certa, que não seja irritante, que ela não se comporte de maneira muito infantil. Ela não quer parecer uma virgem.

De qualquer forma, não é, não mais.

Byers protesta em relação ao Havaí. Todo o estado é um ato sexual.

A pergunta foi, diz Hoy, você confidenciou isso a ele?

Sim, você responde.

E como confidenciou isso a ele?

Eu escrevi uma carta.

Tudo bem. Por que o sr. Knodel?

Porque eu estava com muita vergonha, e até então ele havia me provado que não julgava as pessoas.

Tudo bem. Então o que você esperava obter do sr. Knodel ao escrever a carta para ele?

Você pensa a respeito. Você tem vergonha de responder algumas dessas perguntas na frente do seu irmão, mesmo que ele saiba a maior parte da história. O depoimento faz com que todos os pelos de seus braços se arrepiem. Todos ficam sabendo sobre as coisas patéticas, embaraçosas e malucas que você fez. Você se lembra de escrever a carta em casa e entregá-la a ele depois da aula. Você se lembra de como foi bom se abrir para alguém que não traria a própria sujeira para suas escolhas. Todos no mundo a julgavam, menos aquele homem. Suas amigas a olhavam como se você fosse chupar todos os garotos de quem elas eram afim. Sua mãe a olhava como se houvesse algo crescendo dentro de sua barriga, bebês crustáceos com a cabeça de homens mais velhos. Seu pai a olhava como se não pudesse mais segurá-la nos braços.

Mas o sr. Knodel queria o melhor para você. Ele não tinha nenhum interesse. Apenas seus sentimentos de professor. E como você desejava ser apenas ouvida! Simplesmente dizer: Ei, eu fiz sexo com um cara no Havaí e foi divertido, o mar era incrível, e eu achei que o amava, e ele não me amava de volta, mas eu me senti amada mesmo assim, eu me senti sexy, bonita, eu mesma. Tipo: Essa é a Maggie! Como esse canalha desse Hoy pode questionar o que isso significa? Homens como ele não gostariam de poder contar à esposa de que tipo de pornografia gostam? Ele não acharia maravilhoso se alguém o conhecesse por completo?

Mas você não pode dizer essas coisas. Porque Hoy e todas as outras pessoas vivem em negação. Não são sinceras nem em pensamento, que dirá em um tribunal onde tudo que você disser pode ser usado contra você. Não há humanidade nos humanos. Você passa a palma da mão sobre o braço para disfarçar os pelos arrepiados. Eles estão sentindo uma brisa de autodepreciação.

Você diz: Eu queria que ele soubesse que aquele semestre seria difícil para mim e... é, isso, só que o semestre seria duro para mim.

Em seguida, eles querem saber quais remédios você está tomando, então você abre a bolsa. E fala em uma língua estrangeira:

Lisdexanfetamina, 50 miligramas, para o TDAH. Ondansetrona HCl, 4 miligramas, para náusea.
Duloxetina HCl, 60 miligramas, genérico do Cymbalta, para ansiedade e depressão.
Aripiprazol, 2 miligramas, para ajudar a duloxetina a aliviar a ansiedade e a depressão.
Clonazepam, 1 miligrama, conforme necessário, para ansiedade e depressão.

Os zoólogos rabiscam suas anotações. Você observa suas canetas e abraça o próprio corpo com força.

De volta à escola, Maggie se sente mais sozinha do que consegue suportar. Ela fez um movimento errado e agora foi rechaçada, relegada a beber leite direto da caixa em um canto. Pior, havia se concentrado nas amigas enquanto marginalizava a família. Ela se lembrará do ensino médio como a única vez na vida em que foi precipitada o suficiente para conferir poder a pessoas que não são leais a nada a não ser ao sinal que anuncia o fim das aulas.

Heather S. — insossa, de óculos, dançarina, desleal — conta às pessoas sobre a viagem de Maggie ao Havaí. Ela faz o tipo de fofoca que as pessoas costumam fazer sobre as outras. Vadia idiota, vagabunda, pedófilo. Se Maggie pudesse ouvir todas as coisas horríveis que as pessoas disseram por suas costas, se pudesse juntá-las em um rolo de filme e assisti-las em uma tela, talvez se matasse. Heather conta a Reese — Reese, que é a melhor amiga de Maggie desde que elas eram pequenas — sobre Mateo, o que não é terrível, mas é uma quebra de confiança. Em seguida conta tudo para uma garota chamada Zoe, que é um ano mais velha e tem uma língua gigante. Heather também diz a Zoe que Maggie a chamou de mexicana suja, o que não é verdade.

Um incêndio começa nos corredores bege, na quadra emborrachada e no refeitório fedorento. Os caras abordam Maggie como pessoas de quarenta anos atrás e dizem: Ouvi dizer que você trepou com um latino! Com as garotas é pior. Elas não dizem nada na cara dela. Há olhares discretos. Elas projetam uma energia ameaçadora, desafiando-a a agir como se ainda fosse uma delas. Elas fazem Maggie se sentir suja, dizendo que ela é uma vagabunda que perdeu a virgindade com um cara asqueroso de pele escura, que não é muito melhor que um viciado em metanfetamina, e que tipo de vadia faz uma coisa dessas?

Ela não pode dizer nada para as meninas mais velhas, as veteranas cujos rostos são mais longos, mais bonitos e mais sábios que os dela. Uma vez, em setembro do penúltimo ano, ela está em um reservado no banheiro e algumas garotas do último ano estão diante do espelho, e estão falando de Mateo: Ele deve ser um verdadeiro pervertido para querer ficar com a Maggie. Aquelas garotas falam sobre o homem que esteve dentro dela como se o conhecessem e ele fosse um lixo. Depois que elas saem, Maggie levanta a calça, se senta no vaso sanitário e chora por um período inteiro.

Além de se sentir impura e nojenta, ela sente saudade do homem com quem perdeu a virgindade. Não pode falar com o cara com quem fez sexo. Não pode enviar um e-mail para ele, nem mandar uma mensagem pelo Facebook, nem ver o rosto dele no Skype e relembrar uma piada íntima. Não pode conversar com os pais a respeito, nem quer. Os pais dela — a própria existência deles — fazem com que se sinta uma vaga-bunda. Seus colegas de classe a tratam como se ela tivesse uma doença. Ninguém no mundo está do seu lado.

Em casa, ela não sorri nem come, mas fora isso tenta agir normalmen-te, para que sua família não ache que ela sente falta de seu estuprador. Ela rearruma a comida no prato para fingir que desapareceu.

Uma noite, antes de dormir, ela está sentada na escrivaninha de seu quarto, se sentindo mais solitária do que nunca, quando um pensamento surge na parte mais sensata de seu cérebro. Seus olhos vislumbram a imagem de um potencial.

Ela começa a escrever uma carta. Maggie gosta de escrever à mão. Consegue pensar com mais clareza. Costumava escrever cartas para o pai quando ele a irritava. Seu tom é menos ácido do que seria por e-mail.

Knodel, ela escreve (porque agora ele é Knodel ou AK, não é mais o sr. Knodel; ainda é um professor, mas também é um amigo), *deixe-me dizer por que este semestre vai ser um desastre...*

E conta sobre o sexo com Mateo, diz a Knodel que foi sua primeira vez e que isso pode até ser muito importante, mas não é o problema. Mesmo que, definitivamente, ela não se sinta mais pura depois do que aconteceu. Não mais filha de Deus. A pureza foi erradicada e substituída por um conjunto de novos sentimentos. A maneira como ele se certificou de que ela estivesse satisfeita com o frango tostado. A maneira como lhe deu seu lençol para ela fazer uma toga antes mesmo de conhecê-la. A maneira como ficou triste por ela não ter reclamado de ter sido cortada pela pedra. A maneira como ria das piadas dela; e a maneira como olhava para ela como um peixe fresco que tinha acabado de pescar e segurava no alto; e como, ao contrário de um garoto adolescente, não sentia vergonha de seu desejo. Além disso, havia todas as coisas sobre si mesma que ela agora enxergava e apreciava através dos olhos de Mateo. Seus cabelos longos e selvagens. Suas coxas fortes e seus seios macios.

Ela conta grande parte disso a Knodel: os sentimentos provocados pelo sexo, sobre os quais ela só ouvira falar e achara que eram clichês até que acontecessem com ela. Explica como seus sentimentos se intensificaram quase imediatamente depois que eles transaram.

Ela também conta a ele como tudo terminou.

Alguns dias depois de eles terem transado, Melia deixa Maggie na casa de Mateo para uma festa em torno de uma fogueira. As casas de árvore sobre palafitas brilham à noite. Melia pergunta: A que horas venho buscá-la? Maggie diz que quer passar a noite lá. Eu durmo no sofá, Mateo diz a Melia. Mais tarde, na cama, Maggie não pretendia, mas as palavras saem de sua boca.

Eu acho que amo você, ela diz.

No mesmo instante, ela sabe. Sente o rosto corar de vergonha. Sabe que ele não vai falar o mesmo de volta. E começa a chorar.

Ei, ele diz.

Ela não quer olhar para ele. Ele provavelmente vai parecer melhor do que vinte segundos antes, quando ela ainda conseguia encontrar defeitos.

Ele toma o rosto de Maggie nas mãos. Diz que ela significa muito para ele, mas que ainda é cedo para amá-la.

A dor não desaparece, mas muda. Torna-se da cor suportável de um hematoma.

Ela conta ao professor que as semanas seguintes transcorrem normalmente. Ela conhece muitos amigos de Mateo. Não é namorada dele, mas também não é o oposto de uma namorada. Todos os dias em que sai com ele há pequenos rituais. Arrumar o cabelo, passar hidratante. Oahu é um molusco gigante. Ela estava vivendo dentro de uma concha, capaz de ver um pedaço do vasto mundo azul além das bordas e caminhando por uma camada de porcelana enquanto isso.

O fim chega em um dia ensolarado. Eles estão se beijando escondido durante um churrasco na casa de Dane e Melia. Alguém os vê. Melia é informada de que sua irmãzinha está se atracando com Mateo, o cara divorciado do Exército. Melia conta a Dane, que vai procurá-lo, mas Mateo já fugiu. Dane diz para Maggie: É melhor você me contar tudo e, se mentir, nunca mais falo com você.

Isso não parece tão cruel para ela quanto é de verdade. Ela acha que merece. Mas em grande parte não sabe como se sentir. Depois que Dane vai atrás de Mateo, Maggie se pergunta se foi culpa de Mateo. Ela decide que foi sua culpa, mas em seguida se pergunta se foi culpa de alguém. Se alguém fez algo errado. Ela não acha que eles fizeram nada errado. No Havaí, a idade mínima para consentimento sexual é 16 anos. A idade mínima para consentimento sexual no Exército é de dezesseis anos. Ela tem dezesseis anos. Mesmo legalmente, eles não fizeram nada de errado. Exceto pelo fato de que a idade para consentimento sexual na Dakota do Norte é dezoito anos. Mas esses números não estavam presentes na cama. Mesmo quando ela chorou, não teve nada a ver com números.

Dane não encontra Mateo na casa dele. Melia liga para os pais. Uma tempestade de merda começa a se formar no leste, sobprando os ventos da Dakota para dentro do molusco de Oahu. Sua mãe, através da irmã, obriga Maggie a fazer um teste de gravidez, além de um rastreamento completo de doenças sexualmente transmissíveis. Partículas de vergonha sopram de todas as direções. Melia grita com Dane: Eu disse que isso não era normal! Que uma garota não pode ser amiga de um homem mais velho!

Dane está com o rosto vermelho durante o jantar. Todos querem acusar alguém para não ter que encarar o que cada um deles fez de errado. Maggie se encolhe em um canto. Ela não pode nem ao menos se agarrar a seu Deus. Ao telefone, o pai é menos prescritivo que a mãe. Mas quer levar a questão ao Exército. Todos querem que o Exército resolva a questão.

As duas semanas seguintes no Havaí ficam apenas no calendário. A luz do dia se estende por tempo demais. O mar tem uma beleza terrível. Os pássaros gracejam além da conta. O sol surge o tempo todo quando o mais adequado seriam nuvens de chuva.

Mas em casa tudo também está arruinado. Ao telefone, até suas amigas agem de forma cruel. Trinta e um?, diz Sammy. Ficou maluca? Isso é tipo um *velho*.

Maggie para de comer. Todos concordam que ela deve ser mandada para casa imediatamente. Mas ela espera as duas semanas porque as taxas para mudar a passagem estão caras demais. A mãe de Maggie é carinhosa e conectada. Ela é presente e amorosa, mas fica limitada pelas circunstâncias. A pior sensação do mundo é não conseguir resolver um problema que afeta um filho. Mas no fim das contas, algumas mães não podem pagar para que os filhos voltem mais cedo para casa.

Quando chega a hora de partir, as despedidas são tensas. A bebê continua linda, mas a magia em seus olhos parece vitrificada. Há uma mudança perceptível.

De volta a Fargo, Maggie passa o resto do verão se consultando com um psicólogo e um psiquiatra. Eles prescrevem vários medicamentos. Na maior parte do tempo, ela acha que ajudaria se pudesse conversar com Mateo. Todos dizem: O Exército vai decidir sobre o destino de Mateo. Estão tão preocupados com o fato de ela ter perdido a virgindade que se esquecem de se importar com o fato de que ela acabou de perder a virgindade.

Ela assina a carta para o sr. Knodel.

Maggie.

Em seguida a dobra e a coloca dentro da mochila. Parece uma parte maior de si do que talvez seja.

Há cerca de trinta alunos na aula de retórica e debates de Knodel. É uma aula com grande procura, que apenas os alunos do último ano conseguem fazer, então a atmosfera é de privilégio. Às vezes parece um fim de semana em uma estação de esqui.

Knodel fica diante da turma e discursa por alguns minutos no início, depois os alunos se dividem em grupos para pesquisar e discutir seus tópicos.

Maggie assiste à aula nervosa, mas Knodel lhe dirige alguns sorrisos agradáveis, e a ideia de que ele é o único confidente possível se acomoda sobre ela como um cobertor quente. Basicamente, entregar a carta a ele será como inseri-lo em seu círculo de confiança, que naquele momento não é mais sequer um círculo, e sim um ponto. Entregar a carta a ele e permitir que ele a conheça é tudo de que ela precisa para deixar de se sentir uma pária.

Quando a aula termina, ela se demora juntando suas coisas. Esperar que os outros alunos deixem a sala depois da aula de Knodel é sempre complicado. Muitos ficam depois do horário. Todos gostam de falar com ele. Ele lembra dos dias de jogo de cada um, e qualquer aluno se sente bem quando é tratado de maneira especial por ele. Faz sentido que daqui a alguns anos ele seja nomeado o Professor do Ano da Dakota do Norte. Na quadra, Knodel vai se levantar e subir ao pódio ao som de uma ovação de pé dos estudantes, funcionários e dignitários. O governador vai apertar sua mão e sorrir. O cheiro da quadra será substituído pelo perfume das mães aplaudindo. Ele estará vestindo seu moletom da Universidade Estadual da Dakota do Norte e parecerá pego de surpresa pela adulação.

Maggie se levanta quando restam apenas alguns alunos na sala. Ela caminha até a porta e entrega a carta a seu professor favorito. Aqui está, diz ela. Seu rosto fica vermelho, pois o que ela acabou de fazer é loucura. Ela entregou a um professor uma carta na qual relata a perda de sua virgindade. Ele sorri e parece confuso, mas algo no sorriso a faz sorrir de volta com convicção.

No dia seguinte, na aula, Knodel diz: Eu li sua carta, você deveria vir conversar comigo depois.

Em meio ao mar de estudantes, Knodel tem o dom de se dirigir a uma pessoa de forma que apenas ela consiga ouvir.

Desta vez, Maggie espera que todos saiam. Ela esfrega as mãos uma na outra. Há várias pessoas que você pode ser no ensino médio. Você pode ser o nerd, o atleta, a garota gostosa, a vaca. Agora ela é a aberração. Ela pensa em todos os lenços de seda que precisará comprar e nas caixas pesadas de areia para gato a ser transportadas de Hyundais para apartamentos. Verifica o hálito quente contra a palma da mão e lembra que, de qualquer maneira, não tem chiclete.

Ei, ele diz quando a última pessoa está saindo, e acena para que Maggie se aproxime. Pela maneira como ele diz "Ei", ela percebe que ele também estava esperando a última pessoa sair. É bom quando descobrimos que outra pessoa tem o mesmo pequeno objetivo que a gente. Pequenas coisas como essa salvam o coração diariamente.

Li sua carta, ele diz. Ele já disse isso. Maggie faz que sim com a cabeça.

Como você está?, ele pergunta. Ele está sentado à sua mesa e ela está de pé. Em casa, seus pais, um ou ambos, começarão a beber dentro de uma hora. No Havaí, Mateo provavelmente está almoçando na base militar. Provavelmente em uma bandeja de papelão colorido, vários itens garfados sem cerimônia de travessas de alumínio. Sua sobrinha, Emily, está prestes a tirar uma soneca. Maggie é uma dentre bilhões. Como Deus poderia cuidar dela e de todas as pessoas que ela ama? Então ali, naquela sala, com seu professor, ela sente que ele foi escolhido por Deus para se importar apenas um pouco mais do que o necessário.

Ele começa dizendo que ela não fez nada de errado. Pergunta por que os pais dela não prestaram queixa e, em seguida, sobre seu relacionamento com eles no geral. Ela está vestindo jeans e uma camisa com a qual se sente bonita. Sua família não tem dinheiro para roupas boas das Cidades — Minneapolis e St. Paul — nem para nada que se veria em uma revista, então ela sabe como fazer determinadas peças funcionarem. A conversa dura mais do que qualquer outra das conversas passadas. Knodel não dá nenhum conselho, mas faz com que ela se sinta normal. Às vezes, basta que outro ser humano acene com a cabeça e aja como se algo não fosse um grande problema, como se fosse uma coisa que acontecesse todos os dias, que não fosse uma perversidade, que você não fosse uma aberração nem uma vadia. Você não vai precisar de vinte gatos. Não é nada de mais, e o único gesto de que você precisa, na verdade, é de um abraço.

Nicole, irmã de Maggie, e o marido se mudaram recentemente para Denver e, no Natal seguinte, toda a família decide se reunir no Colorado. Eles alugam uma cabana rústica nas montanhas, a algumas horas da cidade. É o final de 2008, e o mundo está evoluindo de maneira positiva. Maggie agora está em seu último ano na escola. Ela sente toda a responsabilidade desse novo período. Tem amigos e planos e grandes expectativas.

Na noite anterior à partida, Maggie está enfiando roupas nos cantos de uma mala abarrotada. Calças térmicas, meias, gorros e mais um par de roupas íntimas. Tudo está cuidadosamente dobrado, a não ser esses acréscimos de última hora. Seu celular faz um ruído indicando a pequena e feliz chegada de uma mensagem de texto.

Como parte das atividades do congresso estudantil, é normal que os membros troquem mensagens entre si e com o sr. Knodel, seu orientador. Mas naquela tarde, a mensagem de texto do professor surpreende Maggie pela falta de propósito.

Ei, como você está?

Ela responde: Bem, ótima. E você?

Ele pergunta se ela já terminou de fazer as malas, e ela responde: Sim, só faltam umas maluquices de última hora.

Linhas de comunicação se acumulam como tijolos de Tetris. Na maioria das vezes, suas falas deixam um espaço razoável para que a outra pessoa responda. Algumas das falas de Maggie não, mas há o suficiente nelas para que Knodel encontre um filamento, pegue-o e comece a tecer uma nova conversa.

Eles continuam até tarde da noite. Maggie tinha planejado dormir cedo, para estar descansada de manhã para o voo. Por volta das 23 horas, Knodel diz que vai para a cama. Maggie sorri enquanto digita: Você é velho!

Knodel diz algo que a perturba um pouco, mas também a deixa curiosa.

Só porque uma pessoa vai para a cama, ele escreve, não significa que ela vá dormir.

Ao chegar no Colorado, Maggie está novamente empolgada com a própria vida. As escamas do ano anterior foram removidas pelo inverno, pelo tempo em geral.

A cabana é típica, escondida em uma estrada de terra nas profundezas das montanhas brancas, cobertas de neve, com comodidades modernas, mas muitos detalhes em madeira. É grande o suficiente para acomodar todos eles — o sr. e a sra. Wilken, Maggie, as duas irmãs mais velhas, os dois irmãos mais velhos e todas as crianças. Eles não ficam juntos assim há anos. Maggie tem sua própria cama, mas em geral Emily se enfia nela para se aconchegar, ou Marco.

Eles se atualizam sobre a vida uns dos outros diante da lareira. O sr. Wilken se encarrega de cozinhar. Ele faz uma quantidade enorme de seu famoso molho de espaguete. Todo mundo implora pela receita, mas mesmo quando se conhece todos os ingredientes e as quantidades, o gosto nunca fica igual a quando Mark Wilken o prepara. Quando Maggie era pequena e eles tinham ainda menos dinheiro, o pai colocava fatias de pepperoni no molho, mas não muitas, porque pepperoni era caro. As fatias eram chamadas de *prêmios*, e Maggie e os irmãos brigavam por causa da quantidade que cada um recebia.

À tarde ela anda de trenó com as crianças. O sol lança uma luz dourada através das colinas nevadas. Não há tristeza ou medo. Apenas a mistura particular de beleza e paz que, anos mais tarde, depois que conflitos e a morte se abaterem sobre ela, fará com que ela pense que os conflitos e a morte não chegam ao Colorado. No Colorado, pode-se esquiar o dia todo, rir a noite toda e acordar todas as manhãs intocável, tomando café em canecas de acampamento enquanto se ouve o barulho das crianças. Nas noites tranquilas, depois que as crianças vão dormir, Dane e os irmãos de Maggie ligam a televisão e explicam ao resto da família o humor particular de Flight of the Conchords. A lembrança grotesca do Havaí está guardada no porão, com as pranchas de bodyboard e todas as outras coisas que não são usadas durante nove meses do ano. Maggie voltou a ficar resplandecente, e é a melhor amiga de todo mundo. Ela se dá bem com os garotos como nenhuma outra mulher consegue. Ri de memes e de vídeos no YouTube.

Na primeira noite no Colorado, o celular de Maggie vibra, e é ele de novo. Ela sente uma luz se acender dentro dela. Ele foi a pessoa que a fez se sentir mais normal depois do que aconteceu no Havaí. Durante seu penúltimo ano no ensino médio, eles se aproximaram. Ele havia passado de um bom professor a um verdadeiro aliado. Então aquela nova atenção não era exatamente estranha. Mas era diferente.

Knodel pergunta a ela sobre presentes, snowboard, o clima e o número de sobrinhas e sobrinhos. Há um período de espera adequado entre as mensagens, porque é assim que deve ser. Ela coloca o celular na mesa, virado para baixo, e se junta a uma conversa em família. Quando pega o aparelho de novo, há linhas de texto esperando. Ela fica meio zonza de empolgação. Não guarda as mensagens, porque no futuro ele pedirá que ela apague todas, mas Maggie se lembrará de cada uma delas, especialmente das primeiras, com uma lucidez dolorosa.

Ele pergunta se ela está saindo com alguém e ela responde que sim, um cara do trabalho. Não é nada sério, mas de repente *aquilo* parece sério. Sério, mas insano. Maggie passa a noite de olhos arregalados, sem conseguir acreditar naquela troca de mensagens. Honestamente, ela ficaria menos atordoada se o homem lhe mandando as mensagens de texto fosse Brad Pitt, que acabara de abater um urso nas montanhas e fora procurar abrigo em seu beliche.

E como ela questiona a impossibilidade, então vem a queda...

Eu não deveria estar falando com você, ele escreve.

Do lado de fora do celular, os irmãos dela riem. Alguém na cozinha pergunta se há um moedor de pimenta.

Maggie responde: Tudo bem.

Knodel diz que bebeu e que vai dizer algo que não deveria. E Maggie responde: Tudo bem.

Ele escreve: Eu sou professor e você é minha aluna, e nós não deveríamos estar conversando desse jeito. E ela responde: Tudo bem.

Por um lado, Maggie não entende por que ele não deveria falar com ela. Afinal, ela tem vários amigos, muitos deles são meninos, ela conversa muito com eles e isso não significa nada. Ela se dá bem com os garotos de uma maneira que não se dá com as garotas. Por outro lado, entende o que ele quer dizer. Ele quer dizer: Não me obrigue a fazer isso, por que estamos fazendo isso, não podemos fazer isso, amo minha mulher, meus filhos. Mas ela já sente as mãos dele dentro de sua calça.

Ela diz "tudo bem" porque ele é a figura de autoridade. Ele é mais velho e mais esperto, e se ele afirma que não deveriam conversar — mesmo que tenha sido ele quem iniciou a conversa — então eles provavelmente não deveriam. Maggie sabe que há um limite, por menos claro que ele esteja, e não quer ser ela a primeira a atravessá-lo. Nem sequer lhe ocorre cruzá-lo. Ela é uma menina, não uma pessoa adulta como ele. Então quando ele diz: "Ei, nós não deveríamos estar conversando", isso faz com que parte dela sinta que está sendo repreendida, que fez algo errado, ainda que estivesse em grande parte confusa. A única coisa que ela fez foi responder às perguntas dele.

Ao mesmo tempo, fica muito claro que algo vinha crescendo havia um bom tempo. Desde o primeiro ano, houvera um acúmulo constante. Todas as conversas que eles tiveram junto à mesa dele. Todas as vezes que ele disse: Ótimo trabalho. Todas as vezes que ela usou uma blusa bonita, e ele usou uma gravata nova. Cada conselho. Cada brincadeira. Cada mensagem de texto sobre debates. Toda vez que algum outro aluno falou algo idiota, ela fez um comentário sarcástico e ele sorriu. Cada mãe bêbada, cada pai bêbado, cada esposa chata. Algo estava crescendo.

No dia seguinte, Maggie vai praticar snowboard. Ela brinca com as crianças. Deixa o celular no chalé e, como também é uma criança, tudo no aparelho se perde de vista, é esquecido.

Quando ela volta, há quinze mensagens, todas de Knodel. Como um estranho poema. Cada mensagem é uma iteração de: Oi, tudo bem? Você está chateada? Me diga o que está pensando. Oi?

Parecia que ele tinha medo de que ela pudesse estar chateada, ou assustada, com a conversa deles na noite anterior. Talvez até — Deus me livre — horrorizada.

Ela escreve de volta: Não estou chateada, passei o dia praticando snowboard.

Ele diz: Ok, legal.

Ela não responde.

Ele diz: Conversamos melhor quando você voltar das férias.

Maggie vai a uma festa de ano-novo na casa de Melani. Há praticamente apenas casais e nada de álcool, porque os pais de Melani vão voltar para casa depois da meia-noite. Nessa época é legal ter um namorado. Estabelecer uma rotina de transar e depois falar sobre isso com outras garotas que têm namorados. O cara do trabalho com quem Maggie está saindo viajou. Ele não é namorado dela. Ele lembra seu irmão David, exceto pelo fato de que joga hóquei. Eles ainda não fizeram sexo.

Muitas vezes, naquela noite, Maggie se vê sozinha, olhando para as outras pessoas na sala. Ela tem a impressão nauseante de que todos aqueles casais vão ficar juntos para sempre. Tem medo de também ir para a cama com um garoto de Fargo e acordar cinco anos depois, grávida do terceiro filho, assistindo à televisão e usando botas Uggs de pele de carneiro.

Algum tempo depois da meia-noite, seu celular apita. Não é o não namorado. É Aaron Knodel, que agora aparece em seu celular como AK. Ele era Knodel no início, em seus contatos. Ela mudou para AK quando estava no Colorado, quando começou a ter a sensação de que aquilo precisava ser escondido. Agora seu coração dispara. Ela aproxima o celular do peito, como se estivesse aninhando um pássaro. Dá uma olhada na sala, mas ninguém presta atenção.

Eles trocaram mensagens de texto o dia todo, mas agora que é definitivamente noite, suas mãos começam a suar por causa da surpresa. Enquanto ela estava no Colorado, ele falou que eles deveriam parar de conversar porque ele estava com medo de dizer algo que não deveria. Maggie passou o dia todo perguntando: O que é que você tinha medo de dizer?

E o dia todo AK respondeu: Nada, pare, não é nada, apenas esqueça.

E Maggie respondeu: Ah, não!

Ele prometeu que talvez, um dia, contasse a ela. E agora é véspera de ano-novo. Ela o imagina em alguma reunião adulta e tranquila, a mulher dele bebendo merlot com outra mulher semelhante, e seu professor se retirando furtivamente para um canto da sala.

Ele diz a Maggie que dirá a ela quando se virem, mas pede que ela, por enquanto, não se preocupe com isso. Ele está bebendo. Feliz Ano Novo, ele diz, e pergunta se ela beijou alguém à meia-noite, ao que ela responde que sim, Melani e Sammy me beijaram.

Há um silêncio nas mensagens de texto, que ela sente em seus ouvidos, então ela acrescenta: Por diversão!

Ele escreve: Isso não conta.

As palavras parecem estranhas e Maggie sente que fez algo errado. O superpoder dele é fazê-la se sentir idiota muito rápido. Não é apenas porque ele é mais velho e seu professor. É outra coisa, mas também é por causa desses motivos.

E você?, Maggie pergunta.

Eu sou casado, Maggie.

O que quer que isso signifique. Pode significar um milhão de coisas. Uma dessas coisas poderia ser: Eu sou casado, então nos beijamos o tempo todo e, claro, quando chega a meia-noite, eu enfio minha língua bem fundo na garganta da minha escolhida, mesmo que nossos filhos estejam agarrados aos nossos calcanhares. Ou poderia significar: Eu sou casado, então tudo o que há de sexual entre nós está clinicamente morto. É como a carne de hambúrguer no restaurante onde você trabalha. Nossa paixão não seria despertada nem mesmo se você pisasse no rabo dela com seus saltos de formatura. Nós pagamos contas juntos e, de vez em quando, assistimos juntos a um talk show tarde da noite, se estivermos com disposição.

Ah, ela escreve; em seguida examina a sala, embora não queira necessariamente ver algo diferente.

Como qualquer jovem apaixonada por alguém mais velho, ela não sabe o que deseja que aconteça. Não sabe se quer sexo, ou nada de sexo, ou se despir em seu quarto enquanto ele assiste da calçada. Na maior parte do tempo, ela quer apenas uma pequena ponta de excitação. Um buquê anônimo deixado na soleira da porta.

lina

Um grupo de discussão formado apenas por mulheres se encontra no consultório do médico de Lina. Atrás das salas de exame, há uma sala grande e bonita com uma longa mesa oval de mogno e, naquela tarde no fim de novembro, oito mulheres bebem chardonnay em taças de plástico e comem castanha de caju e bolacha integral com homus de pimentão assado. Elas variam em idade dos trinta e poucos até os sessenta e poucos anos. Entre elas: April, uma professora muito bonita que tem um filho de cinco anos chamado Tristan; e Cathy, que já foi casada algumas vezes e tem uma efervescência no estilo Dolly Parton, como se nada pudesse pará-la.

As mulheres vão àquele médico do interior para tomar hormônios e perder peso, e ultimamente todas se sentem diferentes dentro de seus corpos. Dizem que é algo relacionado com a maneira como as calças vestem, como o tecido pende dos ossos pélvicos. A perda de peso cria espaço entre elas e o mundo, e os hormônios preenchem esse espaço com novas necessidades ou necessidades antigas reaproveitadas.

April tem um namorado muito bonito. Ela mostra uma foto dele para o grupo, e todas concordam que ele é lindo. Olham para ela de forma diferente depois disso. Olham-na de cima a baixo. Ela diz que ela e o namorado estão juntos há muito anos, todos anos felizes.

Eu tenho um passado, ela diz, sorrindo, e a mãe do meu namorado nunca me deixa esquecer disso. É uma cidade pequena.

Houve momentos de calmarias sexuais no passado, mas desde a chegada de April, as coisas têm estado estranhas e inversamente mais quentes. O namorado dela tem fantasias nas quais ela o trai com outros homens, ela conta ao grupo, a princípio tímida, depois, com a confiança que surge dos acenos de aceitação ao redor, com mais ousadia. Enquanto fazem amor, ele pede que ela fale sobre os pênis grandes que já cavalgou.

April diz que há uma linha que ela sabe que não deve ultrapassar. Ela não pode dar a impressão de que algum dos pênis era maior que o dele. Sabe que não deve dizer nomes em voz alta, para que ele não possa procurar no Facebook e verificar se ela continua em contato com algum deles. Ela não fala sobre o homem italiano chamado Massi com quem passou algumas semanas gloriosas em San Sebastián. Não fala sobre como se sentia olhando por uma janela de pedra cinzenta enquanto ele a penetrava por trás. Não fala a respeito porque ainda sente muita saudade daqueles momentos.

Lina, aos trinta e dois anos, é a mais jovem e a única católica. Algumas das coisas que as outras mulheres dizem a deixam desconfortável no começo. Mas então ela toma outra taça de vinho.

E você, querida?, pergunta Cathy, a mãezona. O que está acontecendo com você? Dá para perceber que você tem algo a dizer, querida.

Bem, diz Lina. É interessante. Na verdade neste exato momento estou no meio de uma grande mudança.

Que mudança, querida?

De forma lenta mas decidida, Lina conta a todas sobre seu marido, Ed, e sobre como, por três meses, ela esperou, deitada na cama deles, que ele tocasse seu corpo. Qualquer toque que fosse. Em geral, quando sente todo o peso do próprio desespero, Lina fala com muita confiança e firmeza.

Como você pode se considerar um marido, ela diz, e não dar à sua esposa a única coisa que deveria uni-los acima de tudo?

Cathy dá uma risadinha e balança a cabeça.

April diz: E você disse a ele o quanto isso é importante para você?

Quase todo dia, por um tempo, responde Lina. Eu disse a ele — e nesse momento ela começa a chorar — que tudo que quero é ser beijada. Quero isso mais do que tudo!

As mulheres olham para suas taças de plástico. Elas bebem nervosamente. O vinho tem gosto de espirro fresco. Elas começam a oferecer dicas batidas. Como reacender o fogo. Lina diz que já tentou de tudo. Usou calcinhas sexy. Levou as crianças para ficarem com seus pais. Foi gentil com ele por dias, fazendo depósitos em seu banco emocional. Evitou criticá-lo. Fez jogo duro. Lambeu o lábio superior com a ponta da língua depois de beber um copo de água gelada.

Ela fica frustrada porque é difícil dizer às outras pessoas que é tudo culpa do marido. Todo mundo tenta encontrar uma maneira de mudar a situação, uma dica tirada de revistas femininas. Uma mulher recém-divorciada diz que há dias em que não sabe se é melhor ter um homem que não a ama o suficiente ou homem nenhum. Ela diz que é mais fácil quando se tem dinheiro. Você pode ir embora e cuidar de seus filhos por conta própria, e tem segurança suficiente para dizer: Que se dane toda essa merda.

Lina chora mais alto. Eu não tenho dinheiro, ela lamenta.

Calma, calma, diz Cathy. Metade de tudo que ele tem é sua, você sabe disso. Além disso, sabe que no estado de Indiana...

Lina olha por cima de um lenço de papel triangular. Sim, ela diz, isso é verdade. Mas...

Mas *o quê*, querida? Cathy mudou de lugar para se sentar ao lado de Lina, e agora está segurando a mão dela e lhe entregando lenços de papel.

Bem, eu tomei coragem e pedi a separação.

Que bom! Já é meio caminho andado, querida!

Sim, mas... É uma separação, e não um divórcio, então ele vai continuar pagando meu plano de saúde...

Ele deve isso a você!, diz Cathy. Nossa, você pode se divorciar desse homem amanhã e manter o plano de saúde! E metade da casa e de todo o resto!

Mas eu tenho meus dois filhos...

Também são filhos dele!

Sim, mas… Lina dá uma olhada na sala, tentando avaliar em quem pode confiar, mas é tarde demais, ela já chegou até ali. Há um jeito certo e um jeito errado de fazer tudo. Há especialmente um jeito errado de largar seu marido em Indiana. Ela amassa os lenços úmidos em um punho. E olha para Cathy.

Eu estou tendo um caso.

Faz-se um silêncio sepulcral, como o silêncio antes de uma tacada de golfe, e é possível ver os balões de pensamento acima da cabeça de todas as mulheres.

Que *vadiazinha*.

Não acredito que fiquei com pena dela.

Tenho inveja dela.

Eu me pergunto com quem.

Quem ela pensa que é.

Ela nem é tão bonita.

Como ele é.

Pensei que ela fosse católica.

Espero que não seja com o meu marido.

Eu também tive um caso.

Meu marido está tendo um caso.

Estou apaixonada pelo meu fisioterapeuta.

Cathy é a primeira a quebrar o silêncio. Como o preâmbulo de uma canção country, ela diz: Está tudo bem, querida. Conte. Conte *tudo*.

Lina pisca. Seu desejo de falar sobre o homem que ama é mais forte do que a compreensão de que expor esse assunto pode prejudicar o relacionamento. Percebe, em alguma parte de si, que falar a respeito vai torná-la mais receptiva à potência do que está acontecendo. Ela toma um gole de vinho.

E então diz o nome dele em voz alta.

Aidan, ela diz. O nome dele é Aidan e ele sempre foi o amor da minha vida.

Eles namoraram no ensino médio, ela conta ao grupo. Bem. Foi mais do que um namoro. Eles eram amantes no ensino médio. Eles estavam verdadeiramente apaixonados no ensino médio. Ele escreveu um bilhete para ela uma vez, o bilhete mais lindo do mundo, e ela o guardou por anos até que um dia sua mãe o encontrou e o jogou fora. O amor deles era insondável. Mas também era um amor impossível. Uma história como a de Romeu e Julieta. Triste e bonita por causa da maneira como encontraram seu fim. E ela pensa nele desde então.

As mulheres passam a garrafa de chardonnay entre si. Tomam vinho e não se preocupam com o jantar que estão atrasadas para preparar. Inclinam-se para a frente, sentindo a atração culpada da história de Lina.

Deixa eu contar pra vocês, ela diz, sobre esse homem.

Aidan é alto, com o rosto quadrado e olhos azul-cobalto. Tem o rosto firme de alguém que foi para a guerra. Lina diz ao grupo que, quando não está com ela, ele está pensando nela. Quando não está com Lina, ele está serrando e fazendo melhorias na casa, para aumentar o valor do imóvel, de forma que possa vendê-lo e abandonar sua atual vida equivocada. A mulher com quem ele se casou não o ama. Ela meio que o trai. Sai com alguns caras, troca mensagens de texto com o ex. Mas mantém Aidan, porque as horas que ele passa trabalhando no canteiro de obras pagam por suas unhas pintadas de marrom escuro e seus vestidos de tecido atoalhado da Forever 21, e a mulher brinca com as amigas que a loja se chama Forever 34 quando elas estão em bares locais usando os vestidos, aproximando-se furtivamente de estranhos e tomando drinques lagoa azul em pleno inverno marrom de Indiana.

Às vezes, ele está no trailer no canteiro de obras e a estação de música country moderna mais próxima está tocando com um pouco de chiado, mas ele escuta, e é engraçado quando você está apaixonado ou prestes a se apaixonar de novo, é engraçado como todas as músicas são sobre aquela pessoa. É engraçado como isso funciona.

Ele é um bom homem, diz Lina. Cometeu erros, mas todos os homens bons cometem erros. Os homens bons têm defeitos, mas são justos. Há uma escassez de homens de verdade nos Estados Unidos, e Lina não está falando de homens estilo Marlboro Man com bigodes, que trituram carne de hambúrguer crua. Ela está falando de *homens* de verdade, que mantêm a postura ereta, abrem portas, passam horas trabalhando e ganham dinheiro, e se esse dinheiro é honesto ou desonesto, eles são sinceros sobre como o ganham. E são interessantes, não importa o que façam ou onde morem, são apenas interessantes, têm histórias que você vai ouvir alguns meses depois de conhecê-los e outras que você nunca vai ouvir, mesmo que seja irmão deles. Quando homens como Aidan contam uma história, não é para que você ache que eles são legais, é porque é uma história que deseja ser ouvida, e em geral é preciso persuadi-los, ou talvez haja uma mulher na mesa e ela implore um pouco para ouvi-la, porque uma coisa que *realmente* separa homens bons de todo o resto é: homens de verdade, rapazes do interior do Maine, das zonas duras de Philly e dos bosques enferrujados do sul de Indiana amam mulheres e sexo, e por mais fortes que sejam se deixam seduzir por uma boceta, e Lina não gosta de usar essa palavra porque é mais do que isso, mas a palavra também significa muito mais do que parece. De qualquer forma, o outro tipo de homem, os homens que compõem a maior parte do mundo, eles são mais obscenos quando levam uma mulher para o quarto, pedem coisas que não deveriam pedir e vão embora de manhã sem nenhuma classe, mas não se deixam seduzir em um bar, ou durante um jantar, não fazem nada que não queiram por uma mulher, porque não têm o intrínseco amor masculino por uma mulher, como o que existe em abundância em um homem como Aidan Hart.

Aidan.

As mulheres estão inclinadas para a frente, como terrinas de sopa em um terremoto. Têm o queixo apoiado nas mãos e comem o mix de castanhas nervosamente.

Ah, meu Deus, diz Cathy. Parece um belo homem e um verdadeiro caso de amor.

Como terminou?, alguém pergunta, porque as mulheres em geral lidam melhor com os finais do que com os inícios. Lina entende que algumas mulheres, como sua mãe e suas irmãs, só se importam de verdade com outra mulher quando ela está sofrendo, especialmente um tipo de sofrimento pelo qual elas já passaram e depois superaram.

Como terminou, Lina repete baixinho. Terminou mal.

Algumas das mulheres suspiram. Cathy coloca a mão sobre a de Lina.

Bem, Lina diz, Aidan ouviu rumores. Os rumores eram de que eu transei com três caras em uma noite, mas a verdade é que esses caras colocaram algo na minha bebida e me estupraram, um após o outro. E eu nem tentei contar a verdade a ele. Para ser sincera, eu só soube que essa era a verdade muitos anos depois. Então, nós dois fomos teimosos, foi isso que aconteceu. O que tínhamos era tão forte que qualquer acontecimento desagradável seria demais para suportar, mesmo que fosse mentira. Foi demais. Nós éramos jovens. Nós dois éramos teimosos.

April diz: Esse é o tipo de coisa que deixa uma marca profunda.

Puta merda, nem me fala, diz Lina.

As mulheres gelam um pouco diante da obscenidade.

Além disso, ela diz, nunca mais ninguém me convidou para sair. Eu nunca fui convidada para um baile de formatura. Nunca fui convidada para um encontro, para ir ao cinema, ao boliche ou qualquer outra coisa. Esqueçam Aidan. Ninguém queria nada comigo.

Ela diz que entende que eles eram crianças e que devem estar mudados agora. Ela diz: Isso não me incomoda mais, de verdade. Não peguei nenhuma doença sexualmente transmissível nem engravidei. Todo mundo cresce, no fim das contas. Todos nos tornamos pessoas diferentes.

Ela fica em silêncio por um tempo.

Para ser sincera, ela fala, eu diria que aquela foi a situação que deu origem à minha solidão emocional, aquilo simplesmente colocou um selo de aprovação no fato de eu ter ficado conhecida como uma vadia. E eu não fiz nada. Nem ao menos entendi o que aconteceu. E uma coisa que eu não entendia, da qual mal conseguia me lembrar, teve o poder de mudar toda a minha maldita vida.

Ah, meu Deus. Ah, *querida*, Cathy diz. Ela retorce as mãos.

Tudo bem, responde Lina. Está tudo bem. Agora que eu o reencontrei, sinto que isso não importa. Que agora temos uma chance.

Hum, diz a mulher que perguntou como tinha terminado. Então, como você o encontrou novamente?

Na verdade foi ele que me encontrou. No Facebook.

April solta um gritinho. Facebook! Se não fosse pelo Facebook, eu não teria um filho!

April retomou contato com o namorado do ensino médio no Facebook e eles conceberam Tristan em uma noite, e pode-se dizer que, em termos de retomar o contato, isso foi tudo.

Sério?, pergunta Lina, de uma maneira que quer dizer: Eu ainda estou contando minha história.

E como ele está agora, querida?, pergunta Cathy.

Aidan é casado, tem uma filha e uma enteada. Eles vivem em Cloverland, que fica nos arredores de Terre Haute. Moram em uma casa de tijolos em um rancho, onde Lina nunca esteve, na mesma rua de um posto de gasolina chamado Duncan's Market. A casa fica no fim de uma rua principal longa e plana. Tem um quinto do tamanho da casa de Lina. Há várias pás encostadas na garagem, mesmo que muito tempo tenha se passado depois da tempestade de neve mais recente.

Mas ele é casado, uma das mulheres diz. E você também.

Eu estou me separando, Lina lembra, sem se alterar. Ela olha para as mulheres, uma por uma. Faz contato visual e cerra a mandíbula.

E eu sei que ele é casado, ela afirma.

Se chegar a três meses, ela diz a si mesma em sua mente, vou embora.

São onze anos de infelicidade. Onze anos que não é beijada com intensidade, ou sequer beijada de leve, na verdade. Algumas mulheres desejam ter uma carreira tanto quanto ou mais do que desejam amor, mas tudo o que Lina sempre quis foi estar completamente apaixonada e ter um parceiro para toda a vida, como os pinguins.

Lina ainda parece a menina que era no ensino médio, mesmo depois de ter dois filhos. Tem uma energia infantil e ri com facilidade. É casada há mais de uma década com Ed, um carteiro que tem a aparência de um cientista. Ele tem uma constituição física frágil, mas é habilidoso na casa grande em que vivem. A casa fica em um bairro novo em uma cidade agrícola no sul de Indiana onde não há nenhuma grande propriedade agrícola. Há tratores quebrados nos gramados diante das casas e ocasionais trechos eczematosos de milho branco seco ou videiras cobertas de barba-de-velho.

Enquanto Ed leva a correspondência para a cidade vizinha, Lina cuida de Della, que tem sete anos, e de Danny, que tem dois. Ela acorda cedo em uma casa escura. Em Indiana, no inverno, o sol é tão pálido quanto uma gema de ovo de supermercado. Ela percorre a casa, ligando a máquina de lavar roupa, esvaziando a lava-louças. Arruma Della para a escola e deixa Danny no quarto de brinquedos enquanto limpa a casa. Leva Danny junto quando tem que sair para resolver algo, colocando-o na cadeirinha no banco do meio do Suburban marrom e dirigindo por vinte e cinco minutos até a cidade grande mais próxima, Bloomington. A universidade fica lá, assim como o Instituto Kinsey, onde estudam sexo, mas onde, Lina diz, não teriam nenhuma razão para olhar para ela. Ela faz compras no maior supermercado Kroger's do mundo. Compra lâmpadas no Walmart. Vai a uma consulta com um osteopata para tratar da dor nas articulações. Danny é loiro e se comporta na frente de outras pessoas, mas em casa é muito agitado.

Quando voltam para casa, Lina prepara o almoço para ele; frequentemente, nuggets em formato de dinossauro, que ela coloca no forno grande e limpo que mais parece um novo casamento, e Danny pressiona o rosto contra a porta do forno e observa enquanto eles mudam de amarelo para marrom. Ela se ajoelha atrás do corpinho dele, põe as mãos em seus ombrinhos macios e diz: Olhe só esses nuggets assando!

Quando os nuggets ficam prontos, ela pega salada de macarrão de um recipiente de plástico quadrado e serve algumas colheradas em um prato para si mesma e para Danny, e come na bancada enquanto ele fica no cadeirão, e ela mantém uma postura de adolescente, os cotovelos apoiados na bancada e o traseiro empinado para trás. Ela mais parece babá de Danny, mas olha para ele como uma mãe.

Desde que Della nasceu, essa tem sido sua rotina e, mesmo antes de Della nascer, aquela casa enorme era seu posto. Quando se casaram, Ed, que é sete anos mais velho, comprou a casa com a ajuda dos pais e com o dinheiro emprestado pelo Serviço Postal dos Estados Unidos, e Lina pôde escolher tudo. As portas de marcenaria, as janelas com moldura de madeira e o ventilador de teto com cúpula de vidro colorido da Lowe.

Eles nunca tiveram faxineira, então Lina anda para lá e para cá com panos e limpa-vidros, apagando riscos e limpando pingos de urina amarela da borda do assento dos vasos sanitários.

Cuidar da casa parece uma tarefa interminável e muitas vezes sem sentido. O chão da cozinha está limpo na terça-feira, mas na quinta-feira já está sujo de novo. Ela costumava ter dias específicos nos quais limpava o chão, mas ultimamente tem a impressão de que os limpa todos os dias, em alguns dias mais de uma vez. São horas de trabalho inglório.

As crianças, é claro, dão sentido às coisas, mas a casa parece um conjunto de balizas sem rede. Às vezes, quando está naquela enorme casa vazia, Lina imagina um abismo dentro dela, um espaço sombrio entre um conjunto de órgãos e o outro. Sente que habita aquele espaço, idiota, insípida, invisível.

A principal razão para se sentir assim é a falta de amor romântico. É como se Lina estivesse morando com um colega de quarto. Durante a maior parte do casamento, mas em especial nos últimos anos, Ed não inicia o sexo. E quando costumava iniciá-lo, ele o fazia sem nenhuma sedução. Tamborilava as pontas dos dedos no braço dela e perguntava: Está com vontade?

Ela conheceu Ed na última semana de seu segundo ano na Universidade de Indiana, em um churrasco na casa da irmã. Estava voltando de uma corrida, tinha derramado um smoothie cor-de-rosa por toda a camiseta e, quando entrou na sala, Ed e seu amigo Dex estavam conversando com a irmã e o namorado dela. Ela gostou mais de Dex, ele era mais bonito e mais atraente, mas não prestou muita atenção nela, enquanto Ed meio que ficou por perto.

Mais tarde naquela noite, depois do churrasco, Lina e Ed ficaram deitados no chão da sala, conversando. Todos estavam dormindo, dentro da casa ou em barracas do lado de fora. Depois de um tempo, ela fingiu adormecer porque não queria fazer nada com ele. Ele se aproximou, disse "boa noite" e lhe deu um beijo na testa. Ele não sabia nada sobre ela. Na manhã seguinte, quando Lina se levantou para ir embora, havia um post-it no para-brisa do carro. Era o número de telefone de Ed e um recado dizendo para ligar para ele, se quisesse.

Ela havia sido convidada para sair apenas duas vezes na faculdade. E sempre por caras de quem não gostava. Ninguém na Universidade de Indiana sabia sobre o que tinha acontecido no ensino médio, mas o cheiro devia estar impregnado nela. Ela definitivamente conseguia sentir o cheiro em si mesma. Aquele dia estava ensolarado e claro, as férias da faculdade iam começar, e ela se mudaria para a casa de uma amiga durante o verão. Então se sentia livre, e a promessa de um encontro era animadora. Enfiou o bilhete no bolso e foi para casa.

O noivado aconteceu depressa, sem alarde. Lina passou de mal ter um namorado para ter um marido.

Então vieram os filhos, e os cachorros, ou os cachorros vieram primeiro. E então os cachorros morreram. Móveis novos substituíram os antigos. Nunca tinha sido uma história de amor com Ed. Ele nunca a atirara sobre a cama ou sussurrara em seu ouvido durante um jantar. Não tinha esse tipo de encanto.

Na maior parte do tempo, ela não conseguia, por mais que se esforçasse, se lembrar de um beijo de verdade entre eles. Do tipo sedento, como dois cachorros babando. Ela adora a sensação da língua de um homem em sua boca, adora o jeito como as bocas se unem e se sugam como máquinas se acoplando. Nos sites onde os homens avaliam as prostitutas, Lina viu e ouviu, há toda uma categoria dedicada ao Beijo de Língua Profundo. BLP. É o fetiche do conto de fadas. Então Lina sabe que não está sozinha em seu desejo. Mas toda vez que diz a uma amiga que gostaria apenas de ser beijada, fazer amor com a boca de um homem em sua boca, a amiga ri, assume a voz da mãe de Lina e diz: Ah, Lina! Falam isso como se beijar fosse a coisa mais ridícula do mundo. Como se Lina fosse uma pré-adolescente, presa a uma fantasia.

Talvez, ela pensa, seja porque não beijei o suficiente no ensino médio. Nunca fora o suficiente. Ela queria uma noite inteira, doze horas de beijos, mas nunca teve mais do que alguns minutos aqui e ali. Outras garotas estavam sempre beijando alguém junto aos armários. De mãos dadas com um garoto da mesma altura e se beijando como se nunca fossem parar. O coração de Lina vivia entre aquelas bocas, bocas que não lhe pertenciam.

Ela fecha os olhos e *o* vê, seus lábios, a firmeza violenta de sua mandíbula. Costumava fazer aquilo apenas no quarto, quando todos em casa estavam dormindo, ou no chuveiro, quando por sete minutos podia desfrutar de uma sagrada liberdade. Mas agora se vê fazendo isso no carro, com Danny no banco de trás, dormindo ou não, e chamando: *Mamãe. Mamãe.* E Lina responde: *O que foi*, superficialmente, e Danny pisca, porque não tinha nada a dizer.

Lina não acha engraçado, ou uma coincidência, que Ed deteste beijar. Que ele na realidade não beije.

Sabe, Lina disse em um parquinho para uma amiga certa vez, quando você implora para ser beijada, e a pessoa beija, mas contra a vontade, e você sente isso o tempo todo? Sabe como é essa sensação?

Sei, respondeu a amiga. Ela estava passando as mãos pelo cabelo, concentrada no filho, que se pendurava no trepa-trepa.

Isso acaba com o ânimo de uma pessoa, disse Lina.

Talvez vocês devessem procurar um terapeuta, sugeriu a amiga. Às vezes, uma terceira pessoa era o que estava faltando.

Lina riu, porque eles já haviam tentado isso. Para Lina, isso só piorara as coisas. Ela disse para a terapeuta de casais — que era alguns anos mais velha, e Lina não pôde deixar de se perguntar quando teria sido a última vez que ela fizera sexo —, disse para aquela mulher que deveria ser imparcial: Há onze anos ele não me dá um beijo de língua, e essa é uma das únicas poucas coisas que peço.

A terapeuta cruzou as mãos, com cuidado. Sorriu como se Lina fosse uma criança e falou com ela bem devagar.

Bem, tudo bem. Isso é normal.

Espere, Lina disse. É normal não fazer algo tão pequeno por alguém que se ama, não beijar essa pessoa profundamente de vez em quando, mesmo que ela chore e implore por um beijo? Você está de brincadeira?

Sabe, Lina, como você não gosta do toque áspero da manta que Ed coloca no sofá? Sabe como a manta a arranha, então você não gosta da sensação? Bem, Ed não gosta de beijá-la. Algumas pessoas não gostam da sensação da língua de outra pessoa em sua boca. Essa sensação as ofende.

Essa sensação as ofende. Lina repete isso ao ar livre em seu grande quintal, olhando para o céu. A sensação *as* ofende.

Durante uma semana inteira depois daquela sessão, Ed andou pela casa sorrindo, e quando ela olhou para ele um dia e perguntou: Você pensou em tudo o que conversamos na terapia?, ele respondeu: Pensei, e não tenho que fazer algo que não quero fazer. Até a terapeuta disse que está tudo bem.

No outono, Lina começou a se consultar com o médico dos hormônios no belo consultório de mogno em Bloomington. Ele é ruivo e tem um sorriso campestre. Lina foi se consultar com ele por causa da fibromialgia, mas a equipe do consultório descobriu que seu nível de progesterona estava muito baixo, então ela começou a fazer reposição.

No mesmo consultório, há um personal trainer de vinte e poucos anos, que está saindo com uma mulher cerca de duas décadas mais velha, de cabelos ruivos. Ele ajudou Lina com sua nutrição, aconselhou-a sobre pequenas pílulas pretas, cristais homeopáticos que ela poderia comprar na farmácia e que ajudariam seu cérebro e seu corpo a encontrar equilíbrio.

Ela perdeu dezesseis quilos e agora suas calças cargo ficam largas na cintura. Lina perdeu tanto peso que se sentia como uma pessoa completamente nova. O personal trainer já tinha visto isso antes, a expectativa aumentando.

Todo mundo pensa: Você perde peso, então vai fazer muito sexo. Sim, ele disse, a libido aumenta. Mas há outra coisa que acontece, que é basicamente o inverso. É quase uma epidemia.

Ele disse que isso costuma acontecer de imediato. Para as mulheres em especial. Elas perdem muito peso. O marido ou fica ciumento ou desconcertado. A mulher se arruma toda para a noite que conseguiu arrancar do homem. Ele se esquece de dizer que ela está linda. Na segunda-feira ela vai à academia. Cinco caras dizem: Você está ótima! Puta merda. Amanda. Você está *gostosa*.

Quase dá para fazer um registro numérico. Você perde dez quilos, recebe dez elogios por semana, nove a mais do que seu parceiro lhe deu em um mês. São os momentos de celebração com outras pessoas que acabam com o relacionamento. O treinador diz que poderia fazer uma lista de conferência e prever o dia em que a mulher decide ir embora.

Estar magra, se sentir sexy, faz com que Lina deseje sexo de uma maneira que nunca desejou antes. Ela tentou se libertar da raiva que sentia de Ed. Colocou a mão nos passadores da calça dele e sorriu. Ele disse: O que está fazendo? Estamos em pleno dia. Você não tem nada para fazer?

Ela percebeu que vinha forçando compensações havia anos. Toda vez que ele a ignorava na cama, ela acordava de manhã e pedia que ele consertasse algo na casa. Era o mesmo que a mãe fazia com o pai dela. Era uma maneira de compensar o fato de não ser amada o suficiente.

No parquinho, ela conta isso à amiga. A amiga não entende. Ela acha bom que pelo menos Ed conserte a casa. Não compreende por que Lina iria querer transar com o marido. Não entende qual é o problema de Lina.

Então você se sente uma reclamona?, a amiga pergunta.

Sim. Mas é mais que isso. Quando você percebe por que está agindo assim, pedindo que ele conserte isso ou aquilo, você se odeia menos por ser uma reclamona, mas também começa a sentir mais pena de si mesma. E isso também é difícil. Na verdade, é mais difícil.

Aham, diz a amiga, concordando. Ela não tem tempo de almoçar com Lina depois do parquinho. Tem coisas a fazer. Lina está sempre em dia com suas tarefas. Passa dias inteiros desocupada.

Então dirige sozinha, com o filho no banco de trás. Mas não percorre três quilômetros sem sentir as necessidades borbulharem. A mulher e a mãe que existem nela querem sentir um homem dentro dela, querem ser penetradas por um homem, a menina do ensino médio quer ser beijada debaixo do cobertor, e a universitária quer que alguém acaricie seus seios em uma festa na fraternidade, entre o barril de cerveja e uma coluna mal pintada no porão.

Então, certa noite, Ed, com seu rosto científico, a rejeita pela centésima vez. Ela olha para o calendário e vê que faz cerca de um mês e meio desde a última vez que fizeram sexo. Quarenta dias sem nada, sem se beijar nem se tocar. Se fosse perto da Quaresma, ela poderia pensar que esse era um silencioso sacrifício cristão. Mas era outubro, e ele não a tocara durante todo aquele mês e a maior parte de setembro. Mas a casa continuava, as tarefas continuavam, as consultas médicas continuavam. Tudo mais seguia em frente. Ela sentia a vida passando. Sentiu que seu corpo estava sendo desperdiçado, que seu coração estava em repouso, como um bife em uma tábua de corte. E foi então que os ataques de pânico surgiram. Ela começou a ter cerca de dois por dia. Um no momento em que acordava, quando tinha a sensação de não conseguir respirar, e o segundo na hora do almoço, porque percebia que ainda precisava viver toda a segunda parte do dia. Ela começou a cutucar o rosto. Em momentos de nervosismo, entrava no banheiro, pressionava o tronco contra a bancada da pia para poder aproximar bastante a pele do espelho e escavava pequenas crateras lunares no rosto macio e bonito.

Ela perde as chaves. Esquece de desligar o forno. Esquece xícaras de café em cima do capô do carro. Esquece de tirar as luvas em restaurantes. Esquece se já fez o pedido. Esquece de tomar os remédios. Esquece de não comer glúten.

Começa a se formar uma tempestade perfeita: os hormônios, os onze anos, as múltiplas lavagens do chão da cozinha, Ed se virando para o outro lado na cama todas as noites, ficando de costas para ela, todos os ataques de pânico e a solidão naquela casa enorme, a sensação de voltar a se achar bonita, naquela casa grande e solitária. Tudo aquilo se torna uma montagem de desespero cotidiano, e quando fecha os olhos Lina vê Ed virando as costas para seu corpo à noite. Virando as costas e virando as costas, até que ela começar a odiar todo o lado posterior dele. A parte de trás de seu corpo se torna um animal frio, como um alienígena, com buracos na pele, sardas e espinhas ocasionais, e ela pensa: você tem espinhas grandes e nojentas nas costas e eu ainda assim quero fazer amor com você, e você ainda assim me rejeita, como eu posso viver assim? Como alguém com uma alma pode viver dessa maneira horrível por onze anos? E todo o seu corpo mais magro se torna um longo pêndulo dentro de um relógio. Então, um dia ela diz: Se chegar a três meses, acabou, eu vou embora.

Três meses vieram e se foram. No início, o tempo passou devagar, depois rápido. Lina tinha sido uma boa católica a vida toda. O adultério, ela sempre pensara, era apenas para os muito egoístas. Seus dois filhos eram a coisa mais importante de sua vida. Ter pai e mãe em casa era algo que ela havia desejado para eles, embora soubesse que isso não era garantia de felicidade. Ela pensava, por exemplo, na própria infância. Sua mãe e seu pai nunca se divorciaram, mas durante todo o tempo seu pai era como um peixe em um tanque. Algo que ela via todos os dias, mas que não podia tocar, não conseguia entender. Sua mãe estava permanentemente irritada. Perambulando pela casa, passando limpa--vidros em tudo.

Mesmo assim, não era um lar destruído. Era inteiro. Ela esperava que os filhos tivessem o mesmo.

Mas prometera a si mesma que iria embora se Ed passasse três meses sem tocá-la. Não podia quebrar essa promessa.

Antes de encontrar o dia certo, Lina aceita um convite para a despedida de solteira de uma amiga em Indianapolis. Não é difícil ficar animada pela amiga. Todos, ela sabe, começam um casamento radiantes. Ela não inveja a esperança da amiga. E se pergunta se isso é porque tem falado com *ele* no Facebook.

Aidan.

Até então não era nada demais, apenas um ligeiro flerte aqui e ali. Não daria nem para chamar de flerte. Eles estavam apenas trocando informações sobre suas vidas. Quantos filhos cada um tem e as idades. Onde moram. Aidan ainda mora perto de onde eles cresceram, não muito longe do rio, em direção a Indy.

Quando chega a despedida de solteira de sua amiga, Lina se arruma com um zelo que há muito tempo não dedica a nada. Ela diz a Ed que planeja beber e que é provável que durma por lá.

Digita uma mensagem de texto para Aidan avisando que vai estar na área dele. Que reservou um quarto em um hotel. Não pretende enviar. Quer apenas ver como as palavras vão ficar em seu celular. Aquelas palavras insanas.

Mas então algo muda dentro dela. A ideia de Ed em casa, com os dedos no controle remoto da televisão enquanto os pais dela cuidam das crianças.

Então ela aperta o botão de Enviar. Fica um pouco zonza. E entra no carro.

Quando, alguns minutos depois, o nome dele aparece na tela, o coração dela quase para. Mas até essa parada é maravilhosa. É algo novo.

Garota. Oie. Bem, eu adoraria ver você. Tenho alguns compromissos... Mas posso tentar.

Nesse instante, Lina não sente dor. Ela toma remédios para a fibromialgia, mas nada nunca funciona, e quando a ansiedade por ver sua vida escapando se infiltra, ela consegue senti-la em seus ossos. Algumas pessoas, como os pais de Lina, dizem que isso é bobagem. Acham que a dor de uma lesão ou de uma doença é mais incapacitante. Acham que a dor de Lina não é física. Dizem que é tudo invenção da cabeça dela.

Ela chega à festa no P.F. Chang bem na hora do jantar. As mulheres pediram wraps de alface com recheio de frango. Estão bebendo vinho branco doce. Cumprimentam Lina educadamente, e a noiva a envolve em um abraço. Nenhuma delas sabe o que está acontecendo na casa dela. Elas voltam a conversar sobre o novo supermercado e *The Bachelor*.

Depois do jantar, todas vão a um bar, vestem chapéus em formato de pênis e tiram os cardigãs, revelando blusas de um ombro só. Elas riem alto, pedem bebidas esfumaçantes e Lina ri com elas, mas está muito distante, sorrindo por dentro, imaginando como seria se seu visitante secreto fosse até seu quarto mais tarde; se, depois de todos aqueles anos, ela tocasse seu lindo rosto.

Uma batida na porta. Ela se sente como uma personagem em um filme.

A televisão está ligada, Lina está esperando a batida e tentando assistir a um programa do jeito certo e espontâneo; tenta manter um estado de espírito descontraído, ter um rubor elegante nas bochechas e um brilho luminoso e sereno nos olhos, mas então ouve a batida e todos os seus preparativos são frustrados. No segundo em que Aidan bate, qualquer jogo para o qual ela estivesse treinando é perdido por seu coração flamejante.

Ela abre a porta do quarto de hotel. Não o vê há mais de quinze anos, exceto pelo Facebook, segurando as filhas nos braços e cortando um grande bolo azul de aniversário de casamento com a esposa.

Agora ali está ele, na porta. Aidan.

Ele está maior, com uma barriga considerável onde antes havia um abdome definido, mas ela acha que ele está lindo como sempre.

Ed é mais baixo que Lina, mas Aidan é muito mais alto. Ele é um pedaço de homem. Está vestindo um moletom com capuz e calça de trabalho e tem os cabelos curtos. Está um pouco bêbado, vindo do funeral do padrasto e tendo passado em um bar no caminho até o hotel. Ele bebe cerveja e seu hálito sempre tem esse gosto, que Lina passou a associar à pura paixão. Durante todos aqueles anos, toda vez que sentia o cheiro de Michelob Light, o sabor da cerveja light em lata, sentia um formigamento entre as pernas.

Oi, Garota, ele diz.

Oi para você também.

Eles se sentam na cama. Ele não é de falar muito. Nunca foi. Ela faz perguntas triviais e o olha. Balança a cabeça diante do rosto lindo dele, como se não conseguisse acreditar que Aidan estava ali, no mesmo quarto que ela.

Eles demoram anos para dar o primeiro beijo; talvez sejam apenas alguns minutos, mas para Lina pareceram anos. Ela o pega pelo queixo com delicadeza e aproxima seus rostos. Respira a acidez do hálito dele. A princípio o beijo é hesitante, lento e gentil, em seguida explode em um precipício, em algo que não pode ser contido entre suas bocas.

A maneira como Aidan me beija, ela dirá ao grupo de discussão mais tarde, é como se ele entrasse em meu corpo, acionasse um grande interruptor e eu simplesmente fosse ligada, todas as minhas luzes se acendessem. Ela estremece, lembrando-se do peso de sua língua firme.

Lina viveu uma vida inteira entre seu primeiro beijo com Aidan e aquele beijo com Aidan. Ela se casou, teve dois filhos, mais de um golden retriever morreu e ela descascou quatro mil dentes de alho. Mas o tempo todo foi como se ela fosse uma bela adormecida entre aqueles dois beijos.

A maneira como ele me beija, ela dirá, é o melhor beijo do mundo. Ela diz isso tantas vezes que as outras mulheres não têm escolha a não ser acreditarem.

Um de seus filmes favoritos é *A princesa prometida*. No filme, Peter Falk narra os três beijos de amor mais verdadeiros de todos os tempos, e aquele primeiro beijo adulto com Aidan e todos os beijos que dão em seguida são *A princesa prometida* da vida real de Lina. As outras mulheres talvez julguem sua ideia de amor verdadeiro, mas na mente de Lina e em seu coração, sua versão da verdade é a única que importa. Para se defender, ela afirma que o beijo é mais importante para ela do que qualquer outra coisa no mundo, mais do que dinheiro e ajuda nas tarefas de casa, e que odeia Ed por se recusar a beijá-la. E agora lá está Aidan, sugando-a intensamente para dentro da própria boca.

Naquela noite, Lina está menstruada. Ela usa absorventes comuns em vez de absorventes internos, porque tem endometriose e os absorventes internos agravam a condição. Por ser mãe e ter chegado a um momento de autorrealização sexual, Lina fala de forma aberta sobre menstruação, sobre qualquer coisa que aconteça entre ela e o banheiro, não porque isso seja uma atitude descolada. A abertura de Lina é orgânica. Ela fala das partes rugosas como se fossem partes bonitas.

Então ela diz a Aidan que está menstruada.

No começo, ele ignora. Tira sua blusa e seu sutiã. Ela desafivela o cinto dele, e ele deixa que a calça escorregue. Ela tenta empurrá-lo contra a parede, mas ele é um tronco e não se move, o que a deixa muito excitada. Ela poderia jogar o marido escada acima. Ela se ajoelha diante de Aidan e pensa em como tem sorte, em como está feliz. Aquela necessidade crua sendo satisfeita. Aquele homem cru pertencendo a ela naquele exato momento.

Depois de alguns minutos, ele a coloca na cama. Fica por cima dela e seu rosto está bem próximo quando ele diz: Então, você está naqueles dias?

Ela ri ao recontar isso para o grupo de discussão. Ele é um cara do interior, vocês sabem.

Lina cresceu em uma família da qual se afastou ao amadurecer, e sabe como é difícil se livrar dos valores de acordo com os quais fomos criados. San Pierre, onde ela nasceu, é uma das cidades mais racistas dos Estados Unidos, ela diz. Aidan fala muitas coisas pelas quais Lina se desculpa. Quando ele pergunta se ela está naqueles dias, ela não perde o tesão. Tampouco fica mais excitada, apenas aceita.

Sim, ela responde, ofegante. Estar apaixonado por alguém significa aceitar tudo a respeito dessa pessoa. Ela olha em volta, tentando absorver cada detalhe daquela noite inesperada. Eles estão em um quarto grande no Hilton Garden Inn, perto da rodovia. Lá embaixo, há um Subway solitário no meio da rua, brilhando amarelo na escuridão.

Eu quero sentir você dentro de mim, ela diz.

Aham.

Quer que eu pegue uma toalha? Vou pegar uma toalha.

Ela volta com uma toalha e apaga a luz. Tem cutucado muito o rosto. Nervosismo, ansiedade e depressão. Está preocupada com os pelos encravados em torno dos mamilos. Então se deita sobre a toalha no escuro e ele fica por cima dela, seu peso esmagador e maravilhoso. Ele está bêbado, e ela pensa que não quer que ele fique sóbrio e volte a si. Ou que fique sóbrio e tenha nojo das marcas no rosto dela e da inflamação em torno dos mamilos. Mas ele está prestes a fazer amor com ela enquanto está menstruada, o que a faz sentir que Aidan é um homem de verdade, como ela sempre soube que era. Ela e Ed fizeram sexo enquanto ela estava menstruada, talvez onze vezes em onze anos de casamento. Ali, com Aidan, sua menstruação não é um empecilho, mas um fato da vida e daquela noite. Ele está por cima dela, beijando-a, e a cabeça de seu pênis está prestes a penetrá-la, mas ela diz: Espere. E coloca a mão no peito dele.

Espere um segundo. Faz muito tempo que não fico com nenhum outro homem. Onze anos e meio.

Ele murmura em concordância.

Ela agarra o traseiro dele, faz com que seu corpo se aproxime mais, de modo que a cabeça do pênis roce nela, e diz: Desculpe se eu for um pouco apertada.

As palavras saem estranguladas. Ele está espremendo a respiração dela com todo seu peso. E não parece perceber o quanto a está pressionando. Quanto a Lina, não se importaria de morrer daquela forma. Ela coloca a mão entre seus corpos, pega o pênis dele, que parece um rubi, e o esfrega contra os lábios internos, cobrindo a abertura com umidade para fazê-lo deslizar para dentro. E então ela o puxa profundamente. E de imediato ele é lento, e não rápido como ela achava que seria. Lento e em um ritmo do qual ela gosta muito. Isso dura um bom tempo, e ela perde a inibição, não por completo, mas o suficiente para desfrutar de verdade do sexo pela primeira vez. Ela não consegue acreditar em como é bom, em como, ao mesmo tempo em que se perde no momento, sente cada centímetro de sua alma despertar e sorrir para Deus, pela primeira vez feliz por estar viva.

Ela quer que ele goze dentro dela. Sente que vai ser muito mais íntimo se isso acontecer, e não o vê há anos. Ela quer se reconectar com ele dessa maneira. Quer ser inundada. Ela lhe diz isso.

Ele tira o pênis e ejacula na barriga dela.

Mas mesmo depois de ter terminado, Aidan fica onde está, beijando-a de forma profunda e lenta.

Lina se sente segura, gloriosamente protegida.

A fibromialgia costuma deixar seu corpo incandescente de tanta dor, mas no quarto de hotel naquela noite ela se sente feliz e seus ossos não doem. É inacreditável que ela não sinta nenhuma dor. Será que está morta?

Além da fibromialgia e da endometriose, os médicos de Lina disseram que ela também pode ter síndrome do ovário policístico e distúrbios de mobilidade articular. Prescrevem um monte de remédios para cada um desses problemas. Dizem que ela não pode usar absorventes internos, que deve buscar atividades prazerosas e tomar anticonvulsivos se as atividades prazerosas não ajudarem. No que diz respeito aos distúrbios de Lina, há uma linha tênue, quase invisível, entre adotar práticas não invasivas para mitigar os sintomas, como praticar ioga ou tricotar um cachecol, e tomar um medicamento controlado pesado, como Pregabalina, que pode causar urticária, ganho de peso, pensamentos suicidas e alguns tipos de câncer.

O médico dos hormônios disse a ela o que acredita ser seu problema. Ele disse:

Lina, você vem de um lugar onde as mulheres aprendem que seu único valor verdadeiro é o que fazem por outras pessoas. Quando está vivendo ativamente por si mesma, você sente menos dor. Ele se senta de modo a ficar cara a cara com ela. Lina, ele diz, talvez isso não seja a coisa mais clínica que eu possa dizer, mas tive muitas pacientes de fibromialgia que se curaram com um bom orgasmo.

Quando leva Della para brincar com amiguinhos ao ar livre, durante o outono, Lina fica de pé, massageando os braços e as pernas doloridos. Às vezes está colocando o cinto em Danny na cadeirinha do carro e é subitamente tomada por uma dor lancinante. Quando isso acontece, ela tem que colocar o filho na cadeirinha ou na entrada da garagem e respirar fundo até a dor passar.

Lina foi criada para não falar sobre emoções. Seus pais eram fluentes na língua de Pelo Amor de Deus, Lina, Você Está Bem. Chega, Lina. Supere Isso, Lina. Já Basta, Lina. Quando se tornou mãe, passou a ser tratada com um pouco de respeito. Ficava em casa com as crianças, dez horas por dia, cinco dias por semana. Disse à mãe que seria bom ter alguma ajuda; talvez a mãe pudesse ficar com as crianças um pouco para que Lina pudesse voltar a dar aulas de ginástica. Ela teve que se justificar dizendo que era para ganhar um dinheiro extra, porque dinheiro é uma boa razão para fazer algo. Preciso colocar bolo de carne na mesa. Mas fazer qualquer coisa para a mente ou a alma é egoísta, é new age e não é coisa de gente daqui. Então sua mãe ia cuidar das crianças, mas chegava sempre três minutos atrasada, e Lina sabia que era de propósito. Para que Lina, por sua vez, chegasse sempre três minutos atrasada para dar sua aula. Ela chegava agitada, e as luzes brancas do estúdio incomodavam seus olhos.

Agora, Lina sente dores e acredita, em seus momentos de maior clareza, que essas dores são as tristezas do passado, por ter ficado sozinha durante onze anos. Por ter sido estuprada. Por ter se sentido solitária durante toda a vida. Ela sabe que há outras mulheres cujos maridos não querem transar com elas nem beijá-las. E elas vão entendê-la. Mas muitas pessoas vão dizer para ela ficar quieta, para ser feliz com os filhos e a bela casa. Ela e Ed têm até um gerador em caso de tempestade.

No quarto de hotel naquela noite, ela se sente extasiada e livre da dor. Vai contar isso ao grupo de discussão depois, com a segurança de alguém que não tem nada a perder: Não sinto dor quando estou com esse homem. Eu me sinto maravilhosa. Então vocês podem me julgar por sair com Aidan, todas vocês podem me julgar. Mas eu encontrei algo que alivia minha dor, e até sentirem a minha dor, vocês não devem me julgar. Nós, mulheres, não devemos julgar a vida umas das outras, se não tivermos enfrentado as dificuldades umas das outras.

Aidan usa a toalha que ela trouxe do banheiro, limpa o sêmen da barriga dela, se levanta, tenta vestir a calça jeans de Lina e diz: "Ei, Garota, quase coube!" O riso dele vem do fundo da garganta e ela engole a saliva. Sua pulsação está tão rápida que ela acha que o coração vai fugir. Ela pensa: Ah, por favor, não vá embora.

Aidan começa a vestir as próprias calças de volta sem tomar banho. Sua virilha está pegajosa por causa do sangue e do sêmen.

Ei, amigão, ela diz. Não acha melhor se limpar antes de ir para casa?

Mas Aidan diz que não precisa, pois faz algumas noites que está dormindo com os cachorros. Lina deduz que ele está passando as noites na sala de estar ou no porão. A esposa não vai sentir nele o cheiro de sangue de outra mulher. Só os cachorros vão.

maggie

Maggie caminha, trêmula, para a sala de aula de oratória e debates de Knodel. É o primeiro dia de escola depois das férias, e ela faltou a todas as aulas, menos esta. No começo daquela manhã descobriu que uma prima faleceu, uma morte súbita e inesperada, na noite anterior. Está chocada e confusa, mas não poderia perder esta aula. Não pode *não* vê-lo. É a única coisa que talvez ajude. Ela veste a velha camiseta amarela do uniforme de futebol da prima falecida e uma calça de moletom marrom da Universidade de Minnesota, porque é a faculdade para a qual quer ir.

Não vê o professor há semanas e, no entanto, tudo entre eles mudou. Ela se pergunta se foi tudo fruto da imaginação dela. De qualquer forma, está tudo em seu celular. Maggie se preocupa com a maneira como ele vai agir em relação a ela, se vai ficar distante. Sente seu coração se partindo em antecipação. Ela se senta em seu lugar e em seguida olha para ele, e é perfeito.

A maneira como ele a olha é absolutamente perfeita.

Ele consegue normalizar uma situação ao mesmo tempo em que reconhece a faísca. É difícil saber o que ele faz exatamente. Maggie está sob seu domínio. O modo como ele sorri para ela, como sorriria para qualquer outro aluno, mas com uma inclinação adicional da cabeça que parece dizer: Aqui estou eu, e aí está você.

Ele coloca um DVD no aparelho. É *O grande desafio*, um filme que Maggie havia lhe recomendado no ano anterior.

Ela mal consegue se concentrar na tela. Sente o professor observando-a o tempo todo. Quando seus olhos se encontram, ele sorri. Ele está totalmente confortável. Eis aqui um homem em seu melhor como homem, ela pensa. Tem uma sensibilidade divina, é carnal em um nível sadio, usa uma colônia de farmácia, mas com o porte de uma estrela de cinema. Ele assiste ao filme com a bunda apoiada na beirada da escrivaninha e as palmas das mãos ao lado das pernas, como os jovens professores do sexo masculino se sentam. Puta merda, ela pensa, será que ele programou um dia de filme para que pudesse olhar para mim e nós pudéssemos compartilhar estes pensamentos no escuro?

Ela sente os olhos dele percorrendo seu corpo, admirando seu cabelo, sua clavícula — partes de uma menina, mas mesmo assim partes dela. Durante todo o filme, seu rosto permanece quente como se ela tivesse ficado diante de um forno aberto. Ela também sorri, um sorriso confuso e obstinado, como se as orelhas estivessem puxando as extremidades da boca em direções opostas. Tenta desfazê-lo algumas vezes, pressionado os lábios um contra o outro e piscando.

O primeiro de muitos momentos emocionantes chega em um domingo. No futuro, ela vai pensar nele como o primeiro encontro.

Maggie está na casa de Melani. Ela não contou nada a Melani sobre sua paixonite. Essa mudez, que é virtualmente insuportável para uma adolescente, transforma toda a amizade delas em uma mentira, por causa de como a paixonite se agiganta e ofusca todas as outras coisas, de forma que, quando elas conversam sobre festas, aulas, roupas e televisão, Maggie se sente como uma impostora.

Maggie não foi à igreja de manhã com os pais, então deveria compensar indo sozinha no fim da tarde. Ela está se arrumando para sair da casa de Melani e ir à missa quando seu celular vibra duas vezes, e é ele.

O que você está fazendo?

Essa pergunta, como ela está ao mesmo tempo no ápice da paixonite e incerta sobre a posição, o paradeiro e o cronograma dele, não pode ser respondida com sinceridade. Tem que ser respondida deixando um Grand Canyon de espaço.

Na casa da Melani, de bobeira.

Ele diz que precisa comprar um exemplar de *Freakonomics* e pergunta se ela gostaria de encontrá-lo na livraria Barnes & Noble. É um lugar muito conveniente para se esbarrarem sem parecer suspeito.

É exatamente o mesmo que um convite para passar um fim de semana prolongado nas Bermudas. Dava para sentir o cheiro da água salgada e do óleo bronzeador.

Ela estaciona o carro na Forty-Second Street e reaplica o brilho labial com as mãos pequenas e bonitas. Em um universo paralelo, ela está na igreja naquele exato momento. É lá que sua melhor amiga e seus pais pensam que ela está. Participar de algo ilícito faz com que Maggie se sinta importante. Ela não está apenas saindo escondida de casa para ir a uma festa ou dar uns amassos com um namorado com hálito de cerveja. Ela se sente como uma agente secreta.

Maggie entra na livraria. Fica tremendo diante de uma mesa na qual estão expostos os livros infantis mais vendidos. Tenta se concentrar nas palavras.

Ele chega por trás dela, que se assusta. É a primeira vez que está com ele em uma situação não acadêmica, e parece algo anômalo. Ele é um homem adulto, com uma carteira.

Ele parece mais elegante do que costuma estar em sala de aula e está usando mais colônia do que o habitual. Abre um sorriso fantástico para ela e em seguida pergunta a um funcionário que está passando onde pode encontrar o livro *Freakonomics*. Maggie vai atrás deles. Sabe que tem que se comportar como uma menina e uma mulher ao mesmo tempo e precisa de toda a sua energia para satisfazer os requisitos de cada papel. Ela já está nervosa com o fim da excursão. O livro será comprado, eles deixarão a livraria, ele ficará com um gosto enfadonho na boca e nunca mais vai querer interagir com ela.

Ele encontra o livro e lê a contracapa, o que é um comportamento invejável. O fato de que ele consegue manter outras informações no cérebro além do *Ahhhh* da paixonite significa que ele já é, e para sempre será, o alfa daquele arranjo. Não importa o quanto as pequenas mãos dela o instiguem, ele tem espaço no cérebro para ler livros, criar filhos e interagir com funcionários de grandes lojas. Isso, ela decide, é poder.

Quando ele entra na fila para pagar pelo livro, Maggie fica por perto, como se fosse sua filha. Há um monte de iscas de ponto de venda. Chocolates, revistas, luzes de leitura e minilivros. Ela quer falar com ele sobre tudo. Quer olhar apenas para as coisas que ele olha. As coisas que ele não vê não existem.

Quando ele passa o cartão, ela sente como se seu coração estivesse sendo passado por um fatiador de carne. Ela não foi divertida o suficiente! Não foi inteligente o suficiente! Ficou quieta como um jovem cervo, seguindo-o pelos corredores sem nem mesmo usar sua melhor roupa. Ele nunca mais vai querer fazer isso de novo!

Ele carrega o livro em uma sacola, e Maggie vai atrás dele. No vácuo aquecido do saguão, ele pergunta se ela quer dar uma volta. A paixonite sibila em suas veias. Ela renunciaria a ganhar na loteria ou se tornar uma celebridade para continuar usando aquela droga.

Eles caminham até o carro dele. É um crossover azul-escuro. Na verdade, é o carro da mulher dele. Ele não abre a porta para Maggie. Ela não está acostumada a ter portas abertas para si, de qualquer maneira. Mateo abria, mas talvez seja por isso que Knodel faz seu coração bater mais forte — porque ele não abre a porta, porque há uma fração de cretinice nele, porque ele é contido e menos espaçoso. Ele começa a dirigir. Ela percebe que ele é um bom motorista. Tem a sensação de que não há nada a respeito dele que não seja excelente. Ela sente o cheiro do carro e fica feliz por não estar usando perfume. Deixou de usá-lo, o frasco rosa de Lucky, naquele mesmo ano. A fragrância começou a parecer infantil. Ela não quer deixar nenhum vestígio que possa deixar a mulher desconfiada e ele com medo.

No carro, ele é mais arrogante que o normal. Como professor, ela decide, ele é muito mais legal. Nunca é totalmente afetuoso — mesmo

em seus momentos mais calorosos, ele exala a doçura pálida de um caju
—, mas agora está armado e frio. Entrar no carro provocou uma mudança
visível; ela deixa de se sentir metade mulher, metade menina e passa a se
sentir como uma criancinha. Eles conversam e não há música. As ruas de
Fargo se estendem à frente como pistas de pouso estrangeiras. Maggie
experimenta uma nítida sensação de ruína. É normal, quando se está
tão perto da servidão, se preocupar com a possibilidade de perdê-la. É
bem diferente do que ela sentia por Mateo. Com Knodel, é algo que foi
crescendo — será que vem crescendo desde que ela estava no primeiro
ano? —, então é muito mais importante, porque tem uma história. Além
disso, por causa da qualidade dele como pessoa. Ele é artigo de primeira.
Só por estar com ele, Maggie sente suas ações subindo. Visualiza um acúmulo real de riqueza. Ao mesmo tempo, sente que não é boa o bastante.

Quando passam pelo novo mercado orgânico, ele lhe dá uma cutu-
cada verbal. Eles sempre brincaram assim um com o outro. Ela estende
o braço por cima do console e segura a mão dele, tipo: Ei, idiota! Ele
recolhe bruscamente a mão, como se a dela estivesse em chamas. Não
de uma forma fria. É mais como se ela o tivesse assustado. As únicas
coisas capazes de esfriar o rubor da vergonha são o tempo e a distância.
O problema é que ela não quer nunca mais sair daquele carro.

Eles seguem de carro por meia hora. Quando se aproximam de seu
bairro, ela avisa a ele. Ele diz: Ah, onde você mora, eu quero ver. Ela
começa a dar instruções e ele começa a segui-las. Ela gosta da rara paz
de ter alguma ilusão de controle. Quando estão quase lá, ele diz: Não,
esqueça. É melhor eu não saber onde você mora, porque posso ter vontade de ir até lá ver como você está.

Ela afunda no assento. Talvez isso não aconteça fisicamente, mas por
dentro ela sofre uma degradação. Teria comido uma barata para poder
segurar a mão dele. A distância que ele mantém é instigante e terrível.
Ele está tentando se controlar, e está conseguindo, e ela sente, de forma
aguda, como o autocontrole da pessoa amada pode ser cruel para quem
ama.

A melhor parte de toda a sua vida acontece em seguida. Ele desacelera até parar em uma rua tranquila, estaciona o carro da esposa junto

ao meio-fio diante de uma casa sem luzes acesas e apenas *olha* para ela. Faz isso por dez segundos, talvez menos. Naqueles segundos, todos os pensamentos ruins que Maggie já teve sobre si mesma são apagados e ela se sente uma supermodelo.

Mas isso é tudo o que acontece. Ele apenas olha, e então o carro começa a se mover de novo. Quando ele aciona a seta antes da entrada da Barnes & Noble, Maggie tem vontade de chorar. O primeiro encontro deles durou o tempo de um test-drive. Ele pergunta onde o carro dela está, e ela responde. Ele estaciona perto, mas não perto demais. Ela espera antes de sair. Olha para a frente. Está esperando que ele a beije. É o que ela mais quer. Não consegue se lembrar de jamais ter desejado nenhuma outra coisa. Ele conhece o mundo. Pode fazer todas as coisas que seu pai pode, só que ele não bebe, diz o que pensa e cumpre tudo o que promete. Sem ele, Maggie estará perdida. Vai trabalhar para sempre no Buffalo Wild Wings de Fargo. Vai fumar Virginia Slims e ter uma cozinha feia. Por favor, Deus, ela pensa, por favor, por favor, permita que ele me beije!

Ele olha para ela e diz: Eu não vou beijá-la, se é isso que está esperando.

E meio que sorri. Mas mais do que isso, ele está falando sério. Ela ri de nervoso, sentindo-se como se tivesse uma doença de pele. Sai do carro da mulher dele. Anda até seu carro e não olha para trás.

Em casa, seus pais perguntam sobre a igreja. Ela mal come o jantar. Não consegue pensar em nada além de tudo que aconteceu com ele. Recapitula cada passo e se pergunta em que ponto pode ter estragado tudo. Quando seu celular apita mais tarde naquela noite, ela fica inacreditavelmente feliz, porque ter notícias dele é a única maneira de conseguir adormecer.

Eu chequei o carro antes de sair, ele escreve, para ter certeza de que você não deixou nada para trás.

Durante pelo menos mais um mês, ele não vai beijá-la. Sua boca se torna a lua. Maggie a vê praticamente o tempo todo, mas ela permanece um mistério de sombras e luz. Ela pensa na mulher dele, que tem permissão para beijá-la. Isso ainda não a incomoda. Ela sabe várias coisas sobre

Marie. Marie é uma oficial de condicional, com cabelos castanhos e uma presença austera. Provavelmente nunca esqueceu de preparar o almoço de um filho. Aaron não diz isso de forma explícita, mas todos os homens casados transmitem essa ideia geral: suas mulheres em casa, suas acolhedoras Maries, não têm sonhos nem esperanças. Elas são pessoas simpáticas que enganaram homens interessantes, legais e com excelente gosto musical para que se casassem e tivessem filhos com elas, e agora esses homens têm uma oportunidade de sentir um pouco de sol no pescoço. Maggie é o sol, Aaron é a lua, e Marie é Saturno, sempre orbitando, sempre em casa, sempre observando. O mais importante é que Aaron não a ama mais. Ele não acha que ela o ame também; encontrou o e-mail dela aberto há alguns anos e ela estava tendo uma conversa inapropriada com um colega. Mas Aaron não se importou. Cada um na sua. Mesmo assim, ela é vigilante. Maggie sabe que mulheres como ela ficam alertas porque desejam proteger sua rotina, duas rendas e dois pais para dois filhos, e cartão de associado platinum da atacadista Costco.

De qualquer forma, não é tanto por causa de Marie, mas por causa dos filhos, que ele não quer que aquilo se torne físico. Isso e a idade de Maggie. Mas Maggie diria que eles estão oficialmente juntos, estão juntos desde a noite em que disseram o que sentiam um pelo outro. Eles estão oficialmente juntos, apesar de apenas conversarem. É como um ex dizendo que está apenas "conversando" com outra pessoa: você sabe que ele quer dizer que não transou com essa outra pessoa, mas se for inteligente, vai entender que a conversa é algo mais profundo. Conversar significa que vai haver um relacionamento. Que ela vai conhecer os pais dele e lhes dar cachecóis de presente de Natal.

Maggie e Aaron conversam o tempo todo. Durante todo o dia trocam mensagens de texto e mais tarde, depois que as crianças e Marie já foram dormir, falam ao celular. Eles se falam como amigos, como amantes, sobre o que está acontecendo em sua vida. A que programas você assistiu ontem à noite. Quem disse o que durante determinada aula. Você fica nervoso em aviões, como eu.

Mas, claro, há limites. Aaron tem dois filhos nessa época. Maggie tem muita experiência com crianças. Ela é a tia favorita, afinal. Mas sabe que existe todo um setor proibido — Marie e as crianças. Basicamente tudo o que acontece depois que seu carro limpo de professor é estacionado em sua garagem organizada e iluminada está proibido para ela.

Mas West Fargo High é o parque de diversões deles. A sala de aula dele é o toboágua Master Blaster Epic Plunge, a sala de publicações é a corredeira Bareknuckle White Water Wahoo. Nada físico aconteceu, mas as conversas íntimas e os olhares secretos estão construindo a história deles. Ele está tornando inúteis todas as outras pessoas na vida dela. Sammy é a melhor amiga de Maggie, mas para que esse título signifique algo, é preciso contar tudo à melhor amiga. E Maggie não pode mais fazer isso. Ela aprende que há assuntos sobre os quais não se pode falar. Você não pode dizer, por exemplo, que está namorando seu professor.

Crianças gostam de regras, e Aaron impõe algumas a Maggie. A mais importante de todas é que ela não deve mandar mensagens de texto sem que ele tenha mandado antes. Em nenhuma circunstância ela pode dar o primeiro passo. Isso é importante para preservar o relacionamento.

Maggie está disposta a fazer tudo para preservar o relacionamento. Ela sente que isso é tarefa dela. E procura não tentá-lo. Não lembrá-lo de que ele está se comportando mal. Não lembrá-lo de que ela é menor de idade. É função dela ser divertida, amigável, feliz, mas ao mesmo tempo atormentada o suficiente pelo alcoolismo dos pais para que ele possa ser um salvador — por mensagem de texto ou voz, o que for mais administrável no dia.

O maior problema que Maggie enfrenta, maior do que o alcoolismo dos pais, é a montanha-russa — a Canyon Boomerang Blaster — na qual Aaron a mantém. Às vezes ele fica assustado e diz que eles não deveriam mais se falar. Em poucas horas muda de ideia. Graças a Deus, ele muda de ideia. Ela não sabe exatamente o que é, mas sente que algo surge bem de seu âmago, uma doçura encantada que ela não consegue ver.

A montanha-russa é uma extensão do que ele fez com ela no Colorado. Ele a afasta e em seguida a puxa de volta. Ele a eleva, depois a deixa cair no inferno. Ela se sente como algo atirado para cima e para baixo. Sente que nunca consegue recuperar o fôlego. Não sabe o que cada novo dia pode trazer. Ao mesmo tempo, entende que esse sentimento é normal. É típico desse tipo de amor proibido. E a faz lembrar do vampiro em *Crepúsculo*, seu livro favorito. Ele quer amá-la, mas ao mesmo tempo quer matá-la. A cada minuto, ela não tem certeza de qual instinto vai prevalecer.

Conforme janeiro avança, uma ligeira mudança a surpreende. No começo, é quase imperceptível. Suas amigas — que pareciam chatas e infantis durante as primeiras semanas com Aaron — voltam a se tornar interessantes. Festas, encontros, bebidas, selfies postadas no Facebook, comentários e piadas internas. É triste quando uma obsessão se torna ligeiramente menos obsessiva. É como se ela percebesse que não consegue morrer de amor.

Há um momento específico em que isso acontece. Ela acabou de sair da aula, durante a qual ele indicava estar tão afim dela. Seu olhar era penetrante e sua camisa parecia vinda de alguma loja de departamentos onde ninguém que ela conhecia fazia compras. Os outros alunos da turma riram muito naquele dia, e Maggie sentiu-se deslocada, desigual, quase como se fosse uma estudante de intercâmbio.

Ela sai e fica parada na entrada da escola. Grupos de estudantes passam, rindo, gloriosamente desimpedidos. Maggie acha que tem a mais secreta de todas as vidas secretas. Talvez algo incestuoso aconteça na casa de um desses garotos e garotas — um tio com um dente podre e uma mão errante. Talvez alguém tenha matado um cachorro de propósito. Mas Maggie sabe quão grande é seu segredo, quanto dele vai contra o catolicismo dela e contra a religião de suas amigas, que, se soubessem, a olhariam como uma boneca quebrada no lixo. Elas não achariam legal que ela e o professor favorito de todos estivessem "juntos", de forma não sexual mas, fora isso, completa. Ela sabe a cara que elas fariam e o que lhe diriam. Mas acima de tudo sabe o que diriam pelas suas costas. Como fizeram depois do Havaí.

Ela fica parada lá e tenta descobrir se o ama de verdade ou se seus sentimentos são totalmente reativos — se existem apenas porque ele a quer. Não é que ela esteja zangada com Aaron. É o contrário. De repente ela tem a impressão de que ele se importa mais do que ela, e isso a assusta.

Fica triste por ele e tem a sensação de que vai sufocar sob a pressão de retribuir; e essa sensação de sufocamento, por sua vez, começa a fazer com que ela goste menos dele, de modo que a situação se torna cíclica.

O que ela enfim percebe é que não pode voltar no tempo. Caso se tratasse de um menino de outra escola, seria fácil encontrá-lo no boliche e dizer: Estamos indo rápido demais. Precisamos ir mais devagar. E então esperar algumas horas para responder a suas mensagens, até um dia não responder mais. Mas não pode fazer isso com Aaron. Ele é seu professor e agora é simplesmente tarde demais.

Os pais de Maggie se conheceram no ensino médio. Quando sua mãe, Arlene, estava no segundo ano, ela foi a uma festa e viu do outro lado da sala enfumaçada um jovem bonito de olhos penetrantes. Ele olhou para ela. Mas sua mãe era tímida e namorava um colega de classe. Mark era um ano mais velho e ela sentia cada dia daquela diferença de idade.

Ela voltou a encontrá-lo no casamento da irmã, no fim do verão antes do terceiro ano. A recepção do casamento foi no Hotel Gardner, e Mark apareceu, sem ser convidado, com alguns amigos. Como ele não gostava de dançar, Arlene soube que ele estava ali por sua causa. Eles saíram de braços dados. Era uma agradável noite de setembro, Arlene usava um vestido longo e ele a beijou dentro de uma cabine telefônica. No momento em que o beijo terminou, ela soube que o garoto que estava namorando não era nada, era um amigo. Soube que era aquilo que deveria sentir. Desejo. Mark e o namorado dela decidiram se encontrar em um parque próximo para resolver quem ficaria com Arlene, mas Arlene disse que a escolha cabia apenas a ela. E já havia tomado sua decisão.

A união de Arlene e Mark já durava quarenta anos. Havia um bom número de problemas, maconha, álcool e depressão, mas nos momentos em que a vida estava boa e Mark estava em paz, ele olhava para ela e a ouvia, e fazia com que se sentisse a melhor mulher do mundo. Ele lhe dizia isso. Lene, você é a melhor mulher do mundo. Quando a atenção de Mark estava voltada para alguém, ele era o sol. E quando as coisas não iam bem, aquele homem dava os abraços mais revigorantes. Se Arlene tinha um dia ruim no trabalho, Mark estendia os braços e dizia: Vem cá. Ela se derretia naqueles braços e o inferno desvanecia.

Maggie sentia que sua história de amor com Aaron não estava à altura da história de seus pais. Nada evoluía em seu estranho relacionamento. Aaron não a beijava e ela não podia contar nada para as amigas, então se sentia como algo que fora digerido pela metade.

Mas a vida sabe quando dar uma reviravolta. É uma roteirista preguiçosa, mas experiente, bebendo cerveja sozinha e afiando sua pontaria.

Naquela noite, Aaron envia uma mensagem de texto para ela: Acho que estou me apaixonando por você.

Isso ressuscita sua obsessão decrescente e lhe dá nova vitalidade. De repente, Maggie sente tudo de novo. Impede-o de ir adiante com as mensagens e diz: Quero dizer pessoalmente como me sinto.

Eles estão com sorte, porque Marie vai viajar. Aaron não dá muito tempo a Maggie. Ele lhe diz em uma quinta-feira que Marie vai viajar no sábado. Por dois dias ela não consegue se concentrar em mais nada.

No dia marcado, ele manda uma mensagem para ela e pede que vá até sua casa dali a algumas horas, depois que seus filhos estiverem dormindo. Maggie se arruma em seu quarto na casa dos pais. Veste calça jeans e uma blusa azul com capuz da Ruehl. Menciona a marca no depoimento, para que saibam que ela estava orgulhosa disso. Tinha sido Tessa quem emprestara a blusa. Elas nunca encontravam itens da Ruehl em Fargo; Tessa havia comprado nas Cities. Vestir-se, escolher uma roupa, Maggie fica tão nervosa que quase cancela o encontro. Ela não tem muitas roupas, então escolher o que vestir não leva muito tempo. Ela gosta de como fica com a blusa. A cor é sutil.

Ela chega à casa dos Knodel. É estranho estar ali, no lugar para onde o imagina voltando todas as noites, o ponto onde ele se torna desconhecido para ela. Parece como ela esperava: uma casa arrumada e saudável. Mas também incrível, porque é dele.

Antes de sair do carro e bater na porta — Será que deve bater? Será que deve mandar uma mensagem e dizer que está lá fora? Mas ela não deve mandar mensagens de texto primeiro —, ela olha em volta. Absorve seu entorno tanto quanto seus nervos permitem. Seu carro parado junto à calçada parece uma imposição, embora ela tenha sido convidada. Finalmente liga para dizer que está do lado de fora e a porta da garagem se abre e todas as luzes se acendem. Ver de perto essas partes da vida privada de Aaron parece um crime contra o universo.

Ao celular, ele lhe diz para entrar na garagem. Ela treme enquanto faz isso, com medo de bater na lateral ou fazer alguma merda que estrague a noite.

De repente ele abre a porta. Lá está seu professor parado na porta da garagem à noite. Ele está vestindo uma camiseta azul do musical *Spamalot* e calça jeans. Ela não acha a roupa bonita. Não sabe o que estava esperando. Não esperava que ele estivesse vestindo a calça social e a camisa que usa na escola. Mas aquilo é estranho. Ele parece desleixado. Ele não é musculoso, então a camiseta parece estar em uma agonia desconfortável, folgada demais. Ela se pergunta se ele passou tanto tempo quanto ela escolhendo uma roupa. Então sai do carro.

Oi, ele diz. Não parece nervoso.

Ela mal consegue falar. Não sabe o que sente. Não é alegria. É uma sensação de queda.

Ele a leva até o porão, onde há uma área de entretenimento e um quarto. Diz que os dois filhos estão dormindo no andar de cima e pergunta se ela gostaria de conhecer a casa.

Lá em cima, ela sabe, haverá o creme depilatório de outra mulher e espelhos de aumento.

Maggie diz: Não, obrigada.

No porão está frio demais. Ele sugere que assistam a um filme. Ela preferiria conversar. Sente que precisa de tempo para absorver o que está acontecendo. Que aquele tapete é o tapete dele, o tapete deles, que seus filhos brincam ali e eles assistem a *Era do Gelo* em família. Mas o principal é que está muito frio, então Maggie pede um cobertor.

Ele pega um no armário. Tudo é muito bem organizado. Ela sente como se estivesse na casa de uma amiga cujos pais têm mais dinheiro que os dela.

Ela se senta no sofá e ele se posiciona ao lado. Ele já escolheu um filme: *Eu, meu irmão e nossa namorada*. Aaron diz que o filme o faz lembrar de Maggie, como ele se sente em relação a ela e quanto quer estar com ela. Ela se pergunta se ele assistiu ao filme com a mulher, se eles praticamente não falaram a respeito ou se riram e comeram sorvete de chocolate com nozes e marshmallow. O filme é sobre Dan, um viúvo que escreve uma coluna na qual dá conselhos aos leitores; ele se apaixona por uma estranha chamada Marie e mais tarde, em uma reunião de família, descobre que ela está envolvida com seu irmão. Eles vivem um amor proibido. Maggie acha estranho que o nome da personagem principal seja Marie. Parece que isso não incomoda Aaron.

Trinta minutos depois de o filme começar, Aaron pega a mão de Maggie e diz: Me beije como você disse que faria.

Certa vez, durante um surto de autoconfiança, ela mandou uma mensagem de texto dizendo que queria memorizar todo o rosto dele com os lábios. Não achou que ele tivesse prestado atenção, porque a mensagem não teve uma resposta de fato. Foi uma das vezes em que ele mudou de assunto. Ela pensou que o tivesse assustado. Mas agora ele parece tudo menos assustado, aproximando-se com seu hálito de jantar.

Finalmente, ela pensa, a boca dele! Mal consegue acreditar. Seu coração bate acelerado, suas mãos tremem. A boca dele! E de repente Maggie está dentro dela.

Além de Mateo, Maggie beijou apenas garotos, agarrando seus ombros magros, sentindo o gosto de cigarros Winston. Quando garotos adolescentes beijam, a paixão é silenciosa e impaciente, como se eles estivessem apenas esperando para tirar as calças.

Aquele beijo, com aquele homem, é itinerante, e ela sente as quinhentas idas à Home Depot. Também sente o desejo dele de transmitir toda a sua envergadura. Não são tanto as idas à Home Depot, mas o silencioso pronunciamento da língua: *Veja, eu fui à Home Depot. Escolhi cada pedra da entrada da casa. Lixei uma mesa e a tingi de uma cor um pouquinho mais escura.*

Eu te amo, ela diz.

Ele sorri e diz: Eu também te amo.

Durante o resto da noite eles repetem esse sentimento diversas vezes enquanto trocam olhares intensos.

Os primeiros beijos envolvem a língua apenas ligeiramente, mas depois do terceiro *eu te amo*, o ímpeto da língua dele se torna excessivo.

Não é nojento, nem um pouco, mas como se ele não conseguisse ter o suficiente dela, patinando pelo céu rosado de sua boca.

Em seguida, ele avança com o corpo por cima de Maggie. Eles estão no sofá. Ele começa a fazer um movimento de deslizar e empurrar para a frente e para trás. Em seu depoimento, ela dirá que ele pressionava a pelve contra a dela. Em termos leigos, ele estava se roçando nela. Ela gosta; aquilo a faz sentir prazer sem ficar nervosa ou assustada, e deseja que ele continue por horas.

Para Maggie, faz sentido que os homens queiram voltar a fazer coisas de adolescente depois de já estarem casados há algum tempo, com penetrações rotineiras e totalmente nus. Enquanto isso, os garotos adolescentes anseiam por trepar como estrelas de filme pornô, sem roupa e com muita força.

Depois de um tempo, Aaron sugere que se dirijam para o quarto de hóspedes, onde tira a camiseta do *Spamalot*. Ele tira a calça jeans e a calcinha de Maggie, uma de cada vez.

Ela tenta desafivelar o cinto dele, mas ele diz: Não.

Ela acha que fez algo errado. Suavemente, ele diz: Quero esperar até você ter dezoito anos.

Não fica claro se ele está se referindo a fazer sexo ou a ela ver o pênis dele.

Ela sorri. Sua mão paira em torno do botão dourado da calça jeans dele. Ele solta um grunhido. Ela nunca ouviu um homem fazer isso na vida real.

Ahhh, você está me seduzindo, ele diz. Agora vou ter que fazer *isso*.

Ele desliza dois dedos para dentro dela. Eles se beijam e ele faz movimentos como se acenasse para carros avançarem.

Ele desce pelo corpo dela até sua boca se encaixar entre as pernas.

Ela diz o nome dele em voz alta pela primeira vez. Durante todo aquele tempo tinha evitado fazer isso, da mesma maneira como evitava chamar os pais de seus amigos pelo primeiro nome e acabava nunca se dirigindo a eles. Tinha feito a mesma coisa com Aaron nos últimos meses, até aquele momento.

Ah, Aaron!, ela diz. Não geme muito alto, porque sabe que os filhos dele estão no andar de cima.

Ele a leva ao orgasmo. É o primeiro homem a fazer isso, embora dois homens e meio tenham existido antes dele. Ele sorri, orgulhoso, emergindo do espaço entre suas coxas.

Com uma voz de quem parece que acabou de fumar muitos cigarros, ele diz: Eu gosto do seu gosto.

Ofegante, Maggie responde: Elas não têm todas o mesmo gosto?

Rindo, ele diz: Não. *Não-não-não.*

Ele diz algo sobre saber muito sobre o corpo das mulheres e como tocá-las. Acabou, ela imagina. Ele está deitado a seu lado como se tivesse acabado. Ela não começa a chorar, mas sente vontade. Eles contemplam o teto juntos. Parece estranho, não totalmente mágico. Ainda assim, ela se sente uma garota de sorte por estar ali. Mas algo no orgasmo fez com que ela sentisse muito frio, como se algo tivesse sido tirado dela. No passado, quando se masturbava até ter um orgasmo, ela não se sentia assim.

Embora tecnicamente ele não a tenha penetrado no sentido tradicional, ela sente como se tivesse transado. Naquele momento depois do orgasmo, sente uma finitude parecida com a morte. Sente que seu corpo exala um cheiro de hospital. Aquilo não foi sexo casual, ela percebe. Foi muito mais. Foi incrível, quente e frio ao mesmo tempo. Ela tem medo de nunca gostar do sexo de verdade. De ficar para sempre muito preocupada com seu fim displicente. O orgasmo dela e o dele serão a sentença de morte de sua semana, seu mês, sua vida. O fim, embora a mate, é mais eufórico do que o começo. Seu coração dói. Ela sente ele se partindo em cada movimento que Aaron faz para se recompor. Ao mesmo tempo em que sente uma dor aguda e dilacerante, também está extasiada, lobotomizada. Aquela foi a coisa mais sexy que um homem já fez com ela.

Eles dizem mais algumas vezes que se amam. Ele a olha, ela tem certeza, como se quisesse se casar com ela. Maggie é jovem demais para saber que os homens podem agir assim um dia e depois passar uma semana sem precisar vê-la.

Ela diz que precisa ir embora. Já está atrasada para o horário de chegar em casa. Ele a leva até a garagem, onde se despede dela com um beijo.

Ela não absorve quase nada. Está muito nervosa. Suas pernas tremem como a madeira que ela usa na aula de marcenaria.

Em casa, ela acorda os pais para que eles saibam a que horas ela chegou. É uma das regras. Fica de castigo porque já passou da hora. Sua mãe a olha com uma irritação amorosa e fala algo como: Amanhã eu grito com você. Maggie se sente muito estranha. Ela fez coisas muito piores do que chegar em casa depois do horário combinado. Gostaria de poder dizer isso. Ela olha para a Bíblia da mãe na mesa de cabeceira e seu coração se parte.

Quando chega no quarto, seu celular está iluminado. É Aaron. A paixão volta, preenchendo todos os buracos frios que o orgasmo perfurou em seu rastro.

Aaron quer saber se ela chegou em casa. Que bom, ele escreve, que você está bem.

Estou bem, ela responde.

Então ele escreve: Acabei de voltar lá, no quarto de hóspedes, e ainda bem que fiz isso. Você sangrou no edredom.

Maggie fica um pouco surpresa, já que não está menstruada. Pede desculpas por sangrar, porque sente que é o que ele espera.

Ele escreve: Se você tivesse desabotoado a minha calça, teria acontecido. Quero dizer, eu queria esperar até você fazer dezoito anos. Quero dizer, ainda quero. Mas se você tivesse desabotoado…

Além disso, ele diz — porque é mais fácil transmitir sentimentos por mensagens de texto — que queria levá-la para conhecer a casa porque colocara um cobertor e uma rosa no quarto do andar de cima, e queria ler o "Soneto XVI", de Pablo Neruda, em voz alta para ela e dar-lhe a rosa. Era um soneto que ele tinha enviado para ela muitas vezes.

Ela fica extasiada com isso, mas também confusa. Os filhos dele estavam dormindo no andar de cima.

Ele escreve: Se você tivesse me chamado de sr. Knodel, eu provavelmente teria parado tudo na mesma hora.

Ela pensa: Graças a Deus eu não chamei ele de sr. Knodel.

Por último, para que ela não esqueça, ele diz que precisou limpar o edredom por causa da pequena quantidade de sangue. Ele não diz se tirou a mancha primeiro com uma caneta tira-manchas ou com gel de limpeza. Não diz se usou alvejante ou não.

Suas bochechas ficam quentes com o rubor de amor durante a maior parte de janeiro e fevereiro. Ela passa muito tempo no quarto, porque o isolamento lhe permite ficar completamente disponível para ele. Ele liga para ela no caminho da escola para casa, quando ela não está em seu turno no Buffalo Wild Wings. Ela toma banho ao chegar em casa e espera, limpa, na cama. Toma banho para atender a ligação dele. Gosta de se sentir bonita enquanto o espera. Os pais dela não a incomodam. É como se soubessem que ela é uma espécie de Rapunzel; eles sentem sua inacessibilidade.

À noite ele manda mensagens de texto. Mais tarde, depois das 22 horas, costuma ligar. Os fins de semana são menos livres. Quando se falam no fim de semana, é porque ele sai de casa para ligar ou porque Marie foi às compras.

Uma tarde, em um fim de semana, Marie vai ao shopping com o filho mais velho e Aaron fica em casa com o mais novo. Está na hora do cochilo, mas a criança não está com sono. Aaron está ao celular com Maggie e o garoto pergunta: Com quem você está falando? Aaron responde: Uma amiga, quer falar com ela?

Uma vozinha diz ao celular: Alô?

Alô!, Maggie responde animada.

Isso faz com que se sinta estranha, mas ao mesmo tempo mais próxima de Aaron.

Aaron entra na linha novamente e diz que precisa desligar o celular por um momento, e quando volta, depois de muito mais que um momento, explica que não queria que ela o ouvisse cantar "You Are My Sunshine" para o filho adormecer.

Como a mulher dele não tem mais nenhuma viagem planejada, seu relacionamento físico incipiente fica limitado a carros e salas de aula.

Maggie encontra Aaron na aula de inglês do quarto período, e um dia, depois da aula, ele diz a ela, baixinho, para encontrá-lo em sua sala de aula na hora do almoço.

Quando ela chega lá eles começam a se beijar, na mesa junto aos armários. Ela está vestindo calça de moletom porque ele gosta quando ela as veste. Calças de moletom, ele lhe disse uma vez, são de "fácil acesso". Ele pega a mão dela, a coloca no peito e diz: Sinta como meu coração está acelerado. Então pega a outra mão dela e a coloca sobre a protuberância em sua calça social. Veja como você me deixa duro.

Ela já ouviu essa frase em filmes e sempre se perguntou por que os homens diziam aquilo. Será que Aaron queria que ela ficasse encantada pelo volume de seu pênis? Ou que ficasse orgulhosa do verdadeiro Bom trabalho! que fizera ao inspirar um exército de vasos sanguíneos a dilatar a carne para atingir aquele comprimento e aquela rigidez?

Há dias em que eles não fazem nada além de conversar e se beijar. Como nos dias das reuniões de pais e professores. Aaron usa terno porque vai se reunir com pais a tarde toda. Ele vai falar com o pai de Maggie, Mark. Diz a Maggie que gostaria que ela ficasse para as reuniões. Na época, Maggie pensa que é apenas porque ele quer vê-la sempre que possível. Em retrospecto, se pergunta se foi porque Aaron queria sentir a adrenalina de falar com ela na frente do pai, que não fazia ideia de que eles estavam tendo um caso. Na reunião, Aaron diz que Maggie está indo muito bem na escola, que ele sabe que ela ainda não decidiu para qual faculdade quer ir, mas que coisas boas virão, no devido tempo.

Durante o encontro na hora do almoço, Maggie não come, mas Aaron come um pouco de sobra de espaguete. Ela tira sarro dele, diz que o macarrão está com uma cara horrível. Eles se beijam depois que ele termina de comer. Ela diz: Eu não sabia que íamos dividir o almoço hoje. O que quer dizer é que o hálito dele, toda a sala, está saturado com o cheiro da comida. O Tupperware está manchado de laranja por causa do molho.

Em outra ocasião, eles se encontram na sala dele antes do início da aula. Ele começa a beijá-la, em seguida enfia a mão em sua calça. Ele vira o rosto e o corpo dela para o outro lado, de modo que a frente do corpo dele fique pressionada contra suas costas. Então passa o rosto pela nuca dela. Ele beija esse ponto de leve, fazendo seus joelhos cederem com a sensação. Em seguida começa a masturbá-la ao mesmo tempo que esfrega o corpo contra a bunda dela. Ela joga a cabeça para trás e geme. Eles continuam assim por sete minutos e ela sente que pode gozar a qualquer momento. Então alguém gira a maçaneta da porta. Aaron salta para trás como se tivesse se queimado, recolhendo habilmente a mão. Como um homem fazendo um truque de magia, ele entrega uma prova a ela — de repente há uma prova em suas mãos —, e Maggie se senta, sem fôlego, e finge estar concentrada nela. Ele não precisava ser tão cuidadoso. No fim das contas, tinha se lembrado de trancar a porta.

Um grupo de amigas de Maggie se reúne na casa de uma delas. Não é uma noite marcante, exceto pelo fato de que elas tiram uma foto de Maggie com suas amigas Lora e Nicol. As três saem na foto porque são as únicas loiras na sala — todas as outras são morenas —, e isso é engraçado, então elas tiram uma foto.

No decorrer da noite, Maggie checa o celular várias vezes. Parece que ninguém nota. Todo mundo checa o celular o tempo todo. Ela troca mensagens com Aaron da mesma maneira que qualquer garota faria com o namorado quando ambos estão com outras pessoas. Aaron está com o sr. Krinke no TGI Friday's, perto do shopping West Acres.

Você quer vir me buscar?

Ela vê as palavras e seu coração palpita. Ela inventa uma desculpa para a sala cheia de morenas e duas loiras. Dirige até o restaurante, ouvindo música. Olha para o rosto no espelho retrovisor.

Ela se pergunta, no carro, o que ele está fazendo enquanto espera por ela. Será que está mandando mensagens de texto para Marie? Dando uma olhada nos resultados de algum jogo? O que ele disse a Krinke sobre como voltaria para casa? Maggie se pergunta se ele pensa tanto nela quanto ela pensa nele. Agora que eles têm uma relação física, ela sente que nunca vão deixar de ter.

Ela manda uma mensagem de texto ao chegar e espera no estacionamento. O carro é o Taurus vermelho da mãe dela. Ele vai até a porta do carona e entra. No começo, ela sente um medo repentino, mas depois que começa a dirigir, a paixão explode em torno deles, preenchendo o Taurus como um gás quente.

Quando ele a beija, ela sente o gosto de álcool em seu hálito. Não tem certeza de que tipo é, mas sabe que não é cerveja. Ele fala de maneira mais afetuosa do que o habitual. Não enrola a língua, mas está menos coerente e também menos cuidadoso. Eles dirigem pela Thirteenth Avenue, que é uma das vias principais. Maggie sente o cheiro da mãe no carro e torce para que Aaron não sinta.

De repente, ele se sobressalta. Acha que alguém no carro ao lado o reconheceu. Ela pergunta: Quem?

Não sei, ele responde, mas acho que aquela pessoa estuda na West Fargo.

Hã?

Apenas saia desta rua, ele diz.

Ela sente, mais uma vez, que fez algo errado. Eles vão para uma área residencial e ele se acalma. Eles dão voltas de carro por um tempo, falando sobre seu relacionamento.

Um tempo depois, ele coloca as mãos dentro da calça dela e Maggie começa a erguer o traseiro do banco do motorista para lhe dar mais acesso. Quase bate em um carro estacionado. No começo, fica com medo de ele surtar, mas isso não acontece. Ele ri e se inclina sobre ela, beijando seu pescoço. Ela se sente tão feliz. A quase batida parece um testemunho de sua paixão.

Mas chega um momento em que o efeito do álcool começa a passar e ela percebe que vai perdê-lo. Merda, pensa. Merda, merda, merda.

Ele estacionou o carro na casa de um amigo, e explica a ela como chegar lá. Maggie diz: Mas você bebeu. Ele diz que há apenas ruas residenciais no caminho até sua casa. Diz que nunca dirige em ruas de muito movimento depois de beber. Nunca se arrisca. Ele tira a mão de dentro da calça de Maggie quando ela estaciona. Ele fica nervoso por fazer algo substancial diante da casa do amigo, mas a beija por vários minutos.

O medo repentino volta, extravasando pelas saídas de ar. Ela odeia essa sensação. Quer segui-lo até em casa porque ele está bêbado, para ter certeza de que ele vai chegar direito. Ele é toda a sua vida agora. Ele diz que essa é uma péssima ideia. Ele ficará bem. Ele pisca e sai do carro sem dizer *eu te amo* uma última vez.

* * *

No mês seguinte, ele deixa claro que quer largar a esposa. Não ainda, mas em breve.

Você esperaria cinco anos por mim?, ele pergunta, tarde da noite. A ideia é que, quando os filhos forem um pouco mais velhos, será mais fácil sair de casa. Maggie está fazendo xixi quando recebe a mensagem e quer atirar o celular na parede. Parece tão cruel. Eles estão apaixonados, mas tudo precisa ser no tempo dele. Tudo tem que ser como ele determina. Ela não pode ligar nem mandar mensagens para ele primeiro. Deve apagar imediatamente todas as mensagens. Há milhares àquela altura. Ela tem que apertar diversas vezes a tecla para apagar. Ele lhe dá o número de Marie e pede para registrá-lo em seu celular de forma que nunca, jamais atenda se aquele número aparecer em sua tela.

Há também as outras regras, não regras, mas coisas que se faz para que o professor casado com quem está tendo um caso não fique assustado e continue excitado e interessado. Como usar calça de moletom e nenhum perfume.

Ele diz a ela que está dormindo no porão. Liga para ela lá de baixo, e ela pensa nele como uma Rapunzel ao contrário, protegendo seu amor em uma desobediência secreta.

No Dia dos Namorados, Maggie chega à escola mais cedo, como ele instruiu, e ganha dele um saco de M&M's de manteiga de amendoim, seu doce favorito, e uma carta de amor digitada. Na carta, ele enumera as razões por que a ama. Duas das razões são seu cheiro e o jeito como ela adentra um ambiente. A carta também fala do futuro, de como ele mal consegue esperar pelo dia em que poderão ficar juntos. A carta desperta sentimentos que Maggie nunca experimentou antes. Tudo o que sempre quis está reunido em uma única pessoa. É quase conveniente demais para ser real.

Ele começou a chamá-la de *Amor*. Que é como ela chama as pessoas. Ele diz que, no dia que ela fizer dezoito anos, eles vão faltar à escola e fazer amor. Vão passar o dia entrelaçados.

Mais ou menos nessa época, ela lhe dá um exemplar de *Crepúsculo*, o primeiro livro da série. Está obcecada com a correlação entre a história da garota humana e seu amante vampiro e a própria história com Aaron. Ambas as histórias de amor são proibidas, apaixonadas e atemporais. Ele diz a ela que está fazendo anotações em *Crepúsculo*, e ela fica tão feliz, tão exultante, que insiste para que ele leia rápido, porque mal pode esperar para saber como ele interpretou a história. Maggie se pergunta onde ele está quando lê. Talvez guarde o livro no quarto dos filhos, na prateleira bem ao lado de *O Grúfalo*, e se ofereça para colocá-los na cama todas as noites para, depois que eles adormecerem, poder se sentar à luz do abajur e ler *Crepúsculo*.

Ele devolve o livro cerca de uma semana depois, cheio de post-its, pequenas abas amarelas despontando das páginas como plumas.

Uma das anotações diz que ele não vê a hora de acordar abraçado com ela.

Outra diz: *Lembra quando eu desliguei o aquecimento?* Ele está se referindo à noite no porão, quando ela foi até a casa dele, eles disseram *eu te amo* cem vezes, ele a masturbou e a chupou e eles se beijaram e ela sangrou no edredom. Ele tinha desligado o aquecimento para que ela pedisse um cobertor.

"Tudo o que eu queria era ficar sozinha com meu eterno salvador", diz Bella, a garota humana, sobre seu amante vampiro. Um post-it amarelo ao lado questiona: É assim que você se sente em relação a mim?

Outro parágrafo está destacado e, ao lado dele, uma anotação: Incondicional, como nosso amor!

Algumas pessoas vão dizer que nada disso aconteceu contra a vontade dela. Que ela tinha dezessete anos. Em alguns meses, não seria nem estupro de vulnerável. Mas imagine uma garota, que idealizou uma história de amor de conto de fadas, lendo bilhetes que dizem efetivamente: *Sim, sim, eu sou seu amante vampiro e você é meu fruto proibido. Nós somos sua história de amor favorita. Pelo resto de sua vida, nada vai ter esse gosto.*

Dá para imaginar?

Ela o chama de seu *amigo-especial*. Eles concordam que *namorado* é bobagem. Afinal, ele é um homem casado. O amor deles não é como o de

Sammy e do namorado ou como o de Melani e do namorado. Ele não é um garoto, então como ele poderia ser seu *namorado*?

À sua volta, todos os jovens começam a fazer planos para o baile de formatura. Suas amigas saem para comprar vestidos em tons vibrantes de rayon.

Para Maggie, de repente, o baile de formatura parece uma ideia chata. Tão pequeno, jovem e fácil de esquecer. Pouco antes de ela e Aaron ficarem juntos, havia dois garotos com quem ela estava saindo, e provavelmente teria ido ao baile com um deles. Um era um colega de trabalho, que Aaron não aprovava, mesmo antes de eles começarem a flertar. O outro frequentava outra escola, mas Aaron o conhecia do congresso estudantil. Ele dera um chupão em Maggie, e Aaron notara. Na época, Aaron disse que não tinha gostado muito do garoto. Ele disse isso de forma ríspida, Maggie acabaria se dando conta, da mesma maneira que pessoas inteligentes dizem não gostar de alguém para convencer seu interlocutor a adotar a mesma opinião.

Uma noite, Maggie diz ao celular que não vai ao baile, porque acha que seria estranho. Aaron deixa sua declaração pairando no ar. Ele não responde.

Naquela mesma noite eles conversaram sobre quantos parceiros sexuais cada um teve. Maggie teve três e Aaron diz que só teve duas — Marie e uma namorada da época da escola. Marie era sua namorada da época da faculdade. Maggie se pergunta em que momento alguém deixa de ser uma namorada e se torna o estágio seguinte. Ele pergunta sobre os caras com quem ela já se relacionou. Mateo e os outros dois. Quer saber sobre eles, mas ao mesmo tempo diz que odeia pensar neles. Ele diz que não consegue tirar da cabeça a ideia desses outros caras. Odeia o fato de ela ter ficado com mais pessoas do que ele. Ele a faz sentir que não é virtuosa o suficiente. Por outro lado, ela acha o número dele perfeito. Duas mulheres, e uma delas é sua esposa. Maggie já teve três amantes e ainda não tem nem dezoito anos. Um deles durou apenas uma noite, o outro foi praticamente um estupro de vulnerável. Se soubesse que ela e Aaron se apaixonariam daquela forma avassaladora, Maggie teria se guardado. Ela tenta encontrar as palavras para dizer isso a ele.

No auge da paixão, seus pais a mandam para um retiro da igreja durante um fim de semana. Há um projeto de arte a realizar; ela deve escrever sobre um compromisso que quer assumir. As freiras dizem que ninguém vai ver. Aquele projeto é confidencial, para ser avaliado por Deus. Em alguns pedaços de cartolina colorida, com mãos rudimentares segurando velas de oração, Maggie escreve que quer assumir um compromisso com o amor incondicional. Ela escreve que sabe que é errado amar Aaron, mas ao mesmo tempo se pergunta como o amor pode ser errado. Diz que quer assumir um compromisso com ele e abandonar todos os maus hábitos que ele quer que ela abandone. Por exemplo, ele suspeita que ela fuma, mas ela nega deliberadamente, porque ele não ficaria com uma fumante. Certa vez, ele disse que ela cheirava a cigarro, e ela afirmou que os pais fumavam perto dela, mas jurou de pés juntos que ela não.

A igreja cheira a mirra. Ela se ajoelha em um banco, sozinha. Se sente mal por mentir para Aaron e pede a Deus que a ajude a parar de fumar, por ele. Ela se compromete a rezar o rosário uma vez por semana e a escrever uma carta por semana para Aaron, dizendo a ele como se sente. Pretende encontrar diversas maneiras de demonstrar seu amor inabalável.

A única coisa que quer fazer, na verdade, é falar sobre como se sente em relação a ele e ouvir o que ele pensa dela. Os aspectos que ele ama a respeito dela são tão interessantes para Maggie. Parecem ideias distantes que seu cérebro mal consegue compreender. Por exemplo, em uma de suas cartas, Aaron escreveu como amava a maneira como ela se sentava à mesa em sua sala de aula e balançava as pernas para a frente e para trás com um entusiasmo infantil.

A semana do trigésimo aniversário de Aaron chega, e Maggie fica muito animada, mesmo que não vá fazer parte de nenhuma das muitas comemorações. A primeira acontece no dia sete, o sábado dois dias antes do aniversário. É uma festa surpresa no Spitfire Bar & Grill, onde são servidos pratos de costela de primeira acompanhados de batatas assadas e potinhos de sour cream. Tudo vem com cebolinha salpicada por cima.

É difícil saber quão surpreso ele fica com sua festa surpresa. Maggie sabe as coisas mais íntimas sobre ele, mas não foi convidada para a festa. Nem sabia que haveria uma.

Ele vai ao banheiro de tempos em tempos para mandar mensagens de texto, porque sente muito a falta dela. É horrível, ele diz, que todas as pessoas que ele conhece estejam naquela festa, com exceção da mulher que ele ama. Ele diz que está chateado com Marie porque tinha dito a ela que não queria festa. Está irritado com a presença da sra. Joyce, uma colega professora, que fica olhando para ele o tempo todo e agindo de maneira estranha.

A noite termina em monotonia. Aaron e Marie enfiam alguns balões no carro para levar para os filhos, que ficaram com uma babá. Aaron manda uma mensagem para Maggie quando chega em casa. Ele diz que se sente mais perto dela quando está em casa.

Na segunda-feira, o dia do aniversário de Aaron, há uma grande nevasca. Ela cobre Fargo lindamente de branco e faz as ruas e as árvores parecerem limpas.

Em algum momento depois das sete da manhã, Maggie manda uma mensagem de texto para ele. Ela está extremamente animada para vê--lo e lhe entregar seu presente. Não sabe se deve chegar na escola mais cedo e encontrá-lo em sua sala de aula. Escreve: Feliz Aniversário!!! e: Devo chegar mais cedo?

O que Maggie não sabe, assim como não sabia sobre a festa no Spitfire até ela estar acontecendo, é que no momento em que envia a mensagem de texto Aaron está no chuveiro. Ela não pensou nas regras, porque um aniversário é um dia especial. Mal pode esperar que o amor de sua vida lhe mande uma mensagem em seu próprio aniversário. Às vezes até uma criança tem que tomar liberdades.

O celular de um marido apita antes das oito da manhã, enquanto ele está no chuveiro.

Mais ou menos uma hora depois, Maggie recebe a chamada mortal. Lá fora, a nevasca está absolutamente linda. Ela olha pela janela, lembrando-se que a história de amor deles começou quando ela estava no Colorado, quando viu o nome dele no celular. Pelo resto da vida, o soar do aparelho vai deixá-la sobressaltada.

Alô! Feliz Aniversário!

É isso, ele diz em resposta. Acabou. Ela viu sua mensagem e agora acabou.

Ele está no carro. Sua voz está falhando e ele parece assustado, mas o recado é incontestável. Não há como mudá-lo nem voltar no tempo. Os enfeites foram recolhidos com a mudança de estação. Tudo o que resta é a geada final e persistente.

sloane

Depois da primeira vez que ela e o marido levaram outra pessoa para o quarto, Sloane pensou no significado de ela ter se disposto àquilo. De além de ter ficado sexualmente excitada, também ter ficado encantada e experimentado momentos de ternura e amor, entre ela e o marido, entre ela e a outra mulher. De ter ficado excitada mesmo ao observar o marido com a outra mulher — exceto, é claro, pelos vários momentos em que achou que ia morrer.

Mas era normal gostar do resto? Ela não podia contar aquilo a muita gente. Talvez, ponderou, as pessoas a quem não podia contar fossem reprimidas, e ela fosse saudável. Mas nenhum dos livros que tinha lido e nenhum dos programas de televisão e filmes de que gostava refletia esse estilo de vida. Devia haver uma anomalia nela. Em algum lugar, em algum momento, ela devia ter sido corrompida ou sofrido nas mãos de algo impróprio. Pensou na própria infância, nas maneiras como seus pais tinham contribuído.

Sloane descreve o próprio pai, Peter, simplesmente como *Andover*, *Princeton*, *Harvard*. Você entende o que quero dizer, ela fala, quando digo isso. Ela não tem a intenção de se gabar de educação ou dinheiro. Seus sentimentos sobre a própria origem foram metabolizados há muito tempo. Agora eles são um terno Chanel em um armário frio.

Sloane também poderia definir a mãe, Dyan, em poucas palavras, mas acha mais difícil. Loira e empertigada, Dyan Ford é quase eclesiástica em seu decoro. Sloane poderia explicar como sua mãe a cumprimenta depois de ficarem sem se ver por um longo tempo. Dyan não abraça a filha de imediato. Ela pergunta sobre a viagem de carro ou o voo e comenta sobre o clima. Faz um gesto para que ela entre em casa, onde deve haver sanduíches de pepino e um bule de Earl Grey esperando na bancada da cozinha.

Dyan cresceu em uma família de quatro filhos, em Memphis, Tennessee, com um pai que pilotava o próprio avião e a mãe, uma dona de casa afetuosa. Aos dezessete anos, Dyan estava no carro com a mãe, de quem era muito próxima. Talvez ela tenha sentido, como sempre nos lembramos de sentir nos momentos que antecedem a devastação, uma espécie de providência divina. Olhe minhas pernas longas e bronzeadas. Meus cabelos loiros e macios. Meu corpo, finalmente preenchido em todas as suas bordas com sangue e forma.

De repente, um grito. A sensação de ser atingida e o som de metal se retorcendo. Quando recobrou a consciência, horas depois, Dyan estava em uma cama de hospital. Ela gritou pela mãe. Uma enfermeira foi até o quarto para dar a notícia de que sua mãe havia morrido no acidente. Dyan demorou alguns segundos, talvez até um minuto inteiro, para visualizar o interior do carro naquela manhã, para lembrar que era ela quem estava no banco do motorista.

Não muito tempo depois do enterro, assim que as comidas de condolências pararam de chegar à sua porta, o pai a enviou para morar com amigos. Dyan não precisou que ele lhe dissesse o porquê. Sabia que ele não conseguia olhar para ela, ela que tinha matado sua esposa, a mãe de seus outros três filhos, pelos quais ele era agora o único responsável.

Dyan não foi morar muito longe de casa, mas parecia um universo diferente. Novos panos de prato, novo sabonete. Regras não ditas e ninguém para tocar a testa dela, nem mesmo seu braço ao passar por um corredor. Ela sentiu a perda da mãe como um vazio, mas também como uma ruptura, porque toda a sua família também lhe fora tirada. Implicitamente, ela sabia que deveria se manter longe deles, porque os lembrava do que havia feito, e porque eles a lembravam do que havia feito. De qualquer forma, não era uma criança pequena, era quase uma mulher. Dizia isso a si mesma em seus momentos mais sombrios, deitada na cama à noite, tocando o próprio cabelo e imaginando que era o cabelo da mãe, que estava dormindo a seu lado.

O passado ficou no sótão do cérebro de Dyan. O resto dela se transformou em mármore. Ela conheceu o pai de Sloane quando ele estava subindo de vida. Por fora, era uma noiva animada e, mais tarde, uma boa esposa, uma mãe zelosa. Ela se empenhava, por exemplo, em levar Sloane a North Salem para cavalgar e ao rinque para patinar. Era uma cozinheira incrível. Sua cozinha sempre cheirava a tortas ou a suntuosas aves assadas.

Quando Sloane estava no quarto ano do ensino fundamental, Dyan a olhou de cima a baixo. Sua única filha tinha quadris, seios. Suas bochechas eram redondas e rosadas. O corpo da criança não combinava com a idade. Parecia mais desenvolvimento precoce do que ganho de peso, Sloane pensaria mais tarde, observando fotos de si mesma. Mas no momento viu apenas a mãe olhando para ela de uma maneira estranha.

Na semana seguinte, elas foram a uma consulta no Diet Center, uma loja com fachada de tijolos dentro de um shopping, com letras vermelhas e persianas para dar privacidade. Na sala de espera, Dyan disse: Isso é para você, querida. Acho que vai se sentir mais confortável se perder um pouco de peso.

Sloane balançou as pernas sob a cadeira. Ela observou como suas coxas se espalhavam para o leste e para o oeste.

De volta à escola, tomava suas pílulas dietéticas no reservado do banheiro, engolindo-as a seco, se fosse preciso. Tinham sido prescritas por um médico, mas ela tinha dez anos e sabia que seria estranho fazer aquilo na frente de outras pessoas. Ou a mãe tinha dito a ela que seria. Ela não conseguia lembrar. O que sabia era que a mãe fazia aquilo por ela, pois achava que Sloane ficaria mais confiante se fosse mais magra. Tudo o que sua mãe fazia era o que pensava ser o melhor, como todas as mães fazem — um trabalho invisível, nas sombras das coisas pelas quais elas próprias tinham ansiado.

No tempo que passava em casa, quando não estava no acampamento de patinação, na escola de equitação ou no acampamento de verão, Sloane ia conhecendo fragmentos do passado da mãe. Sempre terminava uma conversa com Dyan querendo saber mais sobre quem era a mãe. Queria saber, em especial, sobre as coisas simples. A primeira comida que Dyan tinha aprendido a cozinhar, colada à própria mãe. Suas bonecas e seus jogos favoritos. Seus medos infantis e a primeira vez que gostou de um garoto. Mas Dyan não falava quase nada a respeito da época antes de seu casamento com o pai de Sloane. Nunca dizia explicitamente que não responderia às perguntas da filha, mas era perita em desviar delas. Havia sempre, por exemplo, algo que precisava ir para o forno.

Quando pressionada, Dyan gostava de recordar, com uma espécie de carinho distante, que seu pai tinha um avião de dois lugares, e em dias de sol, quando ela era uma garotinha, ele atravessava as nuvens em um mergulho e dava rasantes sobre o rancho da família. O peso e o deslocamento de ar do avião quase arrancavam o telhado, e espalhavam a grama e os cabelos das filhas e da mãe delas.

Sloane estava no nono ano quando, sem muito alarde, perdeu a virgindade com um menino que morava em sua rua.

Aos quinze anos, era mais velha que seus colegas de sala, então de muitas maneiras se sentia atrasada. Luke tinha dezoito anos e era um dos garotos rebeldes. Não terrivelmente rebelde, mas um rebelde bom, como se os personagens de Emilio Estevez e Judd Nelson em *Clube dos Cinco* se fundissem em um atleta de remo imprudente e de sobrancelhas grossas. Ele fazia parte da equipe principal de futebol americano, fumava maconha e havia sido preso várias vezes.

Sloane e Luke não estavam tecnicamente namorando. Eles ficavam juntos na casa de outras pessoas. Bebiam cerveja e davam uns amassos. Na noite em que aconteceu, Sloane saiu escondida de casa, pulando a janela e descendo por um cano de escoamento.

Quando ele abriu a porta, ela não sentiu uma incrível paixão ou mesmo muito desejo. Ele disse que os pais estavam dormindo e não os ouviriam. Não pediu que ela não fizesse barulho enquanto andavam pelo corredor. A cozinha e a sala estavam bagunçadas, o que de alguma forma a deixou triste. Triste que algumas pessoas fossem dormir sem antes arrumar a casa. Mas o quarto dele era um quarto de garoto e tinha cheiro de limpo.

Ela disse a Luke que era virgem, para o caso de ele precisar saber. Sempre ouvia garotas nos filmes contando isso ao cara antes de transarem, então pensou: Só para o caso de haver algo que ele vá fazer diferente, se eu for virgem. Um método para facilitar, talvez.

Luke assentiu e a deitou na cama. Os lençóis eram marrom-claros. Assim como a colcha.

Uma penetração métrica e silenciosa se seguiu. Ela olhava para o teto, olhava para o cabelo dele. Ela o observava se concentrando. Houve momentos em que sentiu pena dele e momentos em que sentiu raiva, e momentos em que não sentiu nada.

Depois que terminou, Luke olhou para os lençóis marrom-claros e viu muito sangue. Ficou boquiaberto e parecia não saber o que fazer em seguida.

Eu falei que era virgem, disse Sloane.

Ah, disse ele, eu não achei que estivesse falando sério.

Sloane não o corrigiu. Ela não disse: Eu *era* virgem. Apenas sorriu e piscou. Em seguida se levantou da cama, se vestiu e foi a pé para casa, passando pelos majestosos carvalhos cor de creme, na noite escura, sentindo-se igual e indiferente. No geral, pensou: Bem, ok, agora isso está resolvido.

Na manhã seguinte, porém, se sentiu diferente. Ela se sentia revelada. Algo sobre seu quarto já tinha se tornado uma lembrança. Suas Polaroids na parede, seu cavalo de brinquedo e seu longo espelho. Apenas os lençóis pertenciam à nova Sloane, depois de conhecer seu corpo sem banho da noite anterior, a pele úmida pela transa indolente. Ela teve então a sensação, uma sensação que não lembraria nem teria novamente por muitos anos, de que não era o garoto em si que era único, mas o modo como ela mesma tinha evoluído. O garoto era apenas o revelador. Tinha sido o pênis dele que desencadeara a reação química dentro de Sloane, mas poderia ter sido qualquer outro pênis.

Ela começou a andar pela casa com uma nova autoridade sobre o próprio corpo. Como seus pais não eram do tipo que ficam rondando, não sentia muita vergonha. A única pessoa na casa em cuja presença ela se sentia um pouco estranha era seu irmão, Gabe, de quem era muito próxima. Como ele era apenas dois anos mais velho que ela e como eles eram tão amigos, Sloane imaginou que ele podia intuir o que ela havia feito.

Mas por um longo tempo ele não intuiu, e Sloane não lhe contou, embora desejasse de maneira discreta ter uma irmã, ou que Gabe fosse mulher.

A perda da virgindade a fez ver o relacionamento dos pais sob uma nova perspectiva. Eles não se davam bem. Não eram conectados de nenhuma maneira real. De repente, ela não conseguia mais imaginar que um dia tivessem sido. Sentia isso na maneira como fora criada, como se duas linhas separadas corressem dentro dela, nunca tendo se cruzado, de forma que ela mesma era duas pessoas que não tinham se misturado. Ela expôs suas descobertas para Gabe. Ele a ouviu e, embora não tenha oferecido muita orientação, disse que sim, que já havia notado. Eram bons, aqueles dias no quarto dele, a luz do sol entrando pela janela, amarelando sua mesa e sua cama de irmão mais velho.

Havia um garoto na turma de Gabe, Tim, que era popular e gentil. Ele sempre se vestia como alguém prestes a sair para fazer uma trilha ou esquiar. Sloane gostava dele a distância, tendo visto-o na companhia do irmão e no campo de futebol. No verão depois do nono ano, ela encontrou Tim em uma festa. Ela estava em um daqueles momentos em que não tinha certeza de quem deveria ser. Tinha algumas amigas, no máximo um ano mais velhas, que transavam indiscriminadamente, e se perguntava se também deveria agir assim. Será que ser considerada um objeto sexual poderia defini-la? E então ela esbarrou em Tim naquela festa. Ele disse que sempre a tinha achado bonita. Havia algo tão admiravelmente linear nele. Ele lembrava seu irmão, e ela aceitou com prazer a segurança que havia nisso.

Muito depressa, Tim se tornou seu namorado. Ele até pediu permissão a Gabe. Não havia nada de estranho naquilo; acontecia muitas vezes, uma aluna do primeiro ano namorando um garoto do terceiro. Os caras populares tinham iniciado essa moda. Havia algo atraente nas garotas mais novas, seu frescor e seus cabelos compridos. Fazia com que as alunas do último ano parecessem bolorentas.

Sloane começou a frequentar as festas dos veteranos. Ela gostava da maneira como ficava de lado, sob o braço de Tim, e ainda assim era completamente o centro das atenções. Outros caras diziam coisas para Tim, na frente de Sloane, para impressioná-la. Ela aprendeu a não aprovar tudo de imediato. Percebeu os benefícios de ser distante.

Em uma dessas festas, encontrou Gabe. Havia alguns meses que eles não estavam muito próximos, fato que Sloane tinha atribuído à agenda de verão de cada um. Naquela festa, no entanto, o irmão olhou para ela do outro lado da sala e, no começo, ela viu choque no rosto dele, mas, em seguida ele se virou e, no endurecimento da mandíbula e no vazio em seu olhar, Sloane vislumbrou algo muito próximo do nojo.

Eles não se falaram naquela noite. Gabe foi embora da festa e o fim de semana terminou. Mas uma nova frieza tomara conta dele. Quando estavam apenas os dois em casa, ele fechava a porta do quarto e colocava música alta, como quisesse alertá-la para ficar longe. À mesa de jantar, ele sempre fora calado, mas agora era um busto, comendo salmão, bebendo água. Não falava com ela. Sloane processava isso de uma forma que lhe permitisse ignorar a situação. Ele estava cheio de angústia. Tinha uma raiva latente em relação aos pais. Estava se candidatando para as faculdades nas quais o pai queria que ele estudasse. Ela se deu conta de como devia ter sido estranho para ele encontrar a irmã em uma festa, vê-la com um cara do mesmo ano que ele; talvez a tivesse visto beijando o namorado, se divertindo, bebendo, sendo selvagem. Devia ter sido desagradável. Lá estava Gabe, fazendo de tudo para deixar os pais felizes, enquanto Sloane se rebelava, se comportava mal. Ela entendia a mágoa que ele sentira.

Sloane namorou Tim durante os dois anos seguintes. Nesse tempo, ela não percebeu que o relacionamento com o irmão estava ficando cada vez mais frio. Gabe foi para a faculdade. Ela o via menos, então era fácil ignorar as mudanças. Enquanto isso, Sloane estava se transformando na mulher que viria a ser. A cada dia ficava mais imponente, mais experiente na arte de deixar algo mais a desejar. Ia tantas vezes à mesma festa que conseguiu aperfeiçoar sua persona pública. Não se cansava da mesmice, porque tinha aprendido, no hipismo e na patinação no gelo, que a repetição era importante. Se toda noite fosse igual à anterior, isso a ajudaria a se tornar a melhor garota festeira que poderia ser.

Em uma noite agradável de primavera, os pais de Sloane tinham saído, então, em vez de sair também, ela chamou um amigo para ir a sua casa. Lucas era gay e ainda não tinha saído do armário. Eles beberam vodca direto do gargalo de uma garrafa de Absolut Citron no telhado e ficaram olhando para as chaminés das outras casas e para as estrelas, que eram da cor do frio no ar. Sloane era uma das poucas pessoas que conheciam o segredo de Lucas e compreendia que fazia bem a ele poder confiar nela. Eles se sentiam seguros ali no telhado. No chão, ele era uma estátua. Todo de pedra, andando por aí, enquanto por dentro, um fogo terrível e infame ardia. Ele não achava que seus desejos fossem vergonhosos, mas ainda não sabia como demonstrá-los.

Acho que é uma questão de autoconfiança, Sloane disse. Ela colocou a mão no joelho dele. Acho que tudo no mundo é uma questão de simplesmente confiar o tempo todo em quem você é, sabe?

Lucas sorriu. Ele tinha bebido muita vodca. Os cigarros tinham acabado e estava ficando tarde. Sloane não queria que os pais voltassem para casa e encontrassem Lucas bêbado, então disse: Vamos comprar cigarros.

Eles seguiam em direção a Pound Ridge no Saab vermelho do irmão dela. Sloane tinha bebido um pouco e estava se concentrando na estrada. Lucas estava dizendo que odiava muitas das pessoas de quem fingia gostar, que queria começar toda uma vida nova em algum lugar com sol escaldante e palmeiras, que queria morar em um destino turístico e dirigir um conversível comprido e baixo. Lucas tinha ficado um pouco acalorado no telhado, mas agora estava bêbado. Sloane percebia pelo jeito como sua voz se elevava, como se ele não soubesse que ela estava bem ali ao lado.

Ei!, ele gritou.

O que foi?, perguntou Sloane.

Vamos brincar do jogo da montanha-russa!, disse ele, inclinando-se por cima do painel e puxando o volante com força em sua direção.

Ela virou o volante de volta e gritou para que ele parasse. Ele riu e os dois ficaram em silêncio. Sloane recuperou o fôlego.

Que porra é essa?, perguntou ela.

Em vez de responder, ele riu e fez de novo. Sloane gritou mais uma vez e puxou o volante, corrigindo o rumo além da conta. O carro deu uma guinada em direção ao canteiro central, atingiu o declive e se projetou no ar em um ângulo de cinquenta graus. Ela não teve nem tempo de registrar que eles tinham saído do chão antes de ouvir o estrondo.

Eles levaram um instante para perceber que ainda estavam vivos. É claro que foi um momento surreal, porque, em questão de segundos suas vidas tinham passado de rotineiras a descartáveis e, em seguida, preciosas. Naqueles segundos, o carro havia capotado e dado uma volta completa no ar sobre três faixas de tráfego. Antes eles estavam na pista da esquerda, e agora estavam na calçada, tombados de lado sobre as rodas do motorista. O carro parecia um saco de ossos. Mais tarde, ficariam sabendo que os cintos de segurança tinham salvado a vida deles.

Sai do carro, ordenou Sloane.

Lucas tremia. Estamos vivos?

Sim. Cala a boca e sai da porra do carro agora.

O quê?

Pega sua bolsa e sai do carro.

Lucas obedeceu. O carro oscilou. Ela o obrigou a andar rapidamente pela calçada. Suas pernas tremiam. Um quarteirão adiante, ela mandou que ele abrisse a bolsa e jogasse a garrafa de vodca no meio de alguns arbustos. Eles ouviram o baque e voltaram para o carro. Àquela altura, a polícia tinha chegado. Os policiais interrogaram Sloane enquanto Lucas ficou sentado no meio-fio, com os joelhos junto ao corpo. Sloane perguntou aos policiais: O que eu faço com o carro? Para onde o levo?

Querida, disse um dos policiais, o carro deu perda total.

Ela sentiu a garganta se fechar. O outro policial riu. Ela achava que eles ainda não haviam respondido sua pergunta.

Sloane e Lucas não sofreram nem um arranhão. Foi um milagre. Todos os policiais disseram isso. Sloane olhou para o carro. Perda total, disse ela em voz alta. Pensou na expressão, em como ela se parecia com a realidade diante dela.

Eles não foram para o hospital. Os pais os buscaram na delegacia. Talvez Dyan e Peter tivessem sentido alívio se as coisas tivessem sido diferentes. Se, por exemplo, Sloane tivesse ido para o hospital com um colar cervical.

Porque mais chocante do que o acidente em si foi o fato de ninguém na família de Sloane ter dito: Graças a Deus você está viva. Seus pais foram discretos e educados. Murmuraram sobre o que teriam que fazer na manhã seguinte. Eles não estavam exatamente com raiva. A mãe, considerando o próprio passado, não reagiu da maneira esperada. Ela não apertou Sloane contra o peito, por exemplo, soluçando.

Mas Sloane ficou mais chateada com a maneira como Gabe reagiu. Gabe ficou furioso por causa do carro. Ele olhou para Sloane como se ela não valesse nada.

Muitos anos mais tarde, ela perceberia que aquele foi o momento exato em que um homem importante em sua vida fez com que ela se sentisse desprezada, mas ela não viu as coisas dessa maneira na época. Sentia que tivera sorte de muitas maneiras. Estava viva. A família não seria devastada por seu erro. Eles poderiam deixar aquilo para trás. Os olhos do irmão, no entanto, a deixaram paralisada de uma forma que o acidente não deixara. Talvez, ela pensou, fosse porque ela estava bem. Eles não queriam pensar no que poderia ter acontecido.

Em determinado momento, Sloane tinha abraçado completamente uma nova identidade: Sloane Popular, Sloane Festeira. Ser essa Sloane significava ser bonita, o que ela era; estar disposta a beber, sair, dar festas e chegar às festas na hora certa com a roupa certa; flertar, mas não ser uma piranha completa. Significava ser legal. Mas havia outras garotas legais, outras garotas gostosas, outros flertes. Algo, que tinha a ver com o acidente, com seu irmão, com seus pais, com seu passado e com o fato de nunca ter sido a melhor em nada, fazia com que ela quisesse ser excepcional. Ela achava que a única maneira de ser vista era ser excelente em algum departamento.

Então, recalibrou sua identidade para Rainha Magra das Festas. Ela não era a mais bonita nem a mais sedutora, mas identificou um espaço a ocupar sendo a mais magra. Era algo que ela sabia que a mãe ia gostar.

Para atingir o objetivo, desenvolveu um distúrbio alimentar. Começou pela anorexia, porque sentiu que era o caminho mais limpo. Por algum tempo, isso funcionou. Ela comia muito pouco e se exercitava bastante. Mas então chegou o Dia de Ação de Graças na casa de sua família, um banquete luxuoso sobre uma toalha de mesa branca, com asas de peru assadas, molho, batata-doce, todas aquelas cores do Dia de Ação de Graças: marrom, creme e castanho-avermelhado. Aquela foi a primeira vez que o desejo a acometeu. Ela se sentiu tão cheia e nojenta. Ai, meu Deus, pensou, eu preciso colocar isso para fora!

Ela foi até o banheiro, enfiou o dedo na garganta e tudo saiu, em uma cascata veloz de cores festivas. Recheio. Molho de carne. Molho de cranberry. Peru, em pedaços e filamentos. Batata inglesa. Batata doce. O fato de aquilo estar saindo dela, aquela farta porção que ela havia comido, era eletrizante. O que ela mais gostava era do controle que sentia. Mais tarde, Sloane ouviria a cantora Amy Winehouse falar sobre bulimia: É a melhor dieta do mundo. Por que todo mundo não faz isso? Sloane a entendia. Isso funciona, ela pensou, melhor do que qualquer outra coisa na minha vida já funcionou. Parecia fácil e até natural.

Dali em diante, o distúrbio se tornou seu amigo secreto. Ela se transformou não apenas em uma anoréxica-bulímica, mas a melhor anoréxica-bulímica que poderia ser. Era estratégica, limpa e informada. Sabia, por exemplo, que o pior tipo de vômito é aquele que não é bem mastigado. Pedaços de bife que voltam para a garganta como pequenas peças de um jogo de encaixar. Sorvete também é problemático. É pastoso demais e volta como líquido; parece que você não está expelindo nada e não dá para ter certeza de que nenhum pedaço ficou grudado às paredes do estômago.

Então, claro, há a questão do momento certo. Tudo na vida tem seu momento certo, e com vômito não é diferente. Se a pessoa tenta induzir o vômito logo depois de comer, não vem nada. Então destrói a sua garganta tentando regurgitar. Se espera demais, só vem a parte final da refeição; a pessoa cobre o dedo de um líquido castanho-amarelado para nada. Se tenta cedo demais, faz muito barulho porque o corpo não está preparado. Quando se trata de vomitar, é preciso cooperar com o corpo. Não dá para trabalhar contra ele. É preciso respeitar o processo.

Todas as manhãs, a expectativa era de que mal fosse comer — um peito de frango grelhado, uma laranja, água com limão. Mas se fraquejasse — M&M's de amendoim, uma fatia do bolo de aniversário de alguém —, então ela aceitava a falha ao mesmo tempo em que não a aceitava. Ia ao banheiro. Dava descarga duas vezes. Limpava tudo. Voltava e retomava a conversa.

Funcionava, na maior parte do tempo. Seu rendimento no hóquei sobre a grama caiu. No nono ano, ela tinha sido uma atleta muito séria, mas na primavera do décimo ano estava tão magra que mal conseguiu entrar para a equipe principal. Seu desempenho na escola, em geral, foi prejudicado. Ela parou de fazer os deveres de casa e de prestar atenção às aulas.

A família não questionou seu novo corpo nem seu novo hábito. O mais próximo que sua mãe chegou de *Por que está tentando se matar?* foi *Por que você dá descarga tantas vezes?*

Essa pergunta, no entanto, foi brutal por si só. Sloane não conseguia pensar em nada pior no mundo do que a possibilidade de alguém descobrir seu segredo sórdido. Ela conhecia algumas pessoas, ou tinha conhecido algumas pessoas desde então, que simplesmente diziam do nada: Acabei de comer demais e coloquei tudo para fora — risos. Mas para Sloane era sórdido. Se outras pessoas soubessem daquilo, poderiam enxergar dentro de sua mente, veriam a carência e o medo. Ela dava descarga duas vezes. Três vezes. Sempre levava chicletes consigo. Era cuidadosa sobre onde e quando.

Passou a preferir a pia em vez do vaso sanitário. Vomitar em um vaso sanitário parecia bulímico demais. Por mais que ela fosse hábil e experiente naquela arte, Sloane era uma bulímica em negação. Além disso, a maior parte das pias tinha um triturador acoplado ao encanamento. A que ela mais gostava ficava no lavabo perto da sala de TV. Quando sua família estava assistindo à televisão, ela tinha que procurar outro lugar, mas, caso contrário, ia para aquela pia logo depois do jantar, enquanto os outros tomavam banho ou ainda conversavam. A família gostava de assistir a programas de jogos medíocres como *Jeopardy!* e comédias pastelão. Assistir a filmes como *Apertem os cintos... o piloto sumiu!* era o mais longe que seu pai ia no sentido de se rebelar contra sua criação. Quando ouvia risos, Sloane olhava com tristeza para sua pia favorita ao passar por ela a caminho do banheiro do andar de cima.

Por muito tempo ninguém fez o tipo de pergunta que levava os joelhos de Sloane a ceder. Ela não se sentia humilhada. Afinal, tinha uma rotina que envolvia balas de menta e escovas de dentes e sabia secar o brilho molhado de seus olhos depois que terminava.

Ao mesmo tempo em que ficava grata por seu segredo estar seguro, ela não entendia por que ninguém a confrontava. Havia tantas pessoas ao redor e, no entanto, apenas duas disseram algo. Uma foi sua amiga Ingrid, a outra, a mãe de Ingrid. Em uma tarde ensolarada de primavera, quando as meninas tinham dezesseis anos, Ingrid, a mãe e Sloane estavam na sala de estar da casa de Ingrid, quando a mãe dela perguntou: Sloane, o que está acontecendo? Você está descarnada. E Sloane deu as desculpas habituais. Disse que comia muito e que não sabia o que estava acontecendo, que talvez seu metabolismo estivesse acelerado. Ela fingia estar sempre comendo. Tinha vários truques confiáveis. Quando chegava à casa de outra pessoa, dizia que estava cheia, que tinha acabado de comer um hambúrguer e batatas fritas. Assim ninguém perguntava se ela queria comer algo. Quando ficava diante de um prato que não podia evitar, movia a comida, espalhando molhos calóricos ao redor do prato e enxugando-os com pedaços de pão que deixava na borda. Cortava a comida em vários pedaços e segurava o garfo no ar, de forma que parecia estar consumindo ativamente. Enquanto isso, sempre bebia. Garrafas de água, Coca Diet, chá, café. Sempre tinha uma bebida na mão. Sua amiga Ingrid perguntava: Por que está bebendo tanto líquido? Por que você bebe essa quantidade de café, suco e água o tempo todo? Por que está ingerindo tanto *líquido*, Sloane?

A resposta, aquela que Sloane não podia dar à melhor amiga, era que estava faminta.

lina

O posto de gasolina às margens da rodovia 144, em Mooresville, já está praticamente fechado naquela noite, mas as bombas continuam funcionando para pagamento com cartão de crédito. Ela achou que nunca mais o veria depois que ele foi embora do hotel. Toda vez que o vê, ela tem certeza de que será a última, então sofre o tempo todo. Embora devesse estar se divertindo, a sensação predominante é a de uma morte lenta e silenciosa.

Eles estão no carro dela, porque é maior e mais novo. O rosto dele é tão bonito que ela não consegue imaginar um momento no futuro quando não vá se preocupar que alguém esteja olhando para ele. Ela cria coragem para fazer algumas perguntas sobre a mulher dele, cujas fotos viu no Facebook. Lina a acha mais bonita que ela. Ao menos era mais bonita, antes de ter a filha. Depois ganhou um pouco de peso. Mas continua atraente.

Sob o brilho verde das luzes da bomba, Lina conta a Aidan sobre Ed. Como está se preparando para sair de casa, ou mandar Ed sair. Ela deixa claro que faria isso amanhã se Aidan a quisesse. Espera que, ao falar sobre como não gosta de Ed, Aidan fale sobre a mulher.

Lina está menstruada de novo, então abre o zíper da calça enquanto ele observa e começa a chupá-lo. É a primeira vez que vai fazer um boquete até o final. Em geral, com Ed, ela o chupava um pouco, mas ele parecia desconfortável com a boca dela lá embaixo, então a puxava para cima e eles começavam a transar.

Ali, com Aidan, ela não quer parar. Quer que ele se sinta bem. É a primeira vez que compreende a ideia de fazer amor com alguém usando a boca.

Isso é a melhor coisa do mundo, ela diz a ele. Ai, Deus.

E, Deus, como ele gosta. Minha nossa. Ela percebe que ele está adorando.

Porra, mulher, ele sussurra. Caralho, você me deixa louco. Caralho, Lina. Porra, Lina. Puta que *pariu*. Caralho.

Ela não se importa com o *porra*, mas os *caralhos* ferem seus ouvidos. Mesmo assim, decide esquecer, decide aproveitar todo aquele momento, viver dentro daquele momento, o pênis dele em sua boca, a sensação gloriosa de dar prazer àquele homem que é tudo para ela.

E então ele goza. O gosto é maravilhoso. Ela provou apenas dois outros caras, e eles não eram nem um pouco parecidos com aquilo. Ambos eram azedos. Um deles tinha gosto de alface velha. Eles a fizeram não querer repetir a experiência.

Logo depois que ele goza, ela sente a dor selvagem. Aidan não parece notar, porque começa subir o zíper quase no mesmo instante.

Tudo bem, pode ir, ela diz brutalmente.

Ele para e toma o rosto dela nas mãos. Ele garante a ela que é mais do que apenas sexo. Diz que não está brincando com ela. Enche seus ouvidos com aquelas palavras maravilhosas. É a primeira conversa adulta de verdade entre eles. Ele não está bêbado. Ele está falando! As dores e agonias de Lina desaparecem de novo, como no hotel. Pela primeira vez desde então, ela dirá à amiga, eu parei de sentir tanta dor.

Deus, como ela sentia falta e precisava daquele tipo de toque e carinho. Ela sentia falta de paus grandes! Na verdade, nunca tivera muitos. Tinha sido criada em uma família católica, ainda é católica e não é o tipo de pessoa que brinca sobre ser uma católica em recuperação, mas também está em contato com as próprias carências.

Ele lhe diz que trabalha a porra do tempo todo. Que faz isso pelas filhas, uma tem um ano e a outra tem quatro.

Lina tem dificuldade em encontrar as palavras certas. Ele costuma ser tão calado, mas está falando agora, e quando pessoas caladas abrem a boca, o mundo inteiro ouve.

Por fim, ele diz: sra. Parrish, precisamos parar de nos encontrar e nos agarrar assim.

Agora ela quer matá-lo. Quer estripá-lo. Por chamá-la de sra. Parrish, seu sobrenome de casada. Por fazê-la se sentir como um nada, ou apenas que não é nada para ele.

Aidan, eu não chamaria o que temos feito de *se agarrar*.

Ele sorri. Acho que você tem razão, Garota.

Aidan?

Oi, Garota? Olhe, escute. Eu não quero magoá-la.

Lina sabe que a tradução literal de *eu não quero magoá-la* é eu quero fazer sexo com você, mas não a amo. Lina entende isso em algum nível, mas não consegue acreditar completamente. Passou tantos anos morta, ou morrendo aos poucos, e agora voltou à vida.

Ele encontra o clonazepam na bolsa dela quando procura por cigarros, que ele fuma, mas ela na realidade não. O que é isso, ele pergunta, segurando o frasco como alguém que bebe, mas não toma comprimidos.

É minha pílula do relaxamento, responde Lina timidamente.

Eu tomo, ela não diz, por sua causa.

Mais tarde, dirá às outras mulheres o que sabe que precisa fazer, para ficar com ele.

Eu sinto tanto a falta dele, ela diz. Mas vou continuar agindo como se estivesse bem, como se ficasse ótima, me encontrando com ele ou não. Ele me fez tantas perguntas no posto de gasolina naquela noite, sobre o que quero e por que quero ficar com ele. Quando me abri, ele me disse várias vezes: Eu não quero magoá-la, então provavelmente é melhor pararmos por aqui. Então agora eu aprendi a representar, a fingir que não vou sofrer se pararmos, porque é uma das coisas que faz com que ele continue saindo comigo. A ideia de que eu não *preciso* encontrá-lo. Mesmo que ele saiba que estou mentindo. E a verdade é que eu não suportaria não voltar a vê-lo. Se me encontro com ele no domingo, fico no céu, e na segunda-feira ainda me sinto ótima. Mas na quarta-feira dói. Na quinta-feira, parte de mim morreu.

Naquela noite, no carro, Lina balança a cabeça com fúria. Não, ela diz. Não, você não vai me magoar. Ela sorri corajosamente. Como poderia me magoar, seu bobo?

Mas...

Shh, amigão, ela diz. Shh, colocando o dedo nos lábios dele, um gesto que queria fazer havia muito tempo.

Certa noite, Aidan está em St. Louis a trabalho. Lina está na sala de estar com Ed. Ela teve um dia agradável com Della e Danny e os filhos dos vizinhos, e quer pensar sobre sexo de uma forma positiva, então vai a um seminário chamado Católicos Amam o Sexo, em uma igreja próxima. É no porão, que cheira a hóstias e a água velha. Em meio ao grupo de jovens universitários, Lina é a única mulher adulta. Há um padre, que é mais jovem que ela, e uma moderadora adolescente. Uma garota alta no canto diz que o diabo tenta os humanos com sexo todos os dias. A moderadora pergunta: Como aprendemos sobre sexo hoje? E Lina levanta a mão e diz: Família. Todos os jovens meio que arrastam os pés como se aquela definitivamente não fosse a resposta certa, e a moderadora diz: Certo, boa resposta, mais alguém? E quase todo mundo responde: Mídia. Nós aprendemos na mídia.

Lina se irrita. Ela se sente totalmente por fora. Pensa nas mãos fortes de Aidan. Levanta-se e vai embora no meio do seminário. Volta para casa, um lugar que entende mesmo quando se sente aprisionada. Na sala de estar, abre o Facebook. Ed está a um metro de distância, assistindo à televisão, bebendo o que ela supõe ser a mesma cerveja que ele estava bebendo quando ela saiu. Quem sabe. O Facebook se abre em seu azul colegial. Ela fica sem ar. Aidan está online!

Oi, Grandão, ela escreve. E ajusta a postura para o corpo bloquear a tela. Vira-se para olhar para Ed, depois se vira de volta.

Oi, Garota.

De alguma forma eles chegam àquele lugar. Sem nem ao menos erguer um dedo, ele a leva para aquele lugar onde ela descreve, em três longas mensagens de bate-papo, como eles estariam fazendo amor se ela estivesse lá. Como ela o deixaria completamente maluco.

Eu apareço, você me puxa para perto, nenhum de nós dois diz nada, você começa a me beijar, desliza sua língua para dentro da minha boca, e nós nos saboreamos por um longo momento, você desliza minha blusa por sobre a cabeça, me despindo devagar. Quando está se levantando depois de tirar minha roupa, você para nos meus seios e os chupa, então eu digo como você pode me pegar e me deitar na cama porque você é tão forte. Você olha nos meus olhos, esfregando lentamente seu pênis em mim para espalhar a umidade.

Olhando nos meus olhos, você me penetra e repete o ritmo maravilhoso daquela primeira noite: três penetradas superficiais, depois uma estocada profunda, três superficiais e uma estocada profunda, eu ofego cada vez que você penetra mais fundo em mim, sussurro em seu ouvido para não parar, você coloca os braços em torno de mim e me puxa para mais perto enquanto vai mais e mais rápido. Com a perna e os braços eu viro você, e você continua dentro de mim durante o movimento. Agora eu estou em cima de você, você ainda me segura perto do corpo, me beijando apaixonadamente c/ essa sua boca gloriosa ;)

Eu sento e começo a cavalgá-lo, e estou tão molhada e, Deus, é tão gostoso trepar com você, você se senta, eu ainda estou no seu colo, e toma meus lábios em sua boca, em seguida chupa meus seios de novo, eu fico cansada e você me vira e fica por cima de mim enquanto ainda está dentro de mim, me penetrando tão lindamente que eu grito seu nome muitas vezes ou eu poderia tentar ficar quieta e sufocar meus gritos, o que você quiser ouvir e ver é o que eu vou fazer, e eu adoro ouvir meu nome sussurrado e seus gemidos profundos enquanto gozamos juntos, orgasmos tão violentos e poderosos, você goza dentro de mim e me preenche inteira, e você ama isso mais do que qualquer coisa que já tenha sentido c/ outra, nós desabamos, exaustos e felizes, você continua olhando nos meus olhos e me dando vários beijos apaixonados, e não indiferentes, como fez na primeira noite em que estivemos juntos.

Aidan adora. Ele pergunta se ela já gozou. E começa a pedir fotos, mas Ed está a um metro de distância, sentado em sua poltrona, zapeando no controle remoto. Ela diz a Aidan que não pode tirar nem enviar nenhuma foto. Ele continua pressionando. Ela continua dizendo não.

Bem, não quero que você faça nada que não queira.

E completa, irado: Era você que queria que eu gozasse!!! Fotos ajudariam.

Lina começa a sentir que ele a está usando apenas quando tem vontade. Ela precisa deixar bem claro que não é uma prostituta, então escreve: Aidan, eu não posso apenas trepar com qualquer homem. Especialmente se esse homem for você. Tem que haver sentimento envolvido. Você sabe o que sinto por você, e estou supondo que não sinta o mesmo por mim.

Tá.

Isso foi tudo o que ele escreveu, e o coração dela parou.

Antes de começar a sair com Aidan, Lina lembrará ao grupo de discussão, as atitudes do marido a despedaçavam.

Vocês conseguem imaginar?, ela pergunta, percorrendo a sala com os olhos. Conseguem imaginar o que é implorar para ser tocada? Pelo homem que jurou amá-la para sempre?

Ela conta como a noite chega, a noite em que se completam três meses inteiros que Ed não a toca. Eles estão deitados em sua cama king size. Do lado de fora das portas de correr, todo o seu quintal escuro e limpo dorme. No andar de cima, as crianças dormem. Ele não sabe que ela marcou aquela noite. Se vivessem em tempos de feitiçaria, o relógio batendo à meia-noite seria o momento fatídico, e todas as corujas e falcões-da-noite de todos os galhos no quintal purpúreo estariam observando e esperando, e veriam os grandes olhos cinza-azulados de Lina se abrirem quando, no relógio digital à cabeceira da cama, a meia-noite cortasse o ar com seus fantasmagóricos sabres de neon.

Ela o sente se virando na cama sem tocá-la, sem roçar seu ombro pálido com a mão, sem beijá-la entre a linha dos cabelos loiros e macios e a clavícula, sem colocar a palma sobre a curva logo abaixo de sua nova cintura estreita e o sólido osso inclinado de sua pelve. Ela sente o peso frio da ausência de toque em cada milímetro de pele de seu corpo. Sente todas as manhãs e noites, durante três meses, em que ele não fez amor com ela, nem mesmo a cutucou na lateral do corpo. Ed se vira. Lina olha para o teto e em seguida fecha os olhos. Ela está fervendo. Até aquela noite, nunca tinha entendido exatamente o que significava ferver. Nunca tinha entendido que a dor pode facilmente parecer a raiva mais incapacitante.

A sensação o *ofende*.

Durante onze anos, o homem ao seu lado na cama não a beijou de língua, e essa é uma das únicas coisas que ela pede. Ela se lembra dos olhos claros e confiantes da terapeuta que disse: *Bem, tudo bem. Isso é normal.*

Lina odeia os dois.

Então fecha os olhos com força e visualiza a si mesma dando um soco na cara dele, destruindo o rosto dele com o punho, *esmagando-o* por completo com as bênçãos de todas as corujas e de todas as minhocas do quintal. De modo que, quando ela olhasse para o travesseiro branco dele, no lugar da cabeça adormecida haveria um Stonehenge de ossos rosados.

Na manhã seguinte, a chuva está tão forte que se choca contra a janela em rajadas inclinadas. O novo empreendimento imobiliário onde Lina mora parece se estender para sempre, se espalhando em verdes e cinzas encharcados à distância.

Lina pergunta: Eu liguei o forno?

Em seguida olha para o forno e diz: Liguei. Tudo bem.

Se você tem um marido que mal a toca. Se tem um marido que a toca demais, que pega sua mão e a coloca no pênis quando você está tentando ler sobre cercas elétricas para golden retrievers. Se tem um marido que joga videogame mais do que toca seu braço. Se tem um marido que come o pãozinho do seu prato quando você o deixa ali, mas ainda não está totalmente satisfeita. Se não tem marido. Se seu marido morreu. Se sua esposa morreu. Se sua esposa olha para seu pênis como uma sobra de bolo de carne que ela não quer comer, mas ao mesmo tempo se recusa a jogar fora. Se sua esposa sofreu um aborto já com a gravidez avançada e não é mais a mesma pessoa, e vira as costas para você ou envia e-mails para outra pessoa. É impossível estar com Lina e não pensar em tudo que está faltando em sua vida, ou em tudo o que você acha que está faltando porque não se sente completa por conta própria.

Ela pergunta: Danny, você quer ver os nuggets assando? Ela acende a luz do forno, Danny vem correndo para ver, ela sorri e diz em voz alta: Você encontra pequenas maneiras de distrair as crianças. Você precisa encontrar mil maneiras diferentes por dia.

Danny pega um convite da mesa. É um biscoito embrulhado em celofane amarrado com fitas azul-bebê, e a cobertura azul do biscoito diz: *Venha para a festa de aniversário do Cole no Wonderlab!*

Nossa, que legal, Lina diz cheia de sarcasmo. A mãe de Cole é muuuuito *organizada*.

Ela coloca o convite de biscoito em uma mesinha ao lado dos mini-livros *Nãos para esposas* e *Nãos para maridos*, pequenos exemplares de humor contendo as regras dos anos 1950 para ser uma boa dona de casa e um bom marido.

Os nuggets ficam prontos e Danny empurra o prato para longe como uma garota francesa recusando os avanços de um amante.

É melhor você não comer isso! Lina diz. Não vá comer esses nuggets!

Foi assim que a mãe de Lina o ensinou a comer. Lina não gosta, mas às vezes é a única técnica que funciona.

Danny, querido, ela diz, beba seu leite. Danny gorgoleja algumas palavras. Ele tem uma linguagem arrastada e modular como blocos de Lego, mas Lina a conhece intimamente.

Você quer um biscoito. Não, meu amor, os nuggets primeiro.

Lá fora a chuva é ensurdecedora. Eles estão em uma parte despovoada do estado de Indiana, onde os terrenos e os materiais de construção são baratos e, por isso, as casas são grandes, com gramados verdes e frescos, casinhas de brincar, casas na árvore e balanços.

Você tem que mastigar cada pedaço cinco vezes, amigão. Conhece as regras.

Para a sobremesa, ela corta morangos, e é quase época de Natal, então está cantando "The Newborn King". Não há som na casa além da voz de Lina. Quando Danny se move no cadeirão, um rangido alto perfura o momento.

Lina se sente claustrofóbica por ficar em casa o dia todo, então dá muitas voltas de carro. Quando Danny termina de comer, ela entra no carro sem um casaco de inverno e o coloca na cadeirinha no banco de trás. Está levando lanches e roupas de frio, apenas para o caso de o carro enguiçar e eles terem que ir embora a pé, ou para o caso de o mundo acabar. Dá a partida dentro da garagem, e o chão ressoa. Por causa da profunda quietude naquele condomínio, parece que uma fera gigante está despertando.

Danny dorme no banco do carro enquanto ela atravessa hectares de terras agrícolas ressecadas por causa do inverno, passando por estradas cor de fígado que serpenteiam para dentro de bosques. Ela permanece nas vias principais a maior parte do tempo. Mas, de vez em quando, entra por uma estrada secundária na reserva natural, que é uma sopa escura em meio à chuva. Há um rio de lama de um lado, com árvores caídas e terras agrícolas demarcadas do outro, caules cor de manteiga se agitando ao vento como moinhos quebrados. Mesmo no meio do nada naquela parte de Indiana, dá para ver linhas de transmissão a distância.

A dra. Laura começa a falar no rádio. Lina tinha acabado de dizer a uma amiga que não estava bem. Que se sentia tão mal que parecia que suas entranhas se recusavam a ficar dentro do corpo. A dra. Laura está dizendo a uma mulher para se recompor e deixar de ser egoísta. "O declínio do galanteio foi um completo desastre. Os indivíduos evitam para sempre se tornar adultos ou não têm nenhuma sensação de bem--estar. A vida tem absolutamente zero sentido se você não vive para outra pessoa. Além disso, nossos filhos sofrem. Costumávamos pensar que a maternidade era tão americana quanto a torta de maçã, mas não mais. As mulheres abandonam suas responsabilidades como mães..."

Em cidades como a de Lina, as pessoas são consideradas boas se não traírem, se não saírem de casa. Lina está tendo um colapso mental porque ninguém se importa. Ninguém morreu, então ninguém se importa. Ela sente que está sufocando. Tem filhos que precisa manter vivos dia após dia, e se algo acontecesse com eles, ela morreria, mas ao mesmo tempo, eles são pesos. Ela se sente sozinha nos cuidados com eles. Se sente sozinha nos cuidados consigo mesma. Gostaria de poder deixar de cuidar de tudo. Gostaria de poder atear fogo à casa. Gostaria que o marido a tocasse e a fizesse se sentir viva. Ela tentou contar isso a uma amiga. Tentou pedir ajuda. Ah, Lina!, disse a amiga, rindo. Claro que se sente péssima, você é casada!

Ela tem dificuldade de se lembrar da maioria das coisas, mas se lembra daquela noite quando se completaram os três meses.

Ela tinha ido para a cama todas as noites antes daquela pensando: É melhor você me tocar hoje à noite. É melhor tentar alguma coisa.

É melhor você tocar sua esposa.

Na televisão, assistia a sitcoms em que mulheres diziam estar com dor de cabeça e afastavam o marido. Lina, pelo contrário, movia o corpo para mais perto de Ed, para tentar gerar um pouco de calor entre a metade inferior dele e a sua.

Ela olha pela janela do Suburban e se pergunta quem será o proprietário da grande área de terra pela qual passa todos os dias na State Road 46. Faz tanto tempo que nada é plantado ali que a única coisa que se vê é um ocasional pé de milho cor de âmbar. Há uma placa de ENTRADA PROIBIDA fincada no chão frio.

Os caules aos poucos dão lugar ao comércio. Um posto de gasolina Marathon vende cigarros pelo preço mínimo permitido no estado. Na rua principal, ela passa pela prefeitura, menor do que uma banca de jornal, mas solidamente feita de pedra calcária. Todos aqueles prédios baixos e planos são feitos de pedra calcária porque Indiana é a capital mundial do calcário. A empresa de calcário que fica no caminho para a casa de Lina cortou as pedras e ajudou a reconstruir o Pentágono depois do Onze de Setembro. É pleno inverno e tudo está da cor de anchovas e estrume, com árvores esqueléticas se erguendo a distância. A igreja local vai realizar um concurso de culinária para eleger o melhor chili na próxima semana, e uma mulher está de pé nos degraus frios usando um vestido rosa e um chapéu branco com uma faixa de flores de tecido em tons pastéis. Há uma agência de correios construída com pedra calcária e uma floricultura construída com pedra calcária e uma casa de câmbio construída com pedra calcária e, espremida entre a casa de câmbio de pedra calcária e a pequena e achatada prefeitura de pedra calcária, a loja de consertos de computadores, que não é de pedra calcária, mas de madeira.

Ela passa por um trailer onde há um Corvair quebrado com as rodas na varanda. Há um barraco de chapas de metal colina abaixo com um grafitti roxo que declara PAREM OBAMA. Ela passa por sofás rasgados com porta-copos, voltados para o nada. Vê placas que dizem JESUS ESTÁ VINDO ESTEJAM PREPARADOS e HÁ APENAS UM CAMINHO PARA O PARAÍSO e desce outra colina, que leva ao coração de uma cidade, de acordo com Lina, esquecida pelo tempo. Redomas de esterco em terras agrícolas verde-floresta, planas e vastas. Ela passa pela escola de pedra calcária que seus filhos frequentam, pelo Mercantile e pelos correios, onde dá para comprar Coca-Cola empoeirada e frango frito por dois dólares. Embora haja muita terra disponível, todos os casebres e casas estão imprensados uns ao lado dos outros. A igreja parece abandonada, mas não está, e Lina diz que o problema com aquele lugar é que os moradores não pagam os impostos então ninguém presta atenção de verdade no que precisa ser consertado. Há um consenso de que, quando alguém não quer mais alguma coisa em casa, pode simplesmente jogá-la no quintal.

Os pais de Lina nunca cortaram o cordão umbilical. Nunca trataram as filhas como adultos capazes de pensar de maneira independente. Lina, a mais nova, é a única que ainda se mantém de pé. É assim que ela descreve. Ela quer dizer que não se submeteu. Ou um dia se submeteu, mas agora é independente. Suas irmãs, que são duas intrometidas, têm trinta e quatro e trinta e oito anos, mas agem como se fossem décadas mais velhas e a fazem se sentir culpada por tudo que faz e que elas não fariam. A mãe de Lina costumava pedir ao pai de Lina para fazer coisas pela casa de uma forma que Lina, mesmo quando criança, reconhecia como uma maneira que a mãe encontrara de compensar sua falta de amor. Lina fazia o mesmo com o Ed. Se ele não tentava fazer amor com ela por um mês inteiro, ela pedia que ele limpasse a garagem.

O médico que cuida dos hormônios de Lina disse a ela que, quando se nega às pessoas certas partes dos relacionamentos de que elas precisam quando crianças, elas buscam essas partes na vida adulta. Quando a mãe é muito severa, ele disse, os filhos podem ver o sexo sendo usado como mercadoria. E em um lar como esse, surge muita vergonha. Lina sente muita vergonha em relação ao sexo; ela vê em si mesma os sinais de alguém se chocando contra todos os tabus que pode encontrar para ver se são reais ou não. Seu médico acha que isso acontece porque ela não teve um relacionamento próximo com o pai.

Por fim, ela começa a dirigir de volta para casa. Não há outro lugar para ir. Está desperdiçando gasolina. Ela chega ao lugar onde as casas malcuidadas dão lugar a novos empreendimentos geométricos. A casa de Lina fica em uma rua cuja placa de entrada diz LIBERTY JUNCTION e parece um letreiro de *De volta para o futuro*, algo que era moderno nos anos 1980. São três da tarde, crianças estão sendo deixadas em casa pelos ônibus escolares e um menino arrasta uma lata de lixo verde pela calçada a caminho da porta de casa.

Lina sabe que nem tudo é culpa de Ed. Vejam, ela disse para as mulheres do grupo de discussão, eu fiquei louca depois que tive meus filhos. Além disso, meu corpo demora um pouco para se recuperar, então tenho certeza de que isso o afastou ao longo dos anos. Entre altos e baixos, fiquei mais maluca do que um guaxinim de estimação. E aqui estou contando o meu lado, então é óbvio estou enfatizando os defeitos dele e me colocando no papel da vítima. Tenho certeza. Mas cheguei a um ponto de ruptura. Eu estava no nosso quintal olhando para os brinquedos das crianças e pensei em tudo o que perdi durante esses anos. Pensei no fato de ser infeliz o tempo todo. Pensei comigo mesma que, se meu marido simplesmente fizesse o que peço, se simplesmente me amasse o suficiente para me *amar*, então eu ficaria feliz. Por que estou vivendo essa vida? Qual é o sentido de me deitar naquela cama todas as noites? E eu disse que, se chegar a três meses, vou embora.

E então se completaram três meses, e Lina se tornou — não da noite para o dia, porque aquilo vinha se acumulando havia anos, mas da noite para o dia subiu do fundo de sua carne até a superfície — uma mulher que não seria esquecida. Ela não seria como suas irmãs, desaparecendo nos verdes e marrons horrorosos do inverno de Indiana. Ela não seria toda mulher que tem filhos, cuida deles e da casa e tem hobbies como cerâmica, mas nada que a alimente além disso.

Então, como em um conto de fadas, uma manhã ela acorda e sua pele está de um tom diferente. Como os estegossauros de frango no forno limpo, ela foi de amarela a dourada. Lina tem um eu. Toda a dor de crescer, de ouvir que não era boa o suficiente, seguida do casamento com um homem que parecia um cilindro, algo através do qual a vida passava sem nenhum acúmulo de sabedoria ou inspiração. Todas aquelas noites assistindo a ele e seus amigos beberem cerveja e falarem sobre nada, sem que ele a tocasse, então qual era o sentido de jogar no lixo todas aquelas latas de cerveja para todos aqueles homens inúteis. Qual é o sentido de qualquer coisa. Qual é o sentido de lavar todas as cuecas dele. De um homem que não toma nenhuma decisão. Um homem que nem sequer decide a rota do próprio dia. Tudo isso estava se desprendendo como o peso que ela havia perdido. Quilos de anos. Quilos de desespero.

Chega, ela diz.

Naquela noite, Lina prepara o jantar como sempre e coloca as crianças para dormir como sempre e então sugere a Ed que eles vão para a jacuzzi. Ele diz: Claro, talvez porque o jeito como ela pergunta seja impositivo.

O tempo todo Lina pensa: Acabou. Você vai tomar coragem, Lina, e fazer o que precisa fazer por si mesma. Chega de ser solitária e infeliz.

Seu novo corpo entra primeiro, e Ed entra em seguida. Sua mente não está embaçada, ela está pensando com clareza pela primeira vez em muito tempo. Você tem trinta e dois anos, diz a si mesma. Sua vida está passando depressa. Se esperar até ter cinquenta e dois, quando as crianças já estiverem crescidas, as chances de encontrar alguém serão menores.

Ela está cansada de constantemente perder oportunidades de alegria. Pensa em uma estação de cultivo, sabe que se alguém perder o mês de março para o plantio da mostarda, terá que esperar um ano inteiro para plantá-la. Terá que comprá-la no mercado, e mesmo assim não a encontrará em Indiana, não com facilidade. Muitas pessoas em sua cidade não gostam de hortaliças. Elas valorizam milho, fast-food e coisas fritas e, quando cozinham legumes, o fazem até cansar.

Pense em todas as vezes que você andou pela casa nua e ele nem sequer tirou os olhos de sua revista idiota. Você teve vontade de dar um soco na cara dele. A raiva amarga, tão visceral que você podia senti-la na boca. Como pode não me beijar? Você precisa fazer algo a respeito, Lina. Precisa, antes que seja tarde demais.

Ela inspira profundamente o ar que a estrangula e em seguida diz: Ed. E ao dizer o nome dele, sabe que aquilo é algo que não se faz, não ali em Liberty Junction, não em sua antiga rua, não naquela família, não em sua primeira família. Aquele não é o caminho que o mundo escolheu para ela, mas, porra, *não*. Ela diz: Ed.

Ed, ela diz. Eu quero a separação.

maggie

Durante dias há a escuridão total. Maggie não conta a ninguém. Na verdade, ela não pode contar a ninguém. Pega toda a dor e a guarda dentro de si, um pedaço longo e frio de obsidiana, com o comprimento e a forma de seu corpo. Ela imagina a morte como a única liberdade possível.

Mesmo que pudesse contar a uma amiga, sabe que ninguém entenderia. Porque, quando acontece um rompimento daquela magnitude, as outras pessoas podem pensar que há uma libertação, uma fuga da prisão de estar atrelada a outra pessoa, de estar tão obcecada pelo parceiro que não se consegue aproveitar a organização desatenta de um dia de lavar a roupa. Mas o oposto é verdadeiro. A prisão de Maggie é todo o mundo exterior. É a maior prisão que existe e ela pode ir a qualquer lugar que queira. Pode pegar um avião para o México, dormir na areia e transar com o primeiro que aparecer. Pode ganhar na loteria, engravidar. A ironia é que ela não quer nada disso. Ela quer estar dentro dos únicos 23 mil centímetros cúbicos de osso nos quais não pode estar.

Ela não questiona por que é apenas ele quem decide. Entende que agora ela não tem voz.

Depois que a ligação termina, vomita violentamente no vaso sanitário. Em grande parte bile. Os ladrilhos nos quais está ajoelhada estão gelados e a neve do lado de fora da janela deixou de ser bonita. Ela diz à mãe que está se sentindo mal e não sai mais do quarto pelo resto do dia.

O mais complicado é que ele era a pessoa para quem ela contava tudo. Agora teria que procurar uma das pessoas de quem se afastou. Sammy? Ela não conhecia os precipícios interiores de Maggie. Os pais? Eles eram atormentados por seus próprios demônios, e ele a estava ajudando a aceitar as limitações dos dois. Ele a estava ajudando a se libertar deles. Seus irmãos? Eles tinham os próprios filhos, seu próprio sistema de medos e ressentimentos. Moravam longe e toda vez que ela estava ao telefone com um deles, eles eram distraídos por uma criança no colo e sempre havia alguém para buscar em um campo de esportes. Alguém mais na Dakota do Norte? Os conhecidos que fingiam ser legais, mas no fundo eram mesquinhos e subversivos. Eles não podiam ajudá-la, eles não a amavam.

Depois da ligação mortal há uma grande tempestade, bíblica na proporção e no momento em que ocorre. A semana de aulas é cancelada. Maggie se refugia em seu quarto durante dias e não come absolutamente nada. Os ataques de pânico vêm com fúria e muitas vezes são interrompidos com amargor pelo sono. Quem diz que o sono é um bálsamo não leva em conta os pesadelos. Mesmo na ausência de sonhos, quando está dormindo, você fica sistematicamente alheio ao breve alívio da dor. O sono não é um bálsamo, é uma estupidez. É uma lacuna no tempo, uma lacuna na dor.

A única coisa que o sono faz é levá-la de volta ao começo, de modo que cada vez que acorda, Maggie tem que reconstruir o evento, apreender mais uma vez que o amor de sua vida disse: Acabou. Tudo o que você achou que possuísse está acabado. Vá para qualquer lugar do mundo, exceto para os meus braços.

E ela não podia nem falar sobre isso. Porque ele era também seu professor.

É discutível se é melhor ouvir um *não* para sempre ou ser esticado como couro, à espera de uma palavra, do reacendimento. Algumas pessoas podem argumentar que não existe para sempre, que mesmo no caso de um suposto para sempre, todo mundo sabe que isso significa apenas que você está em uma lista de espera. Que se todos os outros morrerem, então talvez ele ligue para você.

Ela sabe que não há amor-próprio em esperar. Ao mesmo tempo, compreende que estaria machucando apenas a si mesma se não o aceitasse de volta.

Na primeira vez que ela o vê depois da ligação, a nevasca já passou, e resta apenas a neve derretida perfurada pelos cigarros. Ela fica depois do horário de aula e implora. Para que a vida volte a ser o que era. Não suporta a ideia de que, se não tivesse enviado aquela única mensagem, tudo estaria normal. Não suporta ter provocado o fim de sua própria felicidade. O inverno com Aaron significou mais do que todo o resto de sua vida.

Ele conta a ela o que aconteceu: como Marie encontrou a mensagem e como Aaron mentiu e disse que W era uma colega da área educacional do Colorado. Ele admitiu estar tendo um caso, mas mentiu sobre a identidade da amante. W era para o *woman*, mulher, não para Wilken.

Ele diz que precisa ficar, pelas crianças.

Ela está com ódio de você?, Maggie pergunta.

Às vezes acho que sim, ele responde. Em seguida fica frio, como se ela estivesse ultrapassando um limite. Ele diz: não vou mudar de ideia, Maggie.

Ela enxuga as lágrimas, vai embora e passa o resto de seu último ano escolar como uma pedra no rim. Não quer se formar, quer morrer. Fica pálida e intratável. O pior é que ainda tem que assistir às aulas dele.

Ela não pode nem ao menos se deleitar com o papel de puta do mal. Aaron disse a Marie que a mulher com quem estava tendo o caso não era nada, ninguém, um deslize insignificante. Maggie não é nem ao menos alguém odiada. Ela é uma pessoa insignificante que ninguém conhece.

Como tarefa de casa, ela deve fazer um vídeo sobre o último ano para a aula de Aaron. O tipo de vídeo que, antes do término, estaria repleto de piadas internas e "eu te amo" codificados. Agora o vídeo é melancólico, cheio de canções que a fazem lembrar dele. Sua família e seus amigos aparecem em destaque no vídeo. Eles se comportam no vídeo como se Maggie ainda fosse Maggie, mas ela não é. Estão assustadoramente inconscientes de quão pouco tudo aquilo significa para ela. De quão perto da morte ela está.

Em um projeto em grupo na aula de Aaron, um atleta diz em voz alta que Maggie não participa o suficiente. Ela perde a cabeça na frente de todos os outros alunos. Ela o xinga em voz alta. Tem certeza de que Aaron não vai mandá-la para a sala do diretor. Ele não vai fazer nada que a magoe mais, ela sabe. Ou ele tem medo dela. Não faz diferença.

Embora Maggie não veja Aaron com muita frequência fora da sala de aula, ele às vezes sugere que ela fique mais um pouco depois da aula, e é nesses momentos que pergunta como ela está. Às vezes, ela responde com sarcasmo: Como você acha? Às vezes, diz simplesmente: Sinto sua falta. E todas as vezes ele a olha com uma expressão angustiada, mas não há dúvida sobre a finitude. Ela acha que ele talvez goste. Talvez ele precise saber que ela ainda está morrendo por sua causa. Durante algumas semanas, ela se afasta por completo. Tenta se proteger. Um dia, depois de sua aula, Aaron diz para Maggie ficar mais um pouco.

Tem algo importante que preciso dizer a você, ele fala. É sobre Murphy.

Aaron diz que Shawn Krinke viu Aaron deixar o TGI Friday's naquela noite. Aaron não sabe o que ele viu de fato, mas ele viu *alguma coisa*. Então o sr. Krinke contou ao sr. Murphy, que já tinha suspeitas, porque Maggie saía da aula de jornal e dizia que ia até a sala de artes, ou ao banheiro, mas na verdade ia para a sala de Aaron.

Maggie relembra a noite em que o buscou no restaurante. Estava escuro, mas ela não podia garantir que Krinke não pudesse ver que era ela, de dentro do restaurante. Ela sente que é sua culpa, que ela precisa resolver aquilo.

Então Murphy e Krinke pensam que estamos juntos?, pergunta Maggie.

Bem, nós não estamos...

Que nós estávamos?

Não sei, talvez.

Bem, *eles* que se fodam.

Maggie fica feliz por, de repente, ter uma maneira de externar sua dor que é mais próxima da raiva que do sofrimento. Ela diz a Aaron que quer confrontar Murphy.

Isso não é uma boa ideia, diz Aaron. Ele parece nervoso e frustrado com a imaturidade dela. Às vezes ele parece angustiado, o herói que mantém um casamento de merda porque ama demais os filhos. Outras vezes, parece do jeito que está agora.

Maggie olha para o relógio. Ela vai se atrasar para a próxima aula, então diz a ele que vai voltar mais tarde para ouvir toda a história, para pensarem em um plano. É de certa forma reconfortante que eles tenham essa última missão para cumprir juntos.

Mais tarde, Maggie se levanta no meio da aula de jornal do sr. Murphy e volta para a sala de Aaron. A aula do sr. Murphy é muito diferente de todas as outras porque nos primeiros quinze minutos eles se atualizavam sobre os progressos de cada um, mas depois os alunos ficavam livres para terminar suas histórias. Podiam assinar a chamada e sair para fazer entrevistas ou ir à biblioteca.

Mas Maggie tinha parado de assinar. Ela simplesmente saía.

Aaron está em sua mesa, corrigindo trabalhos. Ele parece lindo e tão distante.

Oi, ela diz.

Naquele exato momento, ouve alguém atrás de si. É Jeremy Murphy.

Ah, ótimo!, Maggie diz, de forma impetuosa. Que bom que está aqui. Quero saber por que você acha que tem alguma coisa acontecendo entre mim e Knodel.

Murphy começa a falar, tropeçando nas palavras.

Eu só queria que você tivesse falado comigo primeiro, se estava preocupado com isso, Maggie diz.

Neste momento, a voz de Aaron se eleva atrás dela.

Eu suponho, Aaron intervém, seu discurso súbita e bizarramente formal, que o sr. Murphy deve ter se sentido desconfortável com a natureza da... da nossa amizade, e talvez...

Sim, Murphy diz, é exatamente como o sr. Knodel estava dizendo...

Maggie fica sem fôlego. No passado, eles nunca se referiam um ao outro como senhor. Sempre usavam apenas os sobrenomes, como colegas.

Ok, tudo bem, já ouvi o suficiente, diz Maggie. Preciso voltar ao trabalho.

Ela e Murphy voltam para a sala de aula juntos. É extremamente constrangedor e eles caminham no mais completo silêncio.

Aquilo, ela sabia, sinalizava um novo tipo de término.

Ela começa a sair com um colega de trabalho do Buffalo Wild Wings. Fuma maconha com ele. Quando dá uma tragada, imagina que Aaron a está observando. Sopra pequenas lufadas subversivas de fumaça. Faz coisas que Aaron nunca vai saber. Deseja que o universo faça com que ele saiba que ela está sendo uma menina malcomportada.

Uma noite, há um jogo de basquete entre professores e alunos na escola, e uma amiga de Maggie, Tessa, vai jogar. Aaron também. Ele a avisa. Diz que os filhos vão estar lá, e ela sabe que isso significa que sua esposa também vai. Maggie diz a ele que não quer ir, não quer vê-lo mais que o necessário, e ele assente. Parece feliz porque ela não vai.

Tessa quer que todas as amigas estejam lá. Maggie diz que não vai, que não está com vontade, sente muito. Ela não pode dizer que Aaron reivindicou aquele território, que ele mijou por toda a escola. Afinal, ele é mais importante que ela.

No fim, as amigas a arrastam junto. Ela tenta esconder o rosto e em seguida o odeia por sorrir para a multidão, por parecer mais jovem que ela. Ele joga basquete melhor do que ela esperava. Tudo a respeito dele, que já era perfeito, de alguma forma ficou ainda melhor. A mulher e os filhos o abraçam efusivamente depois do jogo. Maggie passa a noite toda com um gosto de giz na boca.

Mais abusos se acumulam. West Fargo anuncia que vai sediar um show de talentos. Suas amigas, confusas sobre a razão por que ela anda tão triste, a forçam a participar. Elas ensaiam a coreografia de "Thriller" por semanas. Os trajes são roupas rasgadas de um brechó. A maquiagem é assustadora, elaborada e sexy. Quando se dá conta de como vai ser legal, ela pede a Aaron para ir. Ele nem finge pensar a respeito. Apenas diz que seria muito difícil. Elas acabam ganhando, e ele não está lá para ver que ela vale mais do que talvez ele tenha decidido.

Há coisas que ele faz com ela que não são de propósito, e que são piores porque significam que o universo segue dando voltas como se ela não existisse. Ele convida um escritor para uma das aulas, e o escritor decide ler um soneto de Pablo Neruda. É o mesmo soneto compartilhado por Aaron e Maggie durante o relacionamento deles. "Soneto XVI". Ela quer tomar veneno e morrer, mas fica sentada lá. Olha para Aaron, que articula com a boca sem fazer som: Desculpe. Ele lhe diz mais tarde que não tinha ideia de que o escritor ia recitar aquele soneto. Aaron costumava imprimi-lo e entregá-lo a ela de maneiras bonitinhas. Ou lhe enviava trechos por mensagem de texto. *Amo-te como se amam certas coisas obscuras, secretamente, entre a sombra e a alma.*

Então, há todas as coisas com as quais ela tem que viver, a memória dolorosa. Ela disse a ele, quando tudo começou, como amava seu cheiro. Então ele borrifou a colônia que usava no exemplar de *Crepúsculo* dela. À noite, ela vai para casa e enterra o nariz nas páginas do livro. Ela o cheira enquanto tenta pegar no sono.

À sua volta, as amigas se preparam para a formatura. Bebem cerveja, namoram, planejam o anuário, conversam sobre a faculdade e até as mais nervosas imaginam todas as maneiras como vão se reinventar. Compram roupas de cama extragrandes de algodão, meses antes de saberem em que cidade vão morar.

Na véspera do aniversário de dezoito anos de Maggie, depois de uma noitada no cassino Shooting Star, em Mahnomen, a pouco mais de uma hora da cidade, Sammy a confronta. Melani também foi com elas, mas está jogando, e Sammy e Maggie estão na jacuzzi, bebendo. Sammy diz que já faz algum tempo que suspeita de algo, que viu o nome de Knodel nos registros de chamadas do celular de Maggie, que o modo como agiam na presença do outro era estranho. Como ele mandava Sammy para a lojinha da escola e Maggie ficava com ele. Ambas estão bêbadas quando Maggie finalmente admite. Puta merda, diz Sammy. Puta merda.

Há uma hora para digerir a informação, depois mais bebida, depois vêm as perguntas. Sobre os menores detalhes e como eles conseguiram manter o relacionamento em segredo. Sammy não consegue acreditar que sua melhor amiga tinha toda uma vida dupla da qual ela fora excluída. Sammy age como se fosse algo importante, subversivo e estranho, mas o sofrimento de Maggie continua sem receber a atenção pela qual ela anseia. Sammy diz que Maggie precisa colocar a cabeça no lugar. Que a vida está passando e ela está ficando para trás. Sammy é só uma menina que não pode lhe dar conselhos, Maggie se dá conta. Sammy está fazendo coisas de criança enquanto Maggie perdeu seu amante vampiro.

Quanto ao baile de formatura — em março, que foi quando a vida dela terminou, já era tarde demais. Em março todo mundo já tinha companhia para ir.

O último dia de aula é insignificante para a maioria dos formandos. Os nerds vão à escola apenas para garantir uma assiduidade perfeita. Mas para Maggie, é o último dia em que tem certeza de que verá o amor de sua vida.

Imediatamente depois da última aula do dia, ela vai até a sala dele. Ela está tremendo e ele está sentado lá, como qualquer outro professor, conversando com outra aluna, uma garota que Maggie não conhece. Ele olha para ela. O contato visual é demais, e ela começa a chorar. Ele permanece sentado, e a outra aluna se levanta. Maggie chega para o lado, e a garota a ignora, indo em direção à porta. Quando a outra aluna se despede, Aaron dirige a Maggie um olhar muito estranho. É como se ele estivesse irritado, talvez até com raiva de sua presença e de suas lágrimas.

Quando a outra garota vai embora, a expressão dele se suaviza, mas não completamente. Seu rosto é um país no qual ela já esteve muitas vezes, mas agora há placas de ENTRADA PROIBIDA por toda parte. Há densas regiões montanhosas que ela nunca tinha visto antes.

É melhor nos despedirmos logo, Aaron diz, porque prolongar esse momento não vai ajudar em nada.

Isso tira o ar dela, mas então ele se aproxima. O problema, ela está começando a entender, é que um homem nunca deixa que você caia completamente no inferno. Ele a pega no instante que antecede o último centímetro de queda, para que você não possa culpá-lo por mandá-la para lá. Ele a mantém em um purgatório parecido com um restaurante, aguardando, cultivando esperança e anotando pedidos.

Aaron a abraça com firmeza. Ela pensa em beijá-lo, mas tem medo de que ele a rejeite. Em vez disso, chora e treme em seus braços. Pode sentir o medo em seu torso. O comedimento substituiu o desejo ardente. Ela se pergunta quanto tempo pode ficar no casulo de seu cheiro, de sua camisa, de sua vida. Mesmo sentindo uma dor dilacerante, ela não se sente tão viva desde março. Ser abraçada por ele dessa forma. O rosto sobre o ombro dela, observando a porta, e o rosto dela em seu peito, querendo sufocar nas fibras da camisa provavelmente comprada pela mulher.

Depois de algum tempo, que ele deve ter considerado que era tempo suficiente ou tempo demais, seus braços afrouxam. Ele quer voltar para a vida. Textos, placares de jogos, almôndegas, amostras de tinta. Ela se afasta do corpo dele como um camundongo. Deixa que ele veja a ferida em que se transformou seu rosto. Ele o interioriza. Será que seu coração está sofrendo por ela? Tem que estar.

É melhor você ir ao banheiro passar uma água no rosto, diz ele.

Seu tom é neutro mas implacável, como um desastre natural.

Ela sai da sala dele pela última vez e segue pelo corredor. Para no banheiro feminino, se olha no espelho e vê que o delineador preto escorreu sob seus olhos. Ela o esfrega na pele com dedos raivosos de forma que suas bochechas ganham um tom escuro.

Quando chega em casa, ela se sente morta e aparenta estar. Seu pai pergunta: Maggie, você está bem?

Estou, ela responde, estou chateada porque uma amiga vai se mudar.

Que amiga?, ele pergunta.

Ela vai para o quarto e se senta na cama. A única coisa que quer é pensar em Aaron, mas sabe que a única maneira de sair viva daquilo é nunca mais pensar nele. Ela relembra seu relacionamento, todos os momentos ardentes e suaves, a maneira como ele olhava para ela, fazendo-a sentir que estava se tornando uma mulher, os bilhetes, os poemas, a sensação da boca dele entre suas coxas. As risadas, os olhares e todos os riscos a que ele expôs toda a sua vida por ela.

E então hoje.

Ela não consegue tirar a frieza da cabeça. Sua linguagem corporal, suas palavras. Seus olhos, mortos como os de um peixe no gelo. Como ele podia ter feito as coisas que fizera com ela, colocar a boca no corpo dela e dizer diversas vezes que a amava, e depois fingir que ela não era nada? Então ela tem um pensamento ainda mais terrível: que talvez ele não estivesse fingindo.

Ele vai à formatura. Maggie tem esperança de que ele tenha ido para vê-la. Eles se encontram no gramado, um professor e sua melhor aluna. O sol brilha e o dia é como todos os dias de formatura: agradável, perfeito, histórico. Ele está vestindo uma camisa social branca de mangas curtas e calça social cinza. Moderno. Ela está usando um vestido turquesa, o mesmo que usou no Havaí, no dia da motocicleta com Mateo, e sua franja está trançada para o lado. Ele se aproxima, toma-a nos braços e sussurra: você está linda.

Sua irmã, sem saber de nada, se aproxima e pergunta se pode tirar uma foto.

Ambos sorriem. A câmera é acionada e a foto é tirada. Durante anos, Maggie vai olhar para ela inúmeras vezes.

Uma semana depois, ele manda uma mensagem e pergunta se eles podem conversar pelo Facebook. Eles tentam, mas o serviço de mensagens do Facebook é novo e complicado, então mudam para o MSN.

Ele está dando aulas em um curso de verão que termina ao meio-dia. Acaba de chegar em casa e Marie só deve voltar às cinco. Há toda uma parte do dia livre. Eles falam sobre seu relacionamento, desenterrando as brasas. Ela diz o quanto sente falta dele. Ele diz que eles não poderão continuar conversando se ela insistir em falar sobre voltarem a ficar juntos. Não há a menor possibilidade. A maneira como ele escreve isso parece uma ameaça. Ou, por fim, ele soa como um professor.

Eles se falam até as quatro, quando ela tem que ir trabalhar.

Mesmo que não tenha sido o que ela queria ouvir, ela sente que as coisas estão diferentes. Que o sol voltou a sair. Que Aaron está aberto para ela outra vez, mesmo que seja uma abertura pequena.

No dia seguinte, há uma mensagem no MSN.

Ela encontrou você nos meus contatos de novo, seu código de área. Nunca mais podemos nos falar.

lina

Quando manda a mensagem de texto para ele, Lina imagina que Aidan esteja em casa. Ela imagina o celular dele vibrando, depois o vê olhando para baixo e vendo que é ela. Tudo à volta dele é caos. Sua mulher está lavando a louça, por exemplo, e as crianças estão fazendo bagunça. Lina imagina a mais nova derramando no chão um vidro inteiro de molho de tomate. O molho veio de São Francisco, onde um amigo de Aidan começou uma banda e vive à beira-mar. Aidan, Lina sabe, nunca foi à Califórnia. Sua mulher está gritando com a filha, de costas para a criança, de modo que na verdade grita para a janela suja sobre a pia, como uma pessoa insana, como se houvesse alguém lá. No Facebook, outro amigo de Aidan acaba de atualizar a foto de capa para uma foto sua com uma atraente mulher porto-riquenha em uma praia, debaixo de uma palmeira. Aidan nunca foi a Porto Rico ou às Bahamas. Lina sabe que tudo o que ele quer é sentir os braços de uma mulher o envolvendo. Quer ser admirado por algo que valorize em si mesmo. Lina sabe que ele está cansado de viver para todo mundo, menos para si mesmo, e que nem ao menos se lembra de ter tomado todas as decisões que o levaram até ali. Provavelmente, pediu Ally em casamento e pronto. Ele não sabia que isso seria uma bola de neve. Não sabia que passaria mais horas por semana dentro de buracos na terra do que em uma cama, ou em um sofá ou juntos no meio do mato. Ele nem ao menos tem inveja de pessoas que têm dinheiro. Simplesmente sabe que sua vida sempre será assim. Só vai ficar mais difícil.

Mas agora eles têm o rio novamente. Ela espera que isso seja tão importante para ele quanto é para ela. Névoa cintilante, beijos ardentes. Às vezes, Lina tem a sensação de que está tão apaixonada pelo rio quanto pelo homem com quem se encontra lá.

Ela está sentada em um banco de aço no salão de degustação de uma pequena vinícola, na estrada que leva ao rio. Bebe uma xícara de cidra quente com especiarias e olha para o teto abobadado, enfeitado com luzes brancas para as festas de fim de ano. Ela usa óculos escuros de aviador, calça cargo e camisa verde, e não tirou as luvas.

A mensagem que envia para Aidan diz: rio?

Agora ela espera, a poucos quilômetros de distância do lugar com o qual sonha, na expectativa de que o amor de sua vida vá encontrá-la.

Alguns minutos antes, ela teve um pequeno colapso nervoso no banheiro. Agarrou as laterais da pia com as mãos enluvadas e tentou diminuir o ritmo das batidas do coração. Naquela mesma manhã, no tribunal, se separara legalmente de Ed. A ironia é que no instante em que assinaram o documento, ela teve vontade de ir a um encontro com ele. Sair para jantar, tomar vinho. Ela sabe que é porque tem mais medo da solidão que da morte.

Sua pele está horrível, porque ela comprou produtos Mary Kay de uma amiga. A amiga fez nela um tratamento facial caseiro com os produtos, e Lina se sentiu em dívida, então comprou os produtos para ser legal, e agora seu rosto está um caos.

Minha mãe é meio que uma vendedora da Avon, diz Lina. É tudo uma armadilha. Eles obrigam você a comprar os produtos que ficam encalhados, então minha mãe tem uns cinquenta delineadores antigos presos com um elástico em todas as gavetas.

Depois de tomar algumas xícaras de cidra e não ter notícias dele, ela paga a conta em dinheiro e entra em seu Bonneville marrom, que pertencia aos pais de Ed e agora cheira ao mesmo tempo a idosos e crianças.

Vai até o rio, por via das dúvidas. Vai ficar por um tempo no lugar onde eles costumam se encontrar.

Embora ame aquele lugar, faz frio e ela preferiria fazer amor em um hotel. Mas a diária do hotel custa 129 dólares e precisa ser reservada com antecedência. Com Aidan, não há antecedência. No hotel também é preciso dar um número de cartão de crédito, e nenhum dos dois pode fazer isso.

Ela o encontraria em qualquer lugar. Não há lugar onde ele pudesse estar ao qual ela não encontrasse um jeito de chegar. Uma vez, ele estava em St. Louis e ela quase dirigiu por quatro horas no meio da noite para ir até lá. Só não foi porque ele lhe disse para não ir.

Em outra ocasião, ele pediu que ela o encontrasse no rio, e ela ficou feliz porque era início da manhã, mas depois se deu conta de que, para ele, era tarde da noite. Ela acorda ao receber suas mensagens e responde no mesmo instante. Quando ele manda uma mensagem e ela está no chuveiro, ela escreve de volta ainda toda molhada. Tira fotos enquanto a água corre e as envia.

A caminho do rio, Lina segue bem de perto atrás de um carro da polícia e depois de alguns quilômetros o carro desvia para a direita e ela passa por ele alegremente. Em seguida vêm as luzes e as sirenes e ela é parada.

No começo, ela fica nervosa. O policial sai do carro. Ele é jovem e gentil e pergunta se ela sabe que estava colada na traseira dele e que depois o ultrapassou acelerada, e ela responde que não.

Ela gosta de homens de uniforme que parecem que poderiam cuidar dela. Ela quer um homem que diga: Eu vou resolver todos os seus problemas hoje. Descanse, eu cuido de tudo. Embora nunca tenha conhecido um homem que tenha feito isso por ela, Lina acredita que ele existe. Sua mãe nunca a deixava sozinha com o pai. Então, de certa forma, ela não tem ideia se o pai poderia ter sido o tipo de homem que amenizaria seus problemas.

O policial a libera com uma advertência e isso a faz querer fazer amor com ele.

Ela volta para a estrada e dirige por mais cinco minutos antes de virar na County Line Road, uma estrada de acesso público para o rio. Ela poderia fazer aquelas curvas dormindo. Conhece os solavancos daquelas estradas melhor do que conhece os declives do próprio corpo.

Estaciona em uma área levemente florestada. O rio corre lento e bonito. Há um barco enlameado na água, com o fundo chato circundado de ráfia, e dois homens bebendo cerveja. Como ainda é inverno, dá para ver os carros na estrada principal à distância.

Enquanto está ali, esperando, Lina decide tirar uma foto de perfil de si mesma para colocar no Facebook. No banco de trás do Bonneville, veste uma roupa nova que comprou na Macy's. Sua esperança é que ele veja a foto e entre em contato imediatamente. Toda vez que há uma nova foto minha, ela diz, ele responde.

Lina acha que tudo que uma pessoa faz nas redes sociais é para alguém em específico. Talvez seja para várias outras pessoas. Mas em geral há pelo menos uma pessoa em mente. Se você é uma mulher casada e sua amiga tem uma vida mais opulenta — se, digamos, ela se mudou para Westchester antes de você pensar em deixar a cidade e tem um cavalo em um estábulo e um marido que compra flores toda sexta-feira só porque é fim de semana e ela é o amor da vida rica dele —, então tudo que você faz no âmbito de sua obsessão gira em torno de avaliar o sucesso e procurar os pontos fracos dela enquanto publica seus próprios bolos de azeite em mesas de madeira e bicicletas em tons pastéis em cenários tropicais.

Tudo que Lina publica no Facebook é para Aidan. Cada par de óculos de sol aviador e cada novo corte de cabelo. Então cinquenta pessoas comentam, e elas são como figurantes em um filme. Ela nem precisa pagá-los, e se interage com eles, é apenas para que Aidan veja que está conversando com outras pessoas, com homens que não são ele. Porque a vida dela é mais do que ele. Ou pelo menos é nisso que ela quer que ele acredite.

Ela gastou mais dinheiro do que se sentia confortável em um vestido com estampa *pied-de-poule*, mas ele fica incrível em seu corpo. É um tamanho 42. Ela pesa apenas um quilo e meio a mais do que pesava no ensino médio. Combina o vestido com botas de montaria pretas e se sente bonita. Com o novo e lindo vestido que não cabe em seu orçamento, ela olha para o barco de fundo chato enlameado e pensa na primeira vez que eles estiveram no rio.

Há dias de clareza em que Lina diz a verdade a si mesma. Na maioria dos dias, ela depende da versão fantasiosa. Mas nos dias de clareza sabe que Aidan não é o melhor homem do mundo.

Foi tudo por mim, ela acabará contando às mulheres do grupo de discussão. Eu acredito que ele nunca teria traído a mulher se não fosse por mim. Especialmente não pela segunda vez, nem por todas as vezes que se seguiram.

O choque de dizer isso em voz alta é demais para ela suportar.

Eu o lacei, ela diz, como uma vaqueira. Eu o lacei usando o Facebook.

A primeira vez no hotel foi uma coisa, mas na segunda vez ela praticamente o forçou a vê-la, ela diz. Mandou uma solicitação de amizade para seu amigo Kel Thomas no início do dia. Em seguida enviou a Aidan uma mensagem no Facebook perguntando se ele queria algum dos brinquedos com os quais seus dois filhos já estavam muito velhos para brincar. O Natal estava se aproximando, e na primeira vez que eles ficaram juntos, no hotel, ele disse a Lina que estava fazendo hora extra para conseguir comprar todas as coisas que suas meninas queriam de Natal.

Então ela escreveu para ele: Se quiser esses brinquedos — pode ficar com todos de graça —, podemos nos encontrar em algum lugar mais para a frente, e eu posso entregá-los a você.

Aidan pediu que ela enviasse fotos dos brinquedos.

Sério, ela diz para as mulheres na sala, o único assunto com o qual ele se importava eram os brinquedos para suas meninas, e a única coisa que importava para mim era ele. E isso fez com que eu me sentisse patética.

Ela levou o celular para o porão, com os filhos em seu encalço, arrumou todos os itens em um amontoado atraente e disse para si mesma: Não acredito que estou fazendo isso apenas pela chance de ver esse homem.

Enviou a foto de todos os brinquedos. Em seguida esperou.

Sua filha perguntou: mamãe, o que você está fazendo com nossos brinquedos velhos?

Eles começaram a brincar com algumas coisas. Ligaram um velho teclado da Fisher-Price, e o filho de Lina começou a improvisar com uma das músicas que vinham gravadas.

Um alerta sonoro. Aidan tinha escrito de volta: ah. Não, obrigado.

Seus olhos se arregalaram em choque, até raiva. Ela havia reunido todos aqueles brinquedos para ele, havia se esforçado, e recebia aquela resposta insípida e indiferente? Ah. Não, obrigado.

Mas queria tanto vê-lo. Enquanto isso, Kel Thomas aceitou a solicitação de amizade e mais tarde naquela noite começou a conversar com ela no Facebook. Ele a chamava de *boneca*, *querida* e *gostosa*.

Ela viu que Aidan estava online e escreveu para ele.

Nossa, com certeza você deve ser parente de Kel Thomas, porque vocês falam exatamente igual!

Mudei de ideia, escreveu Aidan de volta. Os brinquedos podem ser bons para minhas meninas. Onde você quer me encontrar?

Seu coração subiu até a garganta.

Sei que ele não tinha cem por cento de certeza de que queria me encontrar, Lina diz às mulheres, mas ele tinha certeza de que não queria que eu me encontrasse com outra pessoa.

Eles combinaram de se encontrar atrás de um depósito de carrinhos de golfe, no meio do caminho entre suas casas.

Ela se vestiu. Passou perfume nos pulsos e na parte de trás dos joelhos. Quando estava a caminho, animada, ele mandou uma mensagem de texto para dizer que não tinha certeza se queria se encontrar com ela.

Esse foi o momento exato em que a hesitação dele começou. Isso estabeleceria um precedente para todas as interações futuras — o pânico insano e ansioso de *Será que vou encontrá-lo ou não*, que iria minar até os momentos mais felizes de Lina.

Peraí, ela escreveu de volta. Fala sério, eu estou com todos os malditos brinquedos no meu carro!

Por alguns minutos não houve resposta, e ela tentou se concentrar na estrada, mas seu coração batia apressado e seus membros tremiam.

Então o celular tocou em seu colo, ela se sobressaltou no assento e atendeu.

Ouviu a voz dele.

Você conhece a County Line Road?

Ela soube no mesmo instante que ele queria que eles se encontrassem no rio. Provavelmente só estava nervoso em relação ao galpão.

Sim!, respondeu ela. Em seguida desligou a chamada e jogou o celular no banco do passageiro. Ela não queria dar a ele a oportunidade de mudar de ideia. Desejou poder derrubar todas as torres de celular e parar o mundo para garantir que o encontraria.

Àquela altura, fazia três semanas desde a primeira vez que tinham se encontrado no hotel. Ela verificava o rosto no espelho enquanto dirigia e ficava olhando para o celular no assento a seu lado.

Deus, por favor, não deixe que ele cancele, ela não parava de repetir.

Ela teve certeza de que suas orações funcionavam, porque quando estacionou, viu que o carro dele já estava lá.

Eles saíram de seus respectivos carros e se cumprimentaram, desajeitados. Ele estava agasalhado com muitas camadas. Calça jeans e dois moletons, um por cima do outro, e uma espécie de cachecol em volta da cabeça. Ela estava com frio, mas emocionada por vê-lo. Ele focava os olhos nela de um jeito que a deixava ao mesmo tempo em êxtase e aterrorizada. Não havia como saber o que ele estava pensando.

Eu estou dizendo, Lina diz para as mulheres mais tarde, tem alguma coisa no jeito como esse homem olha.

Eles foram até a parte traseira da caminhonete dela, e ela puxou a caixa de brinquedos para a borda da caçamba. Elmo Faz Cócegas. Dora Falante. Um cortador de grama de plástico verde e branco.

Há uma fórmula, acredita Lina, para quando os homens se encontram com mulheres com quem não queriam se encontrar. Tem a ver com o nível de persistência de uma mulher em sincronia com a autocomiseração de um homem casado. Talvez ele não tivesse pago uma conta em dia naquele mês e a esposa o tivesse encarado como se ele nunca fosse estar à altura de suas expectativas mais baixas.

Apesar de eles já terem feito sexo no hotel, na primeira vez no rio Lina teve a sensação de que estava perdendo a virgindade de novo. Do início ao fim.

Eles ficaram parados por um tempo entre suas caminhonetes. Ele estava calado como sempre e olhando para a frente. Depois do que pareceram horas, ela foi em direção a ele e tomou seu rosto nas mãos. Balançou a cabeça e disse: Meu Deus, você é um homem tão bonito. *Caramba.*

Ela puxou o rosto dele para junto do dela e o beijou. Sabia que se não fizesse isso, ele nunca faria. Ele sorriu um pouco e foi até o lado do motorista da caminhonete dela. Sem olhar, enfiou o braço grande pela janela aberta e desligou as luzes internas. Em seguida voltou e empurrou Lina contra a parte de trás de sua caminhonete. Ela pegou a caixa de brinquedos na caçamba e estava prestes a atirá-la longe para abrir espaço para seus corpos. Elmo Faz Cócegas caiu da caixa, rindo. Ela o empurrou para o chão a seus pés. Queria tirar o mundo todo do maldito caminho.

Ei, Garota, calma. Não jogue os brinquedos assim.

Era a primeira vez que Aidan falava. Ele guardou cuidadosamente os brinquedos de volta na caixa e a colocou na caçamba.

Repreendida, ela foi para a segunda fila de assentos. Ele a seguiu e se sentou ao lado dela. Então ela montou em cima dele.

Isso é apenas sexo?, ela perguntou, olhando-o nos olhos.

Aidan não disse uma palavra.

Porque para mim não é. Eu só quero ficar com você.

Ele assentiu.

Ela desabotoou a calça jeans dele, e Aidan levantou o traseiro, afastando-o do assento para ajudá-la a deslizar sua calça para baixo. Ele usava cueca boxer e seu pênis estava duro. A parte de cima saía pelo cós.

Melhor não, Garota.

Ouvir o apelido sair da boca dele a deixava tão feliz. Então ela percebeu que ele estava tentando recuar novamente. Notou que a ereção começara a amolecer. Ela estava com frio porque o motor do carro estava desligado e ela não sabia como manter o aquecimento ligado e as luzes apagadas, e não queria perguntar a Aidan para não quebrar o clima. Qualquer que fosse o clima.

Garota?

Ela fingiu não ouvir, tirou a calça e a calcinha e puxou a cueca dele até os tornozelos, de modo que parecia que ele estava usando um vaso sanitário. Ela se ajoelhou diante do pênis ereto e colocou os lábios na cabeça. Cobriu-a de beijos suaves e rápidos. Ele ficou duro de novo rapidamente. Ela adorava o fato de que aquilo estava fora do controle dele — a ligação dela com seu pênis. Ele mal a havia tocado até aquele momento, mas agora, de forma lenta e devagar, estendeu a mão e enfiou um dedo dentro dela.

Eu quero chupar sua boceta, ele disse.

A palavra *boceta* fazia com que ela se sentisse estranha.

Ele a posicionou de forma que ela se deitasse no assento o máximo que podia. Aidan gemeu ao colocar a boca entre as pernas dela. A camisa dele subiu e ela a puxou de volta para baixo, porque sabia que ele tinha vergonha da barriga. Mesmo quando se perdia no momento com Aidan, Lina precisava ficar atenta a qualquer coisa que pudesse assustá-lo.

Por fim, ela ficou sobre ele outra vez e estendeu as mãos até as costas para pegar seu pênis. Ela o lubrificou na abertura da vagina, em seguida se abaixou e começou a cavalgá-lo. Ela se sentia tão alta, sentia que sua cabeça ia perfurar o teto do Suburban e flutuar entre as estrelas.

Poucos minutos depois, Lina o sentiu amolecer dentro dela. Ela sabia que aquilo era culpa, que ele havia sido vencido pela própria cabeça.

Tudo bem se você quiser parar, ela disse. E se levantou, de modo que ficou ajoelhada nas coxas dele.

Ele balançou a cabeça, agarrou os ombros dela e a empurrou de volta para baixo. As pernas dela estavam queimando àquela altura. Então ele a virou em torno de seu pênis de forma que eles não se separassem. Lina tinha tentado executar esse movimento com o marido, mas ele dizia: Ai! E Lina pensava: Eca.

Ele a segurou pelos quadris e a movimentou para cima e para baixo em seu pau. Começou a fazer isso mais e mais rápido, até que ela soube que ele estava prestes a gozar. Ela ficou tonta imaginando o prazer dele. Ele começou a puxá-la para baixo ainda mais rápido e, em seguida, gozou nas costas dela. Ela estava perto de ter um orgasmo, mas a duloxetina dificultava as coisas. Sentiu o sêmen dele avançando por sua espinha dorsal. Queria espalhá-lo por todo o corpo.

Ela segurou a mão dele e disse: Coloque seus dedos dentro de mim. Então mostrou a ele com as mãos quão rápido e quão fundo ele deveria ir.

Ele seguiu as instruções muito bem e ela gozou com facilidade, embora seu orgasmo tenha parecido um abalo secundário. Uma coisa infinitamente menos importante. Ele disse que precisava fazer xixi. Os dois saíram do carro e se vestiram no frio.

Ele urinou um riacho entre as árvores marrons e disse: Tenho que ir, Garota, vou ter um problemão.

Ela assentiu, e ele se foi mais rápido do que ela poderia ter imaginado. Ela ficou por mais um tempo, ouvindo os sons da noite. O farfalhar de pequenos animais no matagal. Sentia-se completamente sem amarras, como se aquele não fosse seu país, não fosse seu universo. Ele fora embora e não restara nada.

Eu estaria pronta para uma segunda rodada, ela escreveu para ele. Sabia que era inútil, mas se sentiu compelida.

Não, ele escreveu de volta. Você acabou comigo. Carinha sorridente.

Desculpe, eu estava nervosa e falando muito.

Tudo bem, Garota. Foi sexy.

Ela colocou a mão no peito. Aquelas palavras seriam suficientes para que ela suportasse pelo menos a próxima semana.

Mas agora a semana está quase no fim, e Lina precisa de outra dose, então está de volta ao rio. Provando seu vestido novo. Verificando seu reflexo no espelho retrovisor. Mais cedo, depois do tribunal, mas antes da vinícola, ela fora até o Walmart e comprara um maço de American Spirit, que é o que Aidan fuma. Havia um homem jovem, muito acima do peso, dirigindo um Rover pela loja iluminada, pegando pacotes com cem espetinhos de enroladinho de salsicha.

As pessoas por aqui não se cuidam, Lina diz para qualquer um que ela ache que vá compreender. Elas não têm nenhum propósito maior na vida.

Agora ela tira várias selfies em seu novo vestido de *pied-de-poule*. Não usa filtros nem ferramentas de edição elaboradas. Posta várias das fotos no Facebook e se sente patética, mas ao mesmo tempo animada e viva. Quando termina, volta a vestir as calças cargo, caso decida devolver o vestido. É tão fácil puxar as calças por cima da barriga lisa ultimamente. Ela fica um último momento no rio, olhando para o maço de cigarros no porta-copos, a embalagem amarela com um sol vermelho vivo. Ela olha para o maço e passa os dedos por ele. Tira um cigarro e o segura na mão. Então liga o carro e dirige de volta para casa em meio à luz violeta.

Em 13 de abril, algumas pessoas perderam a mãe, algumas crianças fugiram de casa, algumas pessoas se mudaram para outro continente para começar uma vida nova. Para Lina, 13 de abril marca o dia em que ela se sentiu amada. Quando tomou posse de tudo o que queria e quando, por sua vez, foi possuída pelo universo. Havia uma leveza em seus ossos. Ela experimentou, pela primeira vez, a alegria do amor, e não apenas sua dor lancinante.

Aidan estava bem acordado quando ela chegou ao hotel. Não só acordado, mas *presente*. Ele se sentou ao lado dela muitas vezes — na cama, no sofá. Na verdade, houve vários momentos em que *ele* foi até *ela*. Não estava ao celular, tampouco bebendo. Ele estava atento. Falante. Fez perguntas sobre a festa de aniversário de Della, que tinha ido e vindo em meio ao turbilhão de atividades parentais que existia em seu próprio plano. E fez mais perguntas com base nas respostas de Lina.

Ela se sentia *confortável, agradável* e *encantadora*. Percebeu essas sensações e as registrou, porque raramente as sentia.

Eles fizeram amor várias vezes. Lina dirá às mulheres do grupo de discussão, dirá a qualquer amiga disposta a ouvir — aquelas que tiveram seus próprios casos amorosos e não vão julgá-la —, como Aidan é um amante maravilhoso. Que ele é um ser elevado no reino do fazer amor.

Na faculdade, ela estudou psicologia, e se lembra de alguns ensinamentos de Freud: "O comportamento de um ser humano em questões sexuais é muitas vezes um protótipo para todos os seus outros modos de reação na vida."

Mas isso não é verdade em se tratando de Aidan. Aidan não é o mesmo no sexo e na vida. Ele pode ser um babaca na vida, um fracassado, mas na cama se torna algo completamente diferente. Um lorde.

Quando chegou ao quarto, Lina ligou a televisão. Ficou olhando para a tela, porque não esperava que conversassem. Mas em vez de ir para o banheiro com o celular, como costumava fazer, Aidan se aproximou com o cardápio do restaurante e se sentou na cama ao lado dela. Ela quase deu um pulo. Ele passou um braço ao seu redor e acariciou gentilmente suas costas enquanto segurava o cardápio com a outra mão para que ela pudesse vê-lo.

O que você quer pedir?, ele perguntou.

Não sei, ela respondeu.

Eles consideraram costelas, hambúrgueres. Ele estava aberto a qualquer coisa que ela quisesse. Lina não estava com fome e nada em particular despertou seu interesse, mas ela não queria estragar o clima. O clima estava tão perfeito.

Demorou alguns minutos para se sentir confortável com o afeto dele. Para parar de tremer. Devagar, para não assustá-lo, de modo a não perturbar as vibrações na atmosfera, ela passou o braço esquerdo por trás dele e começou a deslizar a palma para cima e para baixo em suas costas de maneira muito suave e afetuosa. Ela poderia ter vivido naquele momento para sempre. Se ele nunca se movesse, ela sabia que também não se moveria.

Depois de algum tempo, ele se levantou. Ela recolheu a mão e a observou. Ele pegou o telefone e fez o pedido. Foi ao banheiro, o tempo todo falando com Lina. Ela se sentiu confortável o suficiente para entrar lá enquanto ele fazia xixi e em seguida jogava água no rosto.

Eles nunca tinham conversado tanto. Saíram do banheiro juntos, apenas falando falando falando. Sentaram-se na beirada da cama e assistiram à televisão, distraídos, às vezes rindo de algo que aparecia na tela. Estavam sentados muito perto um do outro.

Ele começou a inclinar o corpo em direção a ela e sua pelve se aqueceu. Seu corpo inteiro começou a formigar. Ela o queria dentro de si, desesperadamente, mas ao mesmo tempo não queria que aquele momento acabasse. Tinha medo de que transar apagasse aquele instante.

Ele a olhou então, de um jeito que quase a fez chorar. Na verdade, Lina o pegara olhando para ela muitas vezes naquela noite e isso a fez se sentir tão bem que ela achou que ele nunca a tinha olhado antes. Deitou a cabeça no colo dele, porque não conseguia lidar com os olhos dele sobre ela. Seu olhar fazia o coração de Lina bater violentamente contra as costelas. Ela pensava em cada movimento que fazia; tentava quantificar o quanto disso era ela pensando sobre qual seria a melhor coisa a fazer, mantê-lo envolvido *versus* o que seu corpo naturalmente queria.

Ele se abaixou e a beijou. Beijou suas orelhas, seu pescoço e seus lábios. A sensação era de cristais explodindo sob sua pele.

Ele se inclinou e se apoiou em seus braços fortes, bem acima do peito dela, e começou a beijá-la com intensidade. Ela o acariciava enquanto ele a beijava inteira. Ele levou a boca ao ouvido dela e sussurrou: Quero lamber você.

Ela gemeu alto, quase gozando apenas com aquelas palavras.

Ficou sentada e tirou a camisa e o sutiã. Ele se ajoelhou na beirada da cama. A única coisa que ela queria fazer era observá-lo. Ele a puxou para mais e mais perto da beirada, como em um exame ginecológico. Afastou as pernas dela e começou a beijá-la entre as coxas. Pequenos beijos suaves, que ela não poderia prever vindos de um homem de seu tamanho. Ele deslizou as mãos pela parte externa de suas coxas e subiu pelas laterais da cintura para acariciar seus seios, roçando os dedos sobre os mamilos. Apertou e massageou suavemente seus seios. Sua boca não parava de chupar e beijar. Ele girou a língua sobre o clitóris, em seguida a enfiou dentro dela. Puxou o clitóris com os lábios ou os dentes da frente, ela não tinha certeza, mas teve a sensação de endurecer lá embaixo, e toda vez que ele chupava, ela sentia um choque, um pequeno orgasmo elétrico. Seu corpo se contorcia como uma cobaia em um experimento científico.

Ele ficou lá por um bom tempo até que alguém bateu à porta. Ele se levantou, o rosto molhado e sorridente como o de um lobo. Ela foi até a cabeceira da cama e usou dois travesseiros rígidos para cobrir o corpo nu. No espelho ao lado da porta, viu o reflexo do entregador de comida. Ela o flagrou olhando-a. Sorriu, corou e cobriu o rosto com o canto de um travesseiro.

Aidan fechou a porta e colocou a comida na mesa. Foi para a cama, subindo entre as pernas dela, mas ela o empurrou. Virou o corpo dele de forma que ele ficasse deitado. Chupou-o por um longo tempo. Ele a tocava e acariciava de leve enquanto ela deslizava a boca e a mão para cima e para baixo. Ela parou e subiu em cima dele. Ele hesitou um pouco, o que fez Lina pensar que talvez ele quisesse apenas sexo oral. Imaginou que ele provavelmente fazia pequenos acordos para absolver a si mesmo de parte da culpa. Ela ficou magoada, porque sempre queria ir até o fim com ele; nunca ficava satisfeita até que eles implodiam um no outro.

Pegou o pênis dele como o câmbio de um carro, o esfregou entre as pernas para lubrificá-lo e em seguida deslizou sobre ele profundamente. Depois de alguns minutos, ele começou a gemer. Ela nunca o ouvira gemer daquele jeito.

Ah, Lina! Lina, Lina.

Ele olhou para ela e ela olhou de volta. Em geral, ela desviava os olhos. Não conseguia lidar com a intimidade. Ela o amava demais para ter momentos íntimos durante o sexo que escorreriam pelo ralo do chuveiro depois que eles terminassem. Também tinha vergonha de como seu rosto era quando visto de perto. Ela desviava os olhos quando eram adolescentes também. Mas daquela vez olhou para ele durante todo o tempo enquanto eles transavam e lamentou todas as vezes que não tinha feito isso. Toda aquela vida desperdiçada.

Em determinado momento, ele parou o movimento dela, segurando seus quadris, e perguntou: O melhor que você já teve?

Ela assentiu devagar. Sim, claro. Cavalgou-o por um longo tempo, e ele perguntou se ela estava prestes a gozar e disse que queria que ela gozasse. O fato de ele querer que ela gozasse a fez sentir que ia explodir.

Estou quase lá, ela respondeu. Seus olhos estavam fechados e ela mordia os lábios. Estava concentrada em cavalgá-lo bem, em agir de maneira sensual. Pare com isso, Lina, ela disse para si mesma. Deixe-se levar, Lina.

Ela disse: Humm humm. Seus olhos começaram a se estreitar involuntariamente e sua boca se abriu em um sopro de prazer. Ela estava gozando, mas não parecia ser ela gozando. Parecia outra mulher. Uma mulher que não era tão assustada ou solitária quanto ela. Ela gritou, gemeu como se a velha Lina estivesse morrendo e uma nova estivesse nascendo. Uma versão animal, um novilho de pele macia e barriga firme. Ele rolou para ficar por cima dela e começou a beijá-la violentamente.

Os beijos não eram tão românticos como de costume; eram intensos e molhados, quase incontroláveis por causa das estocadas profundas e da respiração ofegante. Ela gostou daqueles novos beijos. Era como se estivesse traindo seus beijos de língua intensos e conectados, e essa sensação a deixava excitada.

Eu te amo, ele disse, eu amo essa boceta, eu te amo. Eu te amo, Lina. Eu amo sua boceta.

Seus ouvidos zumbiam. Ela não conseguia acreditar no que tinha acabado de ouvir.

Ele perguntou baixinho, então, se ela queria que ele gozasse dentro dela, ou onde.

Sim, ela respondeu, isso seria ótimo, ou em qualquer lugar, eu só quero fazer você gozar muito.

Ele começou a gozar dentro dela. Ela sentiu todo o corpo dele mergulhando, descarregando sua energia. Então disse apressada: Na minha boca, na minha boca!

Ele disse: Huh-uh, porque não ia conseguir chegar lá a tempo. Foi tão encantadora, sua hesitação infantil. Ela adorou.

Eles se abraçaram. O corpo de Lina estava envolto no suor mais glorioso. Ela se sentia segura. Nada doía. Depois de um bom tempo, ele disse que eles provavelmente deveriam relaxar e comer.

Impossível ficar mais relaxada do que estou agora, disse Lina.

Aham, ele disse, como se aquilo fosse muito verdadeiro para ele também. Ele se limpou no banheiro. Em seguida Lina entrou e fez o mesmo. Vestiu o pijama. Liberou um lugar no sofá porque as coisas dele estavam espalhadas por toda parte. Ele liberou mais espaço para eles, que se sentaram e comeram batatas fritas e sanduíches de frango. Não usaram nenhum molho. Ela ainda estava comendo quando ele se levantou e se deitou na cama. Ele abria e fechava os olhos. Ela o olhava, e ele a olhava de volta de tempos em tempos. Ela foi até o banheiro e lavou o rosto. Diante do espelho, sorriu para si mesma. Até as imperfeições pareciam bonitas; ela tinha a aparência de uma mulher feliz e amada. Voltou para a cama e checou o celular para se certificar de que as crianças estavam bem.

De repente, Aidan abriu os olhos e realmente, realmente olhou para ela. Ela sentiu seus instintos assumirem o controle. Sentiu o sorriso no rosto. Inclinou a cabeça para o lado. Sabia que parecia adorável e sexy ao mesmo tempo, e sentiu que ele a enxergava. Ele a enxergava de verdade.

Enfim, pela primeira vez na vida, Lina se sentiu saciada o suficiente, cuidada o suficiente, para se deixar ficar imóvel. Estar presente. Foi para a cama e eles dormiram. Ela adormeceu com facilidade, sem dor, com o corpo dele a seu lado.

Acordou às 4h15 da manhã, se vestiu e se preparou para ir embora. Antes de sair, sentou-se na beira da cama e acariciou o braço dele. Em seguida, se inclinou e beijou sua testa. Ele não acordou, e ela não precisava que ele acordasse.

Ela ligou o carro no estacionamento escuro, onde o ar estava ao mesmo tempo quente e frio. Tinha se esquecido de como o mês de abril podia ser bonito.

Era cedo demais para ligar para qualquer pessoa, ela sabia, mas não conseguia guardar aquilo para si. Precisava colocar um pouco daquele prazer para fora antes que ele explodisse e a matasse.

No estacionamento, com a respiração embaçando os vidros a sua volta, ela ligou para uma amiga, sabendo que a ligação iria para a caixa postal. Não se importava que, por causa da hora, a amiga achasse que tinha acontecido algo. Ela sabia que as pessoas se preocupavam apenas com a própria vida. Não fazia questão nem ao menos de contar para aquela amiga em particular; só precisava dizer aquelas palavras em voz alta.

O correio de voz entrou. Ela mal esperou o sinal.

"Ele disse: Eu te amo, eu te amo! Tudo bem que ele também disse: Eu amo sua boceta. Mas ele disse! Ele disse que me ama!"

Então ligou o carro e foi para casa, sorrindo tanto que seu rosto doía.

maggie

Maggie tem vinte anos. Já se passaram quase três anos desde que ela se formou no ensino médio. Mas ainda não esqueceu Aaron. Para começar, não houve outros, de verdade, depois dele. Um homem como ele era um herói, especialmente quando você cresce entre meninos, com seus princípios limitados e seu campo de visão superficial, meninos que assistem pornografia e não debatem nada. Ela pensa, todos os dias, no corpo, no rosto e nas palavras de Aaron e em como se sentia protegida em seus braços.

Seus dias na Universidade Estadual da Dakota do Norte — lar dos Bisontes e o lugar onde Aaron e Marie Knodel se conheceram e se apaixonaram — são um período sombrio. Até sua companheira de quarto se chama Raven, corvo.

Maggie fica em dependência no primeiro semestre, e em suspensão acadêmica no segundo.

Abandona a universidade e se deixa deteriorar na casa dos pais por seis meses. Muda-se para um apartamento com Sammy e Melani. Trabalha no Buffalo Wild Wings. No total, já trabalha lá há cinco anos e meio, começando como caixa, no ensino médio, e chegando a garçonete. Há segurança no emprego de garçonete. Mesmo quando tem vontade de vomitar ao pensar nos turnos dobrados consecutivos no fim de semana, há uma constância desalinhada que a impede de se concentrar demais em si mesma.

Nas festas, Maggie bebe demais, se deita no chão de banheiros desconhecidos e chora por ele. Ela transa com alguns caras. Deixa que eles a tratem mal. Durante o sexo, tem flashbacks e precisa parar. Bem no meio da transa, ela desconecta suas partes do outro corpo e se deixa cair no contorno de giz da própria sombra. Muitas vezes se sente suja e não quer ser tocada. Detesta gestos românticos como ficar de mãos dadas. Abraços carinhosos lhe causam repulsa. Ela se sente usada, como roupa íntima suja. Tem um terapeuta chamado dr. Stone e toma muitos remédios.

Ela volta a morar com os pais. Pede demissão do Buffalo Wild Wings e começa a trabalhar no Perkins, um restaurante popular do outro lado do rio, em Moorhead. O Perkins é uma bosta e a vida é uma bosta. Ela perdeu a conta de quantas vezes largou a faculdade e se rematriculou. Passou muitas manhãs repugnantes na cama, o sol raiando através das persianas frágeis e deixando o edredom quente demais por volta do meio-dia.

Uma noite, em janeiro, ela está bebendo rum sozinha em seu quarto. Abre seu e-mail. São 23h44. Ela começa a digitar o nome dele e o histórico do computador preenche automaticamente o endereço. A última vez que escreveu para ele foi mais ou menos um ano depois que eles terminaram, quando pediu que ele lhe devolvesse as cartas. Ela havia acidentalmente mandado de volta as cartas que ele escrevera para ela, quando devolveu a ele seu exemplar de *Lua nova*, junto com o livro de Neruda. Ela vinha guardando as cartas dobradas nas páginas do primeiro.

No e-mail, ela disse o quanto ficaria feliz se ele ainda tivesse as cartas e pudesse enviá-las para ela na faculdade. Se não pudesse — se, por exemplo, ele as tivesse jogado fora —, ela disse que morreria de raiva dele. Mas não iria odiá-lo. Só o odiaria se ele não respondesse àquela mensagem. Seu tom era em grande parte magoado, mas um pouco brincalhão, sempre esperançoso. Ele respondeu na manhã seguinte dizendo que tinha tentado ligar para ela e que tentaria novamente na hora do almoço, às 11h19. Foi quando eles se falaram, e ele admitiu que tinha, de fato, jogado as cartas fora. Ela ficou triste, magoada, mas não morrendo de raiva. Por mais que quisesse, ainda não o odiava.

Ela escreve agora porque alguém certa vez lhe disse que, quando você pensa em uma pessoa o tempo todo, então essa pessoa deve estar pensando em você também. Uma profusão de energia como essa, na atmosfera, precisa ser retribuída.

Fico me perguntando quando vai ser o momento certo de dizer algo... Já faz quase três anos e eu ainda não sei quando ou se esse momento vai chegar. Por favor, apazigue minha mente, Aaron. Se eu estivesse pronta para vê-lo, você sentiria o mesmo?

Ela espera diante da tela por alguns minutos, achando que a resposta virá imediatamente. Quando acorda, ainda não há nada. Ela continua acordando e continua não havendo nada.

No ano seguinte, para fugir das lembranças e de outro verão em Fargo, Maggie pega um avião para o estado de Washington, onde sua irmã Melia está morando. Ela fica de agosto a novembro. Mais uma vez, tenta cicatrizar as feridas. As árvores perenes a diminuem: ela se sente insignificante sob elas. Faz um perfil no site de relacionamentos PlentyOfFish e sai com alguns caras, mas nada dura.

Ela espera a semana toda para conversar com o dr. Stone, seu terapeuta. Planeja cafés lattes por volta da hora da ligação. Brinca com as crianças. Belisca a comida. Fica maravilhada com a beleza do estado e se pergunta se um dia se libertará o suficiente da dor para voltar a apreciar a natureza.

Todo mundo sabe que Maggie está deprimida, mas ninguém sabe por quê. Se as pessoas soubessem que era por causa de um garoto, lhe diriam para superar. Balançariam a cabeça e falariam que a tristeza por um rompimento não deve durar quatro anos. Se soubessem toda a verdade, que era por um professor mais velho e casado que ela estava sofrendo, todos a condenariam. Especialmente depois do Havaí. Só se pode fazer uma besteira dessas uma vez. Duas vezes, e fica marcada.

Uma noite, depois do jantar e depois que as crianças mais velhas vão dormir, Melia embala o bebê mais novo. Maggie vai para o laptop e abre o Facebook. Lá, em seu feed de notícias, há algo que a deixa atordoada. Vem do feed de notícias de Alessandra Jimenez, que é dois anos mais velha que Maggie e trabalha na West Fargo High. É irracional como algumas palavras em uma página podem arrancar a vida de dentro de você.

Diversas pessoas parabenizam calorosamente Aaron Knodel, que acaba de ser eleito Professor do Ano do estado de Dakota do Norte. Em tempo real, os comentários não param de chegar. Os emojis de polegares erguidos. As carinhas sorridentes, arco-íris e pontos de exclamação.

Maggie corre para fora da casa, porque não consegue respirar. Ela liga para Sammy, em Fargo, e a amiga diz que já sabia, mas que esperava que Maggie não descobrisse.

O que ela sente com mais intensidade, e que é difícil para Sammy ou qualquer outra pessoa entender, é que aquela condecoração é uma ofensa cruel. De alguma forma, ele está esfregando na cara de Maggie que ela não significa nada no mundo de Aaron Knodel. Que podia ser uma garota arruinada, e ele não apenas continuaria vivendo a vida, mas, na verdade, progrediria. Ele não estava em casa sentindo falta dela, preso a uma vida com a qual estava apenas marginalmente comprometido. Tudo que ele lhe dissera era mentira. Ele não sofria. Apenas fazia o que queria no momento em que queria. Ele a arrancou pela raiz quando a quis e a deixou, quando não a quis mais, muito longe de casa.

Durante muito tempo, Maggie permanece no escuro, observando as grandes árvores se elevarem na escuridão. Diligentemente, ela fuma meio maço de cigarros, um após o outro.

De volta a Fargo, entra em um novo período terrível. De manhã, quando não acorda tarde, toma um banho para injetar um pouco de vida no corpo. Ela se veste e se prepara para sair de casa, mas então a escuridão se instala no quarto como um mau cheiro. Ela se senta na cama, em seguida se deita e, de repente, o dia se torna a hora do jantar.

Ela não chega a pensar na palavra *suicida*. As pessoas que realmente consideram o suicídio não o chamam pelo nome. Elas pensam no método. O método não significa, de fato, a morte. Significa apenas um sistema de acontecimentos que vão proporcionar uma libertação decisiva. O método de Maggie é se enforcar nas vigas da garagem no meio da noite.

Ela planeja ligar para a polícia pouco antes de se enforcar, para que eles a encontrem antes de seus pais.

Ninguém sabe além de Sammy. Ela não sabe sobre esse plano, mas sabe que a amiga está afundando. Ela leva Maggie a um centro de adoção de animais de estimação. Elas escolhem um gato, um gato malhado, preto e marrom. Sammy ajuda a pagar as taxas de adoção. Maggie dá a ele o nome de Raja — "esperança" em árabe.

Uma noite, Maggie liga para Sammy, que está na casa de uma amiga com algumas colegas de trabalho. Ela diz a Sammy: Estou muito mal. Maggie está um pouco bêbada de rum e Coca-Cola. Sammy pergunta se pode contar a suas colegas de trabalho sobre Aaron. Essa é a história de terror de Maggie. É uma das boas. Sammy conquistou o direito de contá-la por causa de todas as vezes que ouviu Maggie chorar por ele. Como está um pouco bêbada e também porque admira a intensidade escandalosa da própria história, Maggie diz que sim. Quer ver o caso sair para o mundo e voltar para ela com críticas.

Sammy coloca Maggie no viva-voz e começa a contar a história de sua melhor amiga para as garotas reunidas. Ela conta todos os detalhes relevantes, a masturbação em sala de aula, a esposa agente de condicional, o sangue no edredom. Ouvir Sammy recontar a história faz com que soe descabida para Maggie. Ela não consegue acreditar que a garota da história é ela mesma.

As reações são previsíveis. Puta merda e suspiros. Olha, eu nem conheço você, diz uma voz, mas isso foi, tipo, extremamente escroto. Esse cara é um completo canalha.

Maggie pensa nas vigas na garagem, em sua relação com a comida e com o álcool e em como não conseguiu nem ao menos apreciar as árvores em Washington, tão violentamente bonitas. Pensa em quantas vezes troca de calcinha, buscando um grau de limpeza que não parece mais possível.

Cara, diz outra, isso é tipo um filme do canal Lifetime.

As garotas riem, mas não de um jeito maldoso. Todas o odeiam, por ela. Ela se sente protegida, mas ao mesmo tempo completamente sozinha, porque ninguém é consegue fazê-la se sentir protegida como ele fazia. E a verdade, Maggie sabe, é que outras garotas não podem protegê-la.

Elas vão abandoná-la no momento que um homem de quem gostem as tomar nos braços, ungi-las e transmutá-las em princesas que não precisam lidar com a gentalha fora dos muros do castelo. Há uma camiseta à venda em uma vitrine próxima que diz: pelo menos não somos solteiras.

Muito Lifetime! Ou Oxygen? É esse o novo canal Lifetime?

Maggie está bêbada e perturbada. Sammy e as garotas desligaram. Elas vão sair para fazer novas memórias. Vão beber cerveja em copos riscados cheirando a ovo. No segundo em que estiverem em um bar com luzes penduradas no teto e música alta, vão esquecer tudo a respeito dela. Vão se preocupar apenas com o próprio batom e os caras com quem estão saindo. A história de terror de Maggie não é importante para elas. Sua história é importante apenas para duas pessoas. Aaron e ela mesma.

Ele é o Professor do Ano. O menino de ouro do estado. É como na noite do jogo de basquete na escola: ele converte arremessos de bandeja e flutua para baixo da cesta ao som de aplausos, voltando para os filhos e uma esposa que provavelmente ficaria com ele mesmo que soubesse o que ele disse a Maggie sobre o gosto dela.

Já faz mais ou menos dois anos desde a última vez que Maggie escreveu para ele. É janeiro e, para ela, parece que é sempre inverno. Ela se pergunta se alguém em algum lugar tem um bom inverno depois das festas de fim de ano. No Havaí, talvez. Abre o laptop. A fina luz azul brilha em seu rosto.

Ela quer que ele contradiga o que as garotas disseram ao telefone. Quer que ele diga que ela não foi uma vítima, que ela não era uma menina boba de quem ele se aproveitou. Ela quer que ele a ajude a provar que todas aquelas garotas estão erradas. Que elas não entendem. O amor-à-deriva é engraçado. Em um momento você tem certeza dele. Quando está com ele, as garotas não sabem de nada. Elas têm inveja ou não entendem. Namoram garotos, quando você está com um homem. Então você fica sem falar com ele por dias, semanas, anos. E conta às garotas. Elas fazem várias perguntas e compartilham seu julgamento não solicitado. Ele não é bom o suficiente para você. Ele não está fazendo o bastante para demonstrar que a ama. Seus namorados e maridos, enquanto isso, estão acima de qualquer crítica. Apenas porque estão com elas há vários anos, trocam lâmpadas, fazem bebês. Você sabe que não ficaria com nenhum desses patetas. Queria dizer isso a elas, mas em vez de falar começou a ouvir. Faz anos que Aaron está longe, comendo pizza e passando fio dental nos dentes sem você. Uma vez, ele lhe entregou uma pequena réplica do *Pensador* que queria usar como troféu em sala de aula. Um de seus alunos do serviço comunitário tinha tentado finalizá-lo, mas a execução ficou péssima; o estudante tinha simplesmente pintado a madeira com tinta spray, sem acrescentar nenhum detalhe. Ele perguntou se você poderia consertar, talvez refazer a pintura. Você ficou com ele por uma semana, lixou, pintou de novo a plataforma e aplicou um bronze natural sobre o prateado cafona de antes. Ele perguntou por que estava levando tanto tempo. Parecia quase irritado. Mas no dia em que ficou pronto, você soube que ele ficaria orgulhoso. Entregar a escultura a ele fez você se sentir luxuosa, como um navio de cruzeiro, navegando sala de aula adentro, carregando aquele homem forte e musculoso na proa. Aqui está, você disse. Os olhos dele se iluminaram, do jeito que você espera que aconteça com os olhos de todas as pessoas a quem entregar algo na vida.

Uau, ele disse, virando-o nas mãos e admirando cada detalhe. E olhou para você como deuses gregos olhavam para meninas mortais, tornando-as célebres. Você se tornou o que ele viu em você. Houve uma queda e você despencou como Ícaro. Achou que tinha sido por causa das Moiras, das Erínias e das crianças, e durante anos vagou pela terra, sem amar a natureza, sem avançar nos estudos, bebendo no segundo andar da casa dos pais. E agora ele é o Professor do Ano. E as Erínias se pronunciaram.

Então agora você escreve porque quer provar que elas estão erradas. Você quer que ele diga que a amava naquela época e que ainda a ama. Professor do Ano é uma farsa. Ele não amou nem tocou em Marie depois de você. Toda vez que molha o gramado, ele imagina que a água jorrando são suas lágrimas. Imagina você lá, vivendo no solo, suas pequenas e jovens mãos se estendendo para acariciar os tornozelos envelhecidos dele.

Acima de tudo, no entanto, você escreve para Aaron porque quer que ele a impeça de arruinar a vida dele.

O rum está reduzido a meio centímetro cor de âmbar. Você imagina um homenzinho acenando do fundo do copo, fazendo um pequeno sinal de positivo com o polegar. Fecha os olhos quando pressiona Enviar. Em seguida, acessa os itens Enviados para chegar, para ver o e-mail depois de ter sido selado como o *Pensador*, impossível de desfazer.

Tenho perguntas que precisam ser respondidas. Cresci e ganhei uma nova perspectiva sobre o que aconteceu. Seria do seu interesse provar que estou errada.

Às vezes você quer tanto que alguém ligue de volta. Que reconheça que você existe. Você precisa acender uma fogueira na boca do buraco da cobra. De qualquer forma, seu psiquiatra tem lhe dito que o que aconteceu significa que você é uma vítima, e não uma amante rejeitada. Todos parecem enxergar isso, menos você. As garotas naquela noite no viva-voz de Sammy. Até os garotos com quem você sai. No começo, eles têm medo de você, mas depois não tiram os sapatos ao transar com você.

Sammy e Maggie vão se encontrar com sua amiga Addison, que é tatuadora. Aaron não respondeu ao último e-mail. Addison não conhece a história. Ela diz: Por que essa tatuagem? A tatuagem é *Abro no fecho*, e o *o* em *fecho* é um pomo de ouro, dos livros de *Harry Potter*. Maggie não é uma simples fã. Uma vez, ela dormiu em uma barraca no frio congelante para comprar ingressos para o quinto filme. Ela e Sammy pediram para usar o banheiro de um café para aquecer as mãos sob a água quente que saía da torneira. É mais do que apenas ser fã, quando uma história toca tanto você que você deseja que os personagens fossem sua família. Com *Crepúsculo*, foi diferente. *Crepúsculo* não era sobre família, mas sobre se sentir como se tivesse sido mordida.

Abro no fecho significa que Maggie está pronta para seguir em frente. Ela finalmente vai deixá-lo ir, todo ele, incluindo o cheiro em seu livro. Mesmo que ela tenha sido uma vítima, isso é passado. Ela vai encerrá-lo.

Eu não entendi, Addison diz.

Maggie suspira e decide contar a história uma última vez. É a festa de despedida para a garota que se apaixonou por um vampiro. As três garotas se sentam. Addison trabalha enquanto Maggie fala. A agulha machuca como se milhares de homens minúsculos a apunhalassem no braço com forcados em miniatura. É ao mesmo tempo mais e menos doloroso do que ela esperava.

Puta merda, Addison diz. Mas que babaca.

Uma semana depois, ele ainda não respondeu ao e-mail dela. Maggie assiste a um episódio de *Dr. Phil* sobre uma garota cujo pai deixa que os amigos estuprem a própria filha. Ela não se lembra se ele cobrava dinheiro dos amigos ou não. Maggie pensa em outra coisa que Addison lhe disse. Ela estava limpando a tatuagem e admirando seu trabalho e afastando o cabelo do rosto de Maggie. O que Addison disse foi algo que Maggie já havia pensado, algo que seu terapeuta havia sugerido. Mas de alguma forma ela nunca havia interiorizado a ideia de fato. Talvez fosse a dor da agulha.

Você definitivamente não foi a primeira, Addison disse, o que significa que não vai ser a última.

Agora Maggie olha para a tatuagem. A pele ao redor do desenho está avermelhada e a imagem ainda não está bonita, mas disseram a ela que no fim das contas vai ficar. De qualquer forma, ela não podia reclamar, porque a pessoa que a colocou ali era uma amiga.

Naquela noite Maggie se aproxima da mãe na cozinha. Lágrimas escorrendo. Arlene olha para cima. Ela tem os cabelos curtos e um rosto responsável. É alcoólatra, mas não dá para perceber isso quando ela não está bebendo.

Arlene entra em pânico. O que foi? O que houve?

Ela acha que algo aconteceu com uma das crianças.

Chame o papai, diz Maggie. Precisamos conversar. Eu tenho algo para contar a vocês.

Seu pai vem do porão. Ao contrário de Arlene, ele parece querer algo que não está naquele cômodo. Age movido pelo desespero, de pequenas formas que têm um impacto terminal. O sofá é velho e a luz, fraca. A primeira coisa que Maggie faz é estabelecer algumas regras.

Vocês não podem começar a pirar e, por favor, pelo amor de Deus, não me façam um milhão de perguntas, porque eu não sei se estou pronta para respondê-las ainda.

Seus pais fazem que sim com a cabeça.

Quando eu estava no último ano da escola, tive um relacionamento inapropriado com um dos meus professores, o sr. Knodel.

Arlene começa a chorar no mesmo instante. O que quer dizer com isso?, pergunta, tentando pronunciar as palavras em meio aos soluços.

Maggie olha para o pai. Há lágrimas nos olhos dele. Ela nunca foi a filhinha do papai no sentido tradicional, porque eles são muito parecidos. Batem de frente um com o outro e gritam, mas ela compra cerveja para ele e ele arruma o carro dela e não deixa que ninguém a trate com condescendência. Ele lhe dá coragem e proteção. Ela é a filha mais nova. Os homens sabem o que os outros homens pensam, querem e fazem. Arlene não entende, mas o marido sabe exatamente o que a filha quer dizer.

Maggie diz que houve contato físico, mas que eles nunca tiveram relações sexuais de fato. De alguma forma, essa revelação é mais horripilante. De alguma forma, isso chama mais atenção para todos os diversos obstáculos de partes sexuais protuberantes, ricocheteando e tinindo como em uma máquina de pinball.

Ela diz que está contando a eles porque está pronta para fazer uma denúncia. Diz que tem provas guardadas em um armário.

Mais tarde naquela noite, Arlene vasculha tudo para encontrar a pasta do Homem-Aranha de Maggie e o exemplar de *Crepúsculo* com a plumagem de post-its. É uma noite de domingo, a noite tranquila antes de uma semana de trabalho, e a atmosfera na casa é de estarrecimento e comoção.

Arlene se ajoelha diante das evidências, passando as mãos pelas coisas que o professor de sua filha lhe deu. Ela lê os bilhetes no livro de vampiros e examina todas as coisas de criança misturadas a coisas de adulto.

Enquanto isso, Maggie vai procurar o pai. Ela o encontra na garagem, chorando sob as vigas. Sente ódio de si mesma. Sente que nunca conseguirá construir nada a partir dali. Ele nunca vai olhar para ela como alguém que não fez o que ela fez. Não importa o quanto a ame, uma parte de seu relacionamento gangrenou.

Ele não diz uma palavra, mas abre os braços para a filha e ela corre para eles. Aqueles são, afinal de contas, os melhores braços do mundo. Eles choram juntos até que ele para, e em seguida ela para também.

Maggie entra na delegacia. De repente, está consciente de tudo em seu corpo. O balanço de seu traseiro em leggings pretas. Suas botas de pele de carneiro. Suas longas unhas postiças. Em algumas semanas, o detetive encarregado do caso vai criticá-la por isso, porque suas unhas estão sempre feitas, como as de uma garota vulgar. No começo ela vai rir, mas em seguida vai contar a verdade, que usa unhas postiças porque assim fica mais difícil arrancar os próprios cílios.

A recepcionista olha para ela. Ainda há tempo de voltar atrás. Maggie imagina Aaron em sua sala de aula naquele mesmo dia. Foi naquela mesma época do ano que sua história de amor começou, seis anos antes. Ele não tem ideia do que está prestes a acontecer. Há um pequeno poder nisso. Suas mãos trêmulas a constrangem. A recepcionista espera que ela diga algo.

Nos últimos dias, Maggie tem feito a uma amiga da irmã, uma policial, várias perguntas hipotéticas. Tem se sentido mais segura na presença de mulheres do que de homens, com exceção dos irmãos, do pai e do terapeuta.

Ela sabe que ainda pode ir embora. Pode dizer ao dr. Stone que mudou de ideia, e ele vai dizer que qualquer decisão está boa.

Ela tosse um pouco para se certificar de que tem voz.

Estou aqui, diz à recepcionista, para fazer uma denúncia de corrupção de menor.

Agora é tarde demais, tarde demais, tarde demais, tarde demais. Ela estremece e sente uma quentura provocada pelo medo. A recepcionista não parece se importar. Parece indiferente, apenas fazendo seu trabalho. Até mesmo entediada. Ela faz uma ligação.

Maggie espera por um longo tempo até que finalmente um policial passa metade do corpo pela porta aberta e a chama para entrar em uma sala. Ela começa a contar sua história de vampiro. De repente se dá conta de que até os menores detalhes são importantes. Em um bloco de notas amarelo, o homem anota suas palavras. O passado boceja para ela, se esticando, como um gato.

Seis meses depois que Maggie foi à polícia, cinco anos após o fim do relacionamento entre sua filha e Aaron Knodel, Mark Wilken se levantou da cama muito antes da esposa. Esse vinha sendo o comportamento de Mark havia algum tempo, não uma predileção, mas um dos efeitos de sua depressão incapacitante. Naquela manhã, porém, ele acordou ainda mais cedo do que o habitual. Estava escuro lá fora e ele não tinha mais um emprego ao qual comparecer. Em 2000, fora demitido da Fairway, em cujo depósito trabalhara por mais de vinte anos. Ao longo dos anos, passara de andar em andar: mercearia, hortifrutigranjeiros, congelador, faturamento.

Sob todos os aspectos, era ótimo em seu trabalho. Tinha os maiores índices de produtividade e a menor taxa de erros de todos os funcionários do depósito. A eficiência se tornou a espinha dorsal de seu caráter, não listada no conjunto de habilidades em seu currículo, mas tatuada em sua identidade. Seu trabalho lhe dava um senso de propósito. Mas a Fairway fechou seu estabelecimento em Fargo porque queria investir em artigos esportivos, e quando levou os empregos embora com ela, praticamente acabou com os Wilken e todos que eram como eles.

Mark tentou conseguir um emprego na SuperValu, uma distribuidora atacadista que atendia supermercados, mas não passou no teste. O *teste de passadas* é o tipo de termo que a maioria das pessoas nunca ouve, mas quando você quer trabalhar em um depósito, é a única coisa em sua mente. O procedimento exige que o candidato suba e desça de uma plataforma a uma velocidade de vinte e quatro passos por minuto, usando uma cadência de quatro passos, sobe-sobe-desce-desce, durante três minutos. O candidato para assim que o teste termina e sua frequência cardíaca é medida para ver se ele estaria suscetível a um ataque cardíaco no local de trabalho.

Todos os dias, Mark e Arlene iam para a arena de patinação onde Maggie tinha aulas e subiam e desciam as escadas centenas de vezes. Treinaram durante um ano inteiro. Ele voltou várias vezes para refazer o teste e sempre foi reprovado. No fim desse ano desmoralizante, um funcionário ficou com pena e passou seu formulário adiante no processo. A SuperValu o contratou por meio período, em um regime de sobreaviso, o que significava que todo dia, às 18 horas, Mark precisava ligar para ver se queriam que ele fosse trabalhar no dia seguinte. Isso significava que a família não podia fazer planos de ir a lugar nenhum, nem mesmo às Cities para passar um fim de semana prolongado. No começo, ele trabalhava alguns dias por semana, depois o tempo foi reduzido a alguns dias por mês, até que finalmente ele passou a ser chamado apenas uma vez por mês por algumas horas. Perto do fim, ele mal trabalhava, mas passava todos os dias pensando que talvez precisasse comparecer ao trabalho no dia seguinte.

Dessa forma, Mark Wilken foi efetivamente forçado a se aposentar. O lado positivo foi que ele conseguiu a aposentadoria completa por vinte e dois anos de trabalho, mas com isso ficou impedido de trabalhar em uma empresa com fins lucrativos. Era como se a empresa estivesse lhe dizendo: Vamos lhe dar esse dinheiro para você sobreviver, mas precisa ficar onde está, no seu lugar. Embriague-se, se quiser, mas faça isso com cerveja barata. Então ele conseguiu um emprego de mensageiro em um hospital, distribuindo correspondência interdepartamental, envelopes de papel pardo com barbante vermelho. Sem descontar os impostos, ganhava 7 dólares por hora.

Ninguém sabe exatamente o que ele sentia, porque ele não compartilhava as partes mais sombrias. Mas o desaparecimento da dignidade pode enlouquecer até os homens mais fortes. Ele não dormia e ia a muitas reuniões do AA.

Naquela manhã, Arlene acordou e focou os olhos nos de Mark. Ele parecia exausto. Seus olhos estavam vidrados. Ela olhou para o relógio e de volta para o marido.

Boots?, disse. Era o apelido pelo qual ela o chamava. Ele a chamava de Lene.

Ele foi até a cama e se sentou ao lado dela.

Você sabe que eu sempre te amei, ele disse.

Arlene assentiu. E eu sempre te amei, disse ela.

Ela nunca se cansara dos erros, nem daqueles que ele não tinha escolhido, como a perda do emprego e a depressão que se seguiu, nem dos que tinha escolhido, como fumar maconha e beber. Mesmo que os vícios fossem uma doença, ela identificara o momento exato em que ele os escolhera em detrimento dela e do que ela precisava. Não concordava com suas transgressões, mas tampouco o importunava. Não era do feitio dela.

Ela se levantou e começou a se arrumar para o trabalho. Mark pairava ao seu redor. A verdade era que ela gostava de como ele precisava dela. Era uma das maneiras de se sentir amada.

Será que pode ficar em casa comigo, ele perguntou, e sair para tomarmos café da manhã?

Ela olhou para ele. A pele do marido havia afundado sob os pilares dos ossos. Os últimos meses tinham sido difíceis, ela sabia. Havia coisas que ele não fazia mais, como dirigir depois de beber. Nenhum hábito ruim que ele abandonara, no entanto, parecia fazê-lo se sentir melhor. Era como se ele estivesse perdendo as únicas coisas que o mantinham de pé.

Acho que posso tirar meio período de folga, disse ela.

Eles foram de carro até o Sandy's Donuts, onde os donuts estavam sempre frescos. Tomaram café e beliscaram a massa quente. Um homem que estava sentado sozinho na mesa ao lado sorriu para Arlene e dirigiu-se a Mark.

Está cuidando bem dela?

O homem estava apenas puxando conversa. Pelo tom, Arlene imaginou que talvez ele não tivesse uma mulher em casa. Ela sabia que ele quisera dizer apenas que Mark tinha sorte de ter uma esposa dedicada e sorridente. Mas Mark pareceu abatido depois da interação. Eles terminaram o café da manhã em um silêncio melancólico.

No caminho de volta para casa, Mark perguntou a Arlene se ela se importava que ele parasse para falar com o padre Bert na igreja. Perguntou se ela poderia passar para pegá-lo depois. Ela disse que não havia problema e foi para casa esperar a ligação dele.

Mais tarde, o padre Bert contou a Arlene que Mark lhe perguntara: Será que é melhor eu ir a um hospital? Estou me sentindo tão mal.

O padre Bert balançara a cabeça. Vá para casa, ele dissera, descanse um pouco.

Do lado de fora das janelas da igreja, hastes altas de sálvia-russa, exuberantes malvas-rosas e equináceas roxas se erguiam contra o céu azul. Havia também hostas no jardim de flores pessoal do padre, as mais exuberantes e verdes que Mark já vira. Era como se elas fossem iluminadas por dentro.

Padre, perguntou Mark, apontando para as flores, o senhor acha que o céu é assim?

Padre Bert assentiu e sorriu. Eu só posso imaginar, respondeu.

Mais tarde, na varanda dos fundos, Arlene disse: Você parece tão desanimado. Por favor, apenas me diga o que está pensando e sentindo.

Mark balançou a cabeça. Ele disse que não conseguia. Queria ir a uma missa vespertina com o padre Bert no asilo e perguntou se ela queria acompanhá-lo. Mas Arlene não podia. Já tinha ficado em casa a manhã inteira em casa. Precisava ir para o trabalho. Achou que não tinha problema deixá-lo sozinho. Ele ia para a missa e, mais tarde, planejava ir a uma reunião do AA.

À noite, ela chegou em casa e encontrou Mark dormindo no quarto. Ele acordou, sobressaltado. Seus olhos estavam arregalados e assustados. O que foi, o que aconteceu?, perguntou ele.

Nada, respondeu Arlene, eu só vim ver como você estava.

Lene?

Sim?

Deite aqui do meu lado um pouco.

Ela foi até a cama. Deitou-se ao lado dele. Tentou ser exatamente o que ele precisava naquele momento, nem mais nem menos. Quando ouviu o corpo dele cair no ritmo do sono, ela se levantou para que ele pudesse se esticar. Foi para a sala e cochilou no sofá. Pouco depois, ele se levantou apressado e lhe deu um rápido beijo de despedida. Estava atrasado. Arlene desejou uma boa reunião e disse que o amava.

Por volta da meia-noite, ela acordou no sofá, depois de pegar no sono lá. Mark não estava em casa. Arlene ficou apenas ligeiramente preocupada, porque as pessoas costumavam sair para tomar café depois das reuniões. Ela desejou que ele estivesse tendo uma conversa útil com um dos membros. Voltou a dormir e acordou de vez por volta das cinco da manhã. O choque de não encontrar Mark a seu lado a deixou mais gelada do que qualquer inverno em Fargo. Naquele momento ela começou a tremer. Queria ligar para o irmão, que conhecia algumas pessoas que frequentavam a mesma reunião. Mas era cedo demais, então ela esperou, tomando café, olhando para o relógio e rezando para Deus. Às sete, ligou para o irmão, que ligou para alguns dos membros. Eles disseram que Mark não fora à reunião.

Arlene sentiu um nó no estômago. Sua nova esperança era que ele tivesse estacionado o carro em algum lugar e bebido até perder os sentidos. Acordaria e voltaria para casa a qualquer momento. Mas ele tinha parado de dirigir depois que bebia. Fizera essa concessão por ela, porque sabia o quanto sua vida era importante para ela.

Ela ligou para o Departamento de Polícia de Fargo, o hospital e a cadeia. Esperou mais um pouco e acordou a filha.

Maggie se assustou com o toque trêmulo da mão da mãe. Ela soube. Naquele exato momento, ela soube. Nunca tinha acontecido de seu pai não voltar para casa. Passar a noite toda fora não era uma das coisas erradas que ele costumava fazer. Ela tentou sentir em seu coração se ele estava bem. E a mensagem que recebeu foi que não estava.

Arlene entrara em pânico. Maggie ligou para mais hospitais e cadeias. Ninguém sabia de nada, e isso não proporcionava nenhuma paz. Maggie ligou para o Departamento de Polícia de West Fargo e perguntou quanto tempo precisava esperar para registrar uma ocorrência de pessoa desaparecida.

O operador do outro lado da linha disse que enviaria uma viatura à casa dela. Vinte minutos depois, três detetives apareceram. Seus rostos estavam cobertos da mais terrível tristeza e, ao mesmo tempo, inegavelmente, também cheios de todas as coisas para as quais voltariam naquela noite quando fossem para casa. Crianças e jantares quentes. Um deles conduziu as duas mulheres para dentro da casa e pediu que elas se sentassem.

Não tenho notícias boas, ele disse.

O que aconteceu?, perguntou Arlene.

O detetive teve dificuldade de encontrar as palavras e começou a gaguejar. Arlene implorou que ele, por favor, dissesse de uma vez.

Maggie disse: *Ele se matou, não foi?*

O detetive fez que sim com a cabeça, parecendo aliviado, em alguma parte terrível de sua mente, por aquela jovem ter lhe poupado de dizer aquelas palavras.

Ele informou onde: no cemitério católico em Moorhead. Mark Wilken cortara os pulsos e sangrara até a morte no meio da noite.

Em três momentos diferentes, ele disse a Arlene que o marido tinha tomado aquela decisão. Depois da terceira vez, Arlene gritou: Pare de dizer isso! O homem com quem me casei não escolheu isso!

Nos dias que se seguiram, Maggie e a mãe descobriram que a morte em geral, mas o suicídio em especial, dá às pessoas a impressão de que podem falar sobre sua vida como se a conhecessem tanto quanto ou melhor do que você.

No funeral de Mark Wilken, flores, não tão bonitas quanto as que cresciam fora da igreja, foram espalhadas ao redor dele. Seus braços, que nunca mais envolveriam ninguém em um de seus famosos abraços, repousavam tranquilos ao lado do corpo. Além dos abraços, do molho de domingo, de seus olhos brilhantes, de sua força silenciosa e de sua candura, todos falavam sobre a voz maravilhosa de Mark. Ele costumava narrar as apresentações de patinação artística de Maggie. Todas as garotas e seus pais adoravam, porque ele transformava as apresentações em acontecimentos, barulhentos, efusivos e radiantes. Quando ele parou, toda a arena sentiu a perda.

Todos estavam chocados e de coração partido, mas Maggie sabia que eles voltariam para casa naquela noite, os sofredores marginais, e falariam dos outros aspectos, das coisas sombrias, de como e por que ele tinha feito aquilo, beberiam refrigerante, comeriam costeletas de porco e não iriam para a cama com um buraco no corpo que jamais seria preenchido.

Maggie foi até o caixão, se inclinou sobre ele e se entregou a um pranto convulsivo abraçada ao corpo frio do pai. Quando recuperou a compostura e aceitou que aquela era a segunda parte de sua vida, que todas as coisas um dia chegavam ao fim, que se sentia mais sozinha naquele dia do que jamais se sentira, ela cantou alguns versos de "Blackbird" no ouvido dele. Era uma canção que ele amava e tinha ensinado a ela.

Arlene passou o dia anestesiada, revivendo lembranças de sua longa história juntos, as férias e lágrimas, os filhos pequenos, em vislumbres sépia, e Mark, quando jovem, chamando-a para dançar, pedindo-a em casamento e perguntando a ela tudo o que uma pessoa pergunta antes de perguntar apenas a si mesma como chegou até ali, e qual foi o dia exato em que sua vida se tornou insuportável de uma forma tão dura. Mas Arlene se lembrou principalmente de como ele pedira, alguns dias antes, que ela se deitasse a seu lado. Ela desejou ter ficado ali, no contorno quente de seu lugar na cama deles, ao lado do homem que lhe dera tanto de sua vida quanto conseguira dar, e desejou apenas tê-lo abraçado para sempre. Deveria existir uma palavra mais forte do que arrependimento.

O primeiro dia do julgamento é uma terça-feira fria em abril do ano seguinte. Maggie está sem o pai há vários meses, mas ainda acorda algumas manhãs sem se lembrar disso. Ela acorda feliz, sem querer.

Lá fora, o céu é amplo e do mesmo cinza-azulado do aço. Uma respiração congelada. É um dia para trabalhar em lanchonetes. Do lado de dentro, o tribunal é menos imponente do que ela pensava que seria. Paredes e carpete cinza e madeira falsa. Uma congregação de homens pálidos vestindo ternos escuros.

Jon Byers, o procurador-geral adjunto, parece desconfortável em seu terno mal ajustado. Nos próximos dias, ele parecerá de certa forma aceitar tudo sem muitos questionamentos. Por outro lado, o advogado de defesa é esganiçado e meticuloso. Durante a seleção dos jurados, parece inteligente e estratégico. No fim, o júri será composto de quatro homens e oito mulheres. Há algumas iniquidades aparentes. A promotoria não descarta uma mulher que, durante o interrogatório, afirma que uma jovem de dezessete anos de idade deveria ter mais discernimento. No entanto, acrescenta, ela acha que consegue manter a mente aberta enquanto ouve os fatos pertinentes ao caso. É o tipo de mulher que diz *jovem* como se as jovens fossem culpadas de ter menos de trinta anos. Essa mulher se torna uma das juradas.

Durante a apresentação dos argumentos iniciais da defesa, o advogado de defesa, Hoy, fica diante do júri e diz a eles que "é altamente, altamente, altamente improvável" que um homem condecorado, amado e respeitado como Aaron Knodel tenha feito as coisas que a vítima afirma que ele fez. Homens condecorados não fazem sexo oral em jovens mulheres por quem se sentem atraídos. Homens condecorados não dizem a jovens mulheres que amam suas mãos pequenas.

Ele diz que tudo aquilo está baseado apenas nas palavras dela. Não houve exame de corpo de delito. Nenhum vestígio de sêmen em um vestido.

Quando Maggie entra no tribunal, ela é alertada pela profissional do serviço de apoio às vítimas de que Marie Knodel está no corredor por onde Maggie terá que passar. A trinta metros de distância, eles a veem. A mulher do serviço de apoio às vítimas pergunta: você quer esperar ela ir embora?

Não, responde Maggie, não tenho medo dela.

Maggie passa pelo corredor, olhando para Marie o tempo todo. Maggie sabe que isso é errado, mas está com raiva daquela mulher por ficar ao lado de seu homem. Marie olha para o teto, em seguida para os próprios pés.

Em seus argumentos iniciais, Hoy diz que Aaron Knodel se esforçou para ajudar Maggie. Ele menciona os registros telefônicos que foram recuperados e que mostram o número de chamadas entre Aaron e Maggie. Segundo Hoy, o motivo para Aaron ter falado com ela por horas a fio, algumas vezes depois da meia-noite, era que ela era uma garota problemática. Seus pais eram alcoólatras. Há poucos detalhes sobre o que esses problemas de fato acarretavam. Assim que os boatos se espalharam, Aaron Knodel pôs fim ao contato.

Durante o interrogatório, Maggie não contesta que Aaron Knodel é um bom professor que a ajudou.

"Ele cuidava dos alunos que achava que tinham problemas, e eu era uma dessas alunas", diz. Ela segura o escapulário do pai na mão. Agarra-

-o com tanta força que parece que suas mãos vão sangrar. O escapulário estava com seu pai quando ele foi encontrado. Maggie está usando uma blusa de renda branca com mangas recortadas e um lenço de seda. Ela diz: "Eu estava tentando esconder meu celular para que eles não vissem minhas mensagens de texto e me lembro que Aaron disse que gostava das minhas mãos porque elas eram pequenas, delicadas e jovens."

Todos na sala olham para as mãos dela, esperando encontrar as mãos exuberantes de uma supermodelo. Suas unhas estão cortadas bem curtas. Suas mãos tremem.

Aaron usa um terno cinza e uma gravata de listras largas e olha para Maggie com os olhos semicerrados, como se tentasse resolver um problema de matemática.

Hoy pergunta se Maggie tem planos de entrar com um processo na esfera civil. Ele sabe que na verdade ela já fez isso, porque, como Maggie vai descobrir mais tarde, o filho dele trabalhava para o escritório que Maggie consultou. Ela acabou não assinando um contrato com aquele escritório, porque os advogados disseram que ela não tinha argumentos suficientes para abrir um processo. A consulta não estava, portanto, protegida pelo sigilo profissional entre advogado e cliente.

Maggie responde que sim, que tinha conversado com um advogado sobre mover uma ação civil contra Knodel e, possivelmente, contra o Distrito Escolar de West Fargo. Há risadinhas audíveis vindo da galeria de Aaron, como se o que ela dissera fosse uma confirmação de que tudo aquilo sempre fora por dinheiro.

Hoy pergunta por que Maggie acha que Knodel se interessou por ela. Maggie pensa no quanto engordou. Ela não é mais a garota do ensino médio que foi um dia. Toma bebidas alcoólicas açucaradas. Não está motivada para entrar em forma. Sai com rapazes que não a tratam bem. Hoy diz, como se simplesmente não conseguisse conceber essa possibilidade: "Do nada, um dos professores mais populares da escola começa a enviar mensagens de texto, confessando seu amor por você?"

Na época nem Maggie, que era mais magra, mais jovem e mais feliz, conseguiu acreditar. É difícil para ela responder, porque concorda com ele. Nunca se achou boa o suficiente para Aaron.

"Não começou com ele confessando seu amor por mim", diz ela. Ela descreve como tudo começou: ensolarado, nevado e aos poucos, quando ela estava no Colorado, e como as coisas progrediram, devagar. Mas não dá para explicar uma escalada como a deles em pouco tempo. Ela não tem mais as mensagens de texto. Apagou-as a pedido dele, e já faz tempo demais para que a empresa de telefonia use seus poderes mágicos para recuperá-las.

Ganhando confiança, ela diz: "Fiquei maravilhada. Eu me senti especial, me senti querida. Um homem mais velho ia deixar a esposa por mim."

Com uma dose nada pequena de autoconfiança, ela conta aos presentes no tribunal que Aaron Knodel disse que a amava antes que ela lhe dissesse o mesmo.

O foco se volta para *Crepúsculo*, o exemplar que Maggie supostamente deu a Aaron e que ele supostamente devolveu com todas aquelas pequenas anotações, ligando o enredo do livro à sua própria história de amor proibido. Durante seu depoimento, Maggie diz ao tribunal: "O nome dele — do vampiro — é Edward, e ele se apaixona por Bella. E é um amor proibido porque ele vive atormentado, entre seu amor por ela e a vontade de matá-la."

Maggie também lê em voz alta uma das anotações que seu professor fez em uma de suas lições de casa. Ela diz: "Aaron escreveu: 'Não posso discordar.'"

Com um carregado sotaque de Fargo, Jon Byers pergunta onde ele fizera aquela anotação.

Maggie lê a frase que havia escrito em seu trabalho sobre *Crepúsculo*: "'Por meio dessa experiência, também reafirmei minha crença de que a idade não importa; o que dá origem a relacionamentos são os interesses comuns, não números.'"

Ninguém contestou o fato de, na correção do trabalho de Maggie, Knodel ter escrito "Não posso discordar" a respeito da ideia de que a idade não era determinante nos assuntos do coração. Mas é claro que a acusação de que ele escreveu os bilhetes nos post-its foi contestada.

Lisa Hanson, perita em análise de documentos, diz: "Há indícios de que Aaron Knodel poderia ter produzido a escrita em questão." Ela afirma de maneira mais definitiva que os bilhetes não correspondiam às amostras que tinha da caligrafia de Maggie Wilken. Mas seu depoimento é repleto de ressalvas.

Em seguida, Maggie descreve a noite na casa dele, a melhor de sua vida.

"Eu tentei desabotoar as calças dele, mas ele não deixou." Ela chora ao contar isso. Não porque foi estupro, mas por causa da rejeição. Porque isso fez com que se sentisse uma menina malcomportada. "Eu perguntei por que, e ele disse que queria esperar até eu ter dezoito anos, então, depois disso nós paramos. Eu me senti mal. Com a sensação de que tinha feito algo errado. Então me lembro que ficamos apenas deitados lá."

O principal problema de Maggie, que vários dos presentes notam, é que ela é muito agressiva. As vítimas não devem se comportar de maneira ríspida. Ela chora, mas não torrencialmente, não como se sua vagina tivesse sido brutalizada. Ela não chora da maneira apropriada.

Quando Hoy a interroga, ele pergunta: "Você tem algum interesse no resultado deste processo?"

Com um ar sombrio, Maggie pergunta: "Em que sentido?"

"Em qualquer sentido", responde ele. Seu tom faz com que ela se sinta uma mosca.

"É claro", ela responde, "eu gostaria que a justiça fosse feita. Mas eu fiz o que vim aqui fazer, e estou fazendo neste exato momento."

Então ela faz uma pausa para se dirigir ao juiz da Corte Distrital de Cass County, Steven McCullough. Maggie diz: "Se eu sentir que alguém está olhando fixamente para mim e me deixando desconfortável, essa pessoa está autorizada a ficar aqui?" Ela olha diretamente para uma mulher atrás de Aaron, uma mulher que não é Marie. Deve ser uma das irmãs de Aaron. Ela é corpulenta e tem feito caretas o dia todo.

"Sim", responde o juiz.

Maggie foi informada de que seu comportamento torna difícil para as pessoas sentirem pena dela. Enquanto isso, um médico que está sentado, observando os trabalhos do tribunal, sussurra alto o suficiente para qualquer um ouvir: "Algumas pessoas fazem qualquer coisa por dinheiro."

As testemunhas da acusação consistem principalmente nas três melhores amigas de Maggie. Primeiro, Sammy, com seus cabelos de salão, seus olhos grandes e gestos expansivos e efusivos. Sammy fala sobre o tempo em que foi aprendiz de serviço comunitário de Aaron Knodel. Ela diz: "Quando sua melhor amiga fica na sala de aula enquanto você vai comprar café para vocês duas, é um Grande. Alerta. Vermelho." Ela ergue as palmas das mãos no ar, para demonstrar o tamanho do alerta vermelho. "Isso era inadequado, eu achava."

Melani, mais reservada, diz que Maggie ficou mais retraída e difícil de se comunicar durante o ano de 2009. Ela se isolou em casa. Sammy ecoa a mesma ideia, mas com mais pontos de exclamação. "Ela estava com uma depressão profunda! Estava na cara que ela não estava feliz. Parecia abatida, perdia muito peso e em seguida ganhava um monte de peso. Seu peso estava flutuando loucamente!"

Alguns anos mais tarde, Maggie descobriria que, enquanto Melani testemunhava em sua defesa e, em particular, afirmava que a achava corajosa e forte, publicamente dizia às pessoas que Maggie estava se comportando como uma criança, uma criança egoísta que colocava as amigas em um posição péssima por causa de algo que ela deveria ter conseguido superar.

Shawn Krinke, embora convocado pela acusação, dá um depoimento surpreendente. Ele é colega de profissão e amigo de Aaron, mas quando o detetive Mike Ness o entrevistou, Krinke disse que quando ficou sabendo sobre as alegações, a primeira e única pessoa em quem ele pensou foi Maggie. *Devia* ser Maggie. Mesmo que fosse amigo de Aaron, o Estado imaginara que havia coisas que ele não negaria. Como a impropriedade de tudo aquilo.

Ao dar seu depoimento no tribunal, no entanto, ele não repete o que disse ao detetive Ness.

Krinke diz: "Alguns alunos precisam de mais atenção. E, como professores, muitas vezes é isso que damos a eles." Ele repete essa opinião muitas vezes e continua dizendo que, se tivesse percebido algo impróprio entre Aaron e Maggie, teria questionado Aaron a respeito.

Durante seu depoimento, Maggie diz que levou Aaron para casa uma vez porque ele estava bêbado demais para dirigir. Krinke diz que nunca viu Knodel bêbado o suficiente para não conseguir dirigir para casa. Ninguém pergunta o que isso quer dizer em termos de nível de embriaguez. Algumas pessoas preferem não dirigir depois de dois coquetéis. Às vezes é preciso levar em conta quanto você comeu. Se há duas crianças em casa, não se pode se dar ao luxo de ter sua carteira de motorista suspensa.

Em seguida, a acusação apresenta as chamadas telefônicas. São muitas, sem falar nas horas tardias. Uma analista criminal, imperturbável com seu corte chanel e uma blusa lilás mais clara do que qualquer outra coisa no tribunal, exibe o registro de chamadas em uma tela.

Chamadas recebidas, de Aaron para Maggie, quarenta e seis, em um total de 752 minutos.

Chamadas realizadas, de Maggie para Aaron, quarenta e sete, em um total de 1.405 minutos.

Totalizando noventa e três chamadas, 2.157 minutos, de janeiro a março.

Há gráficos de pizza e gráficos de barras, em azul e vermelho, mostrando que vinte e três dessas chamadas foram feitas depois das dez da noite.

A acusação acredita que é um tiro certeiro. Sem mais perguntas.

É quando a defesa toca o címbalo e o desfile começa.

Treze testemunhas de caráter se apresentam em defesa de Aaron Knodel, onze das quais são mulheres.

Sarabeth J. e Cassidy M. são ex-alunas. Elas não foram molestadas por Aaron Knodel. Estão lá, ao que parece, para dizer: olhem para nós, somos bonitas e legais, e ele não deu em cima de nós.

Ruth Joyce é uma colega de óculos e cabelos loiros. Ela diz que teria sido impossível que Aaron e Maggie ficassem em uma sala juntos sem serem pegos. Lindsey Cossette, professora de inglês, concorda. Maggie não a conhecia muito bem, mas se lembra de Aaron dizendo a ela que Cossette estava desconfiada de todo o tempo que Maggie passava em sua sala.

Maggie não está presente em nenhum desses depoimentos, por orientação dos promotores, caso precisem chamá-la para refutar alguma afirmação, o que acaba acontecendo. Mas ela fica sabendo de tudo mais tarde. O que a equipe da promotoria não diz, ela assiste no noticiário ou lê na internet.

Uma funcionária da área da educação da escola afirma: "Eu diria que o sr. Knodel é o melhor professor que já vi desde que comecei a trabalhar na West Fargo High School."

Então vem Crystal Sarstedt, loira e linda. Ela não apenas é uma ex-aluna que não foi molestada por Aaron, como também é ex-Miss Dakota do Norte.

Byers protesta. Ele sem dúvida acredita que ela está lá para insinuar que, se Aaron não deu em cima dela, por que diabo daria em cima de Maggie, que não é Miss Dakota do Norte?

Jeremy Murphy testemunha e diz que nunca confrontou Aaron como Maggie afirma que ele fez, tampouco suspeitou de nada.

O mais estranho para Maggie é ouvir, mais tarde, o que todas essas pessoas disseram sobre ela. Ela fica perplexa ao saber que o depoimento de um garoto chamado Chris foi lido em voz alta. Ele também estava na mesma turma de inglês que ela no último ano, tendo aulas com Aaron Knodel. Eles eram mais ou menos amigos e já haviam participado de um projeto de grupo juntos. Ele disse que Maggie gostava de insinuar, que ela se debruçava sobre a mesa de Aaron.

O problema nessa afirmação, como Maggie supõe que qualquer um que tenha se envolvido em um relacionamento ilícito sabe, é que ela tinha um cuidado excessivo em relação a tudo que fazia quando estava perto de Aaron. Acima e além do medo de que outras pessoas suspeitassem, Maggie sabia como algumas coisas podiam assustar ou irritar Aaron. Certa vez, eles estavam saindo da escola, caminhando juntos até onde podiam antes de ele ir para o estacionamento dos professores, quando ela deu um tapa de leve na perna dele porque ele estava sendo ridículo.

Ele reagiu como se tivesse levado um choque elétrico. Olhou em volta, mas não havia ninguém por perto. Virou-se para ela e disse: Você não pode me tocar, porque as pessoas podem ficar desconfiadas. Seu tom era severo, mas compreensivo. Ele sabia que ela não estava flertando, mas também que, considerando o que estava acontecendo, eles não podiam permitir nenhuma especulação.

Então, o fato de Chris, aquele meio amigo, dizer que ela flertava com Aaron era simplesmente absurdo. É impossível ser mais solitário do que isso, ela pensa, ser atirado aos lobos por pessoas de quem você mal se lembra.

Maggie quase chora quando fica sabendo sobre Candace Paczkowski. Mesmo tendo a reputação de ser uma das professoras mais duras, a sra. Paczkowski gostava de Maggie. Ela é atarracada, com cabelos ruivos curtos, e naquele dia está usando uma jaqueta branca e preta. Maggie lembra que, quando eles estavam aprendendo sobre transcendentalismo, ela era uma das únicas alunas que levantavam a mão, demonstrando um interesse genuíno. A sra. Paczkowski a chamou depois da aula para dizer o quanto valorizava sua participação e seu ponto de vista, o que fez Maggie se sentir inteligente. Ela sorriu durante todo o caminho da escola até em casa.

Naquele dia, a sra. Paczkowski vai testemunhar não a favor de Maggie, mas a favor de Aaron.

A sra. Paczkowski dava aula em uma sala bem diante da de Aaron, do outro lado do corredor, e diz que todos os dias ao meio-dia enfiava a cabeça na porta da sala para ver como ele estava, para dizer olá, e nunca viu Maggie lá. Além disso, insinua que os professores eram todos ocupados demais para praticar masturbação.

Lora é uma das loiras na foto de loiras tirada na noite em que Maggie buscou Aaron no TGI Friday's. Ela só postou a foto no Facebook no fim de março, então a defesa diz que há uma inconsistência com a linha do tempo de Maggie.

Quase no fim do desfile de testemunhas, vem o golpe mais cruel de todos. Maggie sabia que ela iria. Quando viu o nome dela na lista da defesa, foi correndo para o banheiro e vomitou.

Heather S. começa a depor e diz que elas eram melhores amigas na época do suposto relacionamento. Diz que saberia se algo estivesse acontecendo. Basicamente, ela chama Maggie de mentirosa. Maggie, que uma vez assumiu a culpa no lugar dela na sala do diretor. Maggie, que sempre ficou a seu lado. Mais tarde, quando fica sabendo o que Heather falou em seu depoimento, Maggie se lembra que, quando ainda estavam na escola, Heather dera a Aaron uma caneca de café com um versículo da Bíblia sobre o amor, como presente de Natal. Na época, Aaron disse a Maggie que a esposa dele tinha achado estranho, que dissera que Heather dera aquela caneca porque queria transar com ele. E toda vez que ele usava a caneca, Marie dizia: Está usando a caneca "transe comigo" de novo? Claro, Maggie não tem como saber se aquela conversa entre Aaron e Marie foi real. Quando eles estavam juntos, Aaron disse a Maggie que achava que Sammy tinha uma queda por ele, o que fez com que Maggie sentisse uma raiva irracional de Sammy por algum tempo, sem poder nem ao menos dizer o motivo. Maggie acredita agora que ou Aaron queria que ela ficasse com ciúme, ou queria que ela afastasse todas as amigas para não ter ninguém a quem contar o segredo deles. Conseguiu fazer ambas as coisas.

Nos interrogatórios da acusação, os promotores perguntam a todos os professores se eles já tiveram conversas telefônicas com os alunos depois das dez da noite. Candace Paczkowski e Amy Jacobson, assistente de Aaron na aula de inglês de Maggie, falam muito sobre como Aaron ajudava seus alunos e afirmam que teriam feito o mesmo por um aluno problemático. A sra. Paczkowski e as outras testemunhas não precisam olhar para Maggie enquanto defendem Aaron. Maggie não as assiste ao vivo, mas depois, no noticiário da noite, na poltrona onde o pai costumava se sentar. Ela chora e vomita e não sabe mais quem lhe restou.

Por fim, Byers pergunta à sra. Paczkowski: "E quanto ao horário dessas ligações? Já ligou para algum aluno ou recebeu ligação de algum aluno por volta da meia-noite?"

"Não", responde ela, balançando a cabeça.

sloane

Nos primeiros dias do restaurante, Richard e Sloane deram uma festa de ano novo. Um dos chefs que trabalhou naquela noite foi Wes, o braço direito de Richard. Wes era muito atraente, tinha o tipo de rosto moreno, de sobrancelhas grossas e maxilares quadrados, que é ao mesmo tempo subversivo e afável. Na época, Wes estava dormindo com duas outras funcionárias, Jenny e Danielle, e uma não sabia da outra. Ele também estava dormindo com uma das clientes regulares do restaurante. Como muitos homens charmosos, tinha um jeito de sair de um ambiente que fazia as outras pessoas sentirem que não havia razão para ficar depois que ele ia embora.

Sloane conhecia Wes havia muitos anos. Nunca tinha pensado nele sexualmente, mas naquela véspera de ano novo, ficou impressionada com o que aconteceu por volta da meia-noite.

Sloane estava cuidando do salão, sentindo-se como um peixe em um aquário — existindo para o grupo de pessoas reunido ali, se exibindo para eles, mas ao mesmo tempo seguindo seu caminho, sozinha. Ela se sentia linda e magra. Fazia anos que não vomitava. Agora tinha maneiras mais saudáveis de ficar em forma. Ainda eram reconhecidamente obsessivas. Ela ia muito à academia e comia pouco. Encontrava formas rápidas de se exercitar ao longo do dia, microaduções de coxa que podia fazer enquanto estava ao telefone ou limpando a cozinha depois do jantar. Richard foi chamá-la.

Você precisa ver isso, disse ele.

Ela o seguiu até a cozinha.

Faltavam cinco minutos para a meia-noite. Jenny e Danielle andavam para cima e para baixo pelos corredores da cozinha, procurando por Wes. A cliente com quem ele estava saindo também tinha entrado lá. Elas procuravam até atrás das geladeiras. Três mulheres queriam beijar o mesmo homem à meia-noite.

Cadê ele?, Sloane sussurrou para o marido.

Richard apontou para a câmara frigorífica. Sloane abriu a porta e lá estava Wes, encostado na parede ao lado de cortes de carne cor de rubi que pendiam do teto.

Ele colocou o dedo nos lábios. Sloane ficou boquiaberta, fingindo incredulidade. Ele piscou. Havia um sorrisinho em seu rosto. Era malicioso e ao mesmo tempo terno. Ela sorriu de volta, fechou a porta e voltou para o salão. À meia-noite beijou o marido. Todos no grande salão de jantar fizeram soar matracas, gritaram "Feliz Ano Novo!" e brindaram com taças de champanhe.

Nos anos seguintes, Richard e Sloane experimentariam convidar terceiros para o quarto. A terceira pessoa, em geral, era um homem. Richard ficava excitado vendo a esposa com outro homem em sua presença. Às vezes podiam ser apenas ela e o outro homem enquanto Richard estava trabalhando. Sloane enviava atualizações por áudio e vídeo pelo celular para mantê-lo informado e envolvido.

Richard escolhia o homem. Ele mencionava alguém, às vezes na cama ou enquanto tomavam café, depois que as crianças iam para a escola. Sloane nunca se lembrava do conteúdo dessas conversas. Ela raramente dizia não. Às vezes, um homem em particular que Richard escolhia era surpreendente para ela, mas na maior parte do tempo, os escolhidos faziam sentido. Ela nunca tinha pensado em Wes como uma opção. Conhecia-o havia muitos anos. Ele era bonito e tinha cabelos espessos. Ela gostava de homens calvos e poderosos, como o marido.

De qualquer forma, o outro homem de modo geral não a estimulava em nenhuma direção. A parte excitante era simplesmente a presença de uma terceira pessoa. Eles sempre eram bonitos o suficiente, gentis o suficiente, inteligentes o suficiente. Nada que ela não pudesse digerir. Mas ela mesma não os teria escolhido.

Com menos frequência, a terceira pessoa era uma mulher, como tinha sido em seu aniversário de vinte e sete anos. Sloane preferia quando o terceiro elemento era uma mulher. Quando eram dois homens e ela, Sloane se sentia como se estivesse em um palco. A atenção se concentrava apenas nela; ela era a estrela de todas as cenas. Alguns homens não gostavam quando suas bolas ou seu pênis roçavam nas bolas ou no pênis do marido, e era ela quem ficava encarregada de evitar esses acidentes. Às vezes parecia que Sloane era a única jogadora em uma quadra de badminton, tentando manter a peteca no ar dos dois lados da rede.

Era Richard quem comandava todos esses eventos. Era a predileção dele que ela estava servindo, embora também gostasse. Ela raramente fazia algo apenas para si mesma quando se tratava de sexo, embora uma vez tenha chegado bem perto.

Ela estava em Sag Harbor com algumas amigas. Elas bebiam vodca em um bar à beira-mar, e Sloane observava os barcos iluminados no porto, pequenas obras-primas. Havia comido pouco naquela noite e sua barriga estava lisa. Mesmo depois de melhorar, de superar os transtornos alimentares e conseguir manter algum tipo de normalidade, ela ainda tinha um medo sombrio de comida. De como ela podia se acumular dentro do corpo. Sloane nunca tinha estado acima do peso. Não era como se tivesse perdido quarenta e cinco quilos e ainda estivesse traumatizada com as dificuldades, os anos usando calças com elástico na cintura e túnicas. Ela ganhara um pouco de peso durante as gestações e lutara, como muitas mulheres, para perder os quilos extras. Mas, de modo geral, seus anéis sempre ficavam largos nos dedos. Ainda assim, o medo era abrangente.

A primeira noite em Sag Harbor foi um borrão. Todas beberam muito. Quando foi pegar mais uma bebida no bar, Sloane esbarrou em um casal conhecido. Eles sempre tinham flertado com ela, tanto o homem e quanto a mulher, e naquela noite não foi diferente. Ela não conseguia lembrar qual dos dois tinha ficado mais animado em vê-la. Sloane flertou de volta. Então todos voltaram para seus próprios quartos.

De manhã, Sloane ligou para Richard e contou a ele sobre a noite. Ela o imaginou na cozinha, andando para lá e para cá pelos corredores, separando a cauda de uma lagosta da carne. Ela adorava os cheiros da cozinha do restaurante deles.

Ele disse que ela deveria ir ao quarto do casal. Era cedo e o sol estava excessivamente brilhante. Ela estava com vontade, mas não de todo. Sentia-se magra e bonita. Às vezes isso era suficiente para o sexo. Ela mandou uma mensagem para o casal. Eles escreveram de volta: Venha até aqui. E enviaram o número do quarto.

As amigas que viajavam com Sloane tinham ido fumar do lado de fora ou estavam passeando de bicicleta pela cidade. Sloane ainda estava de pijama e colocou os tênis de corrida. Sentia um pouco de ressaca da noite anterior e, no corredor com ar-condicionado, de pijama e tênis, ela se sentiu ridícula. Não era uma combinação convincente. Andou depressa e foi pelas escadas para evitar encontrar as amigas. Quando chegou à porta do casal, olhou para os dois lados do corredor antes de bater.

Além de mandar breves atualizações quando Richard não estava presente, ela às vezes filmava a maior parte do interlúdio com o celular. Assim ela e Richard podiam assistir juntos depois.

Nesses momentos, quando transava com outras pessoas, muitas vezes ela se sentia limpa. Os aspectos negativos de sua vida se fundiam à margem. Mulheres como sua cunhada, que faziam com que ela se sentisse mal em relação a si mesma; problemas no restaurante; questões financeiras. Todos esses assuntos desagradáveis se desprendiam dela.

No início daquele verão, Sloane lera a trilogia *Cinquenta tons*, e algo de repente havia se encaixado. Ela disse às amigas que era como se tivesse passado a vida enxergando mal e então colocasse óculos. Era ridículo, ela sabia, descrever as coisas dessa maneira. Como se fosse uma caloura na universidade que tivesse acabado de se deparar com Nietzsche em um fim de semana de férias e de repente enxergasse o mundo com clareza. Além disso, não era Nietzsche, mas uma trilogia de pornografia leve.

Nos livros, uma jovem assina um contrato com um dominador sexual, que por acaso também é um empresário rico, poderoso e bonito. Ela se torna sua submissa, permitindo que ele a chicoteie, a algeme e insira bolas de pompoarismo em sua vagina. Depois de ler os livros, mulheres de todo o país foram a lojas de artigos de couro e compraram chibatas para deixar junto à cama. Os livros fizeram essas mulheres se sentirem ousadas e selvagens. Mas fizeram Sloane se sentir sã. Eles normalizaram seu estilo de vida. Até mesmo o romantizaram. Antes de lê-los, muitas vezes ela se sentia insegura em relação a seu lugar no mundo. Quem era? O que tinha se tornado? O que *não* tinha se tornado? As pessoas pareciam entrar e sair de sua vida enquanto se apegavam com firmeza à própria vida, sabiam quem eram, mesmo que fossem diferentes de acordo com a estação. Morando em Newport, Sloane vivia cercada de mulheres com um armário inteiro de roupas de verão em suas casas de veraneio, celebridades e ex-presidentes que chegavam de avião, comiam a comida do marido dela, se divertiam no bar, flertavam com pessoas que não eram seus cônjuges, depois voltavam para casa, para suas rotinas, seus relacionamentos heteronormativos e monogâmicos. Os livros e a sensação que se seguiu à sua publicação, no entanto, transformaram a vida de Sloane em uma vida encantada. Tenho uma existência fantástica, ela pensava, esse é o papel que eu desempenho e está tudo bem.

Da mesma maneira que quando assumira o controle da forma como comia, ela agora estava no controle de sua história. Se antes simplesmente acomodava os desejos do marido sem ser fiel aos seus, agora Sloane tinha uma nova lente através da qual ver aquele arranjo. Ela era uma submissa, e uma submissa concordava com as exigências do dominante. Sentiu-se desejando aquilo mais do que jamais desejara no passado. No começo, quando Richard abordou pela primeira vez a ideia de que ela poderia ter relações sexuais com outros homens e contar a ele a respeito, ela achou difícil. Um dos problemas era que ela nem sempre gostava dos homens que ele escolhia. Gostava da ideia de ser safada e diferente. No passado, nunca iniciara nada sem que Richard sugerisse primeiro. Mas agora as coisas eram diferentes.

Ela contou a Ingrid, sua melhor amiga desde o ensino médio, que era uma submissa, enquanto elas passavam um fim de semana só de garotas em Fire Island, na costa sul de Long Island, Nova York. As duas mulheres enterravam os dedos dos pés na areia e usavam chapéus de palha de abas largas, os longos cabelos caindo sobre os ombros.

Sloane explicou como os livros tinham ajudado a libertá-la, da mesma forma que ela fora libertada de seu distúrbio alimentar. Ela comeu os mariscos cozidos no vapor. Mergulhou-os na manteiga. Aquele era o tipo de coisa que algumas pessoas podiam considerar natural. Sloane sabia que há sempre algo que uns consideram natural, pelo qual outras pessoas estão famintas.

Sloane sentiu que Ingrid tinha perguntas que não queria fazer. Sloane também tinha perguntas. Como acontece quando você conta algo a sua melhor amiga e, de repente, essa coisa parece menos dourada. Um homem cai em desgraça.

Ninguém dizia em voz alta: Esse é um jeito de você se sentir bem em relação ao fato de seu marido querer que você transe com outros homens?

Mas Sloane ouvia mesmo assim.

Ela olhou para o mar, que parecia menor e mais cinzento ali do que em sua ilha.

Agora, disse a Ingrid, eu sei quem eu sou. Ouço melhor as pessoas porque suas vozes não estão mais abafadas. Sabe quando as pessoas estão falando, se apresentando a você, e a única coisa que você ouve são seus próprios pensamentos? Bem, eu não ouço mais o zumbido na minha cabeça. Agora ouço as pessoas.

Ingrid assentiu.

Sloane disse: Eu consigo me lembrar de nomes agora. E sabe a minha mania de fazer a cama no segundo em que acordo? Tipo, em todo lugar? A cama de todo mundo, em todas as casas — até nas casas de férias?

Ingrid sorriu. Claro, disse ela.

Bem, eu consigo ignorar camas agora. Digo a mim mesma: Não faça a cama. Eu digo: Não. Faça. A porra da cama. E adivinha? Eu não faço.

Em Sag Harbor, o casal atendeu à porta. O homem usava camisa e short. A mulher, camiseta e calças de linho. As cortinas estavam fechadas e o casal tinha pedido champanhe. Pouco depois de Sloane chegar ao quarto, houve uma batida na porta. O garçom do serviço de quarto olhou para as três pessoas que tinham pedido champanhe antes das nove da manhã. Ele olhou para os próprios pés. Sloane riu como se já tivesse bebido o champanhe.

Ela se sentiu mais confortável do que esperava e começou a beijar a mulher primeiro. Sempre se deve beijar a mulher primeiro. As coisas progrediram rapidamente. Uma coisa levou a outra e, quando Sloane deu um tempo, quando saiu da cama para enviar uma mensagem a Richard, descobriu que a bateria do celular havia acabado.

Merda!

O que foi?, perguntou o casal. Eles estavam na cama, esperando, sorrindo, acariciando um ao outro. Sloane voltou para junto deles. Concluiu que não era tão importante assim. Ficou mais duas horas, talvez mais. Perto do fim, Sloane começou a ficar nervosa em relação a Richard. Enquanto isso, o homem estava bêbado demais para gozar e Sloane sentiu uma profunda frustração. Ela estava se esforçando para fazê-lo chegar ao clímax, mas isso não iria acontecer. Também estava irritada com a mulher, por não saber exatamente o que fazer para o marido gozar.

Depois que acabou, ela saiu depressa, quase sem se recompor por completo. De volta a seu quarto de hotel, ligou para Richard, que ficou muito chateado. Ela sabia que isso aconteceria.

Eu não posso não ter você em contato comigo, ele disse. Isso faz com que eu sinta que não estou envolvido. Foi péssimo.

Sloane se sentiu muito mal e, de qualquer maneira, o mesmo era verdade para ela. Se Richard não estaria lá, ela precisava sentir que ele estava com ela, em seu coração, ao telefone a seu lado. Ela tinha achado que seria uma experiência agradável.

Sinto muito, disse ela. Richard desligou e Sloane foi dar uma volta. Ainda não sabia ao certo quem ela era e o que queria, afinal de contas, e essa descoberta, de que havia ainda mais por descobrir, não a deixou animada em relação ao equilíbrio de sua vida. Fez com que se sentisse cansada.

* * *

Sloane não sabia quando tinha mudado, sabia apenas que algo mudara. Wes sempre fora sedutor; toda mulher que o conhecia ia embora sorrindo. Mas ele nunca fora sedutor com Sloane. Nunca tentara nada com ela.

Mas em algum momento naquele verão, começou a fazer pequenas coisas, como se quisesse provocá-la. Deixando seus olhos se demorarem nas pernas de Sloane sempre que ela usava saia.

Richard percebeu. Por um tempo, não disse nada. Mas Sloane sentia isso na cozinha. Ela entrava, Wes dizia algo, ela ria, eles olhavam um para o outro, e então ela se virava e via Richard observando do outro lado da cozinha. A melhor maneira de descrever como se sentia era dizer que tinha a sensação de ser iluminada por estrelas.

O sentimento era amplificado pelo fato de que aquilo estava acontecendo em um restaurante. Seu restaurante. Os restaurantes em geral eram teatrais. Todos arrumados, comemorando. Enquanto isso, os donos, chefs e garçons apresentavam um espetáculo todas as noites. Sloane era a atriz principal; o chef, que era alto, bonito e inteligente, flertava com ela; seu marido, o chef-proprietário, assistia. E apesar de Richard aprovar e ficar até mesmo estimulado, é claro que havia um pouco de ciúme. Esse ciúme o deixava excitado, e também excitava Sloane. Ela se sentia poderosa.

Fazia quase uma década desde que tinha visto Wes no freezer, se escondendo das mulheres enamoradas na véspera de ano novo, mas a imagem tinha permanecido com ela. Nada mudara muito nele, exceto pelo fato de que agora estava voltando as atenções para Sloane. Ele ainda estava com uma das mulheres daquela noite. Seu nome era Jenny e Sloane a conhecia. Wes e Jenny tinham três filhos, mas não eram casados. Sloane imaginava que eles tivessem um relacionamento aberto por causa da natureza de Wes e porque Jenny tinha se relacionado com várias mulheres ao longo dos anos. Certa noite, quando Richard perguntou a Sloane: O que você acha de Wes?, ela não pensou imediatamente em Jenny.

Você quer dizer eu e Wes?, perguntou Sloane. Eles estavam deitados no quarto. Sloane tinha acabado de terminar sua sequência de exercícios noturnos. Sempre incluía elevação do quadril, no estilo Jane Fonda, mas muitas vezes também elevação lateral de perna e abdominais. Ela fazia alguma versão dos exercícios, em um tapete ao lado da cama, desde que sua batalha contra os distúrbios alimentares havia começado. Levava apenas cerca de cinco a dez minutos e nunca passava uma noite sem fazê-los, mesmo que estivesse bêbada, drogada ou ambas as coisas.

O que acha?, perguntou Richard.

Claro, ela disse, olhando para o teto. Por que não?

Várias semanas depois, ela se viu sozinha no restaurante com Wes. Havia outras pessoas, na verdade, ajudantes de garçom e outros funcionários, mas eles não contavam porque não faziam parte do círculo social de Sloane. Richard acabara de se despedir dela com um beijo. Ia levar as filhas para um churrasco.

Sloane tinha acabado de fazer uma nova tatuagem. Perto da linha do biquíni. O local estava dolorido, e a sensibilidade a excitava.

Ela encontrou Wes filetando um peixe. Seu rosto estava sempre escurecido pela barba por fazer. Ele sempre parecia um pouco desleixado. Sloane era sedutora por natureza e ao mesmo tempo sua sexualidade era finamente calibrada. Dependendo do momento, ela se via amplificando sua natureza ou baixando o tom. Com Wes, na verdade, não moveu o medidor em nenhuma direção. Estava excitada pelo fato de poder ser ela mesma.

Oi, disse ela.

Oi pra você também, disse ele, olhando para cima. Ela sentiu um pulsar entre as pernas.

Eu fiz uma tatuagem nova.

Fez?

Ambos sorriram. Ela perguntou se ele gostaria de ver. A casa de Richard e Sloane ficava bem ao lado, e Wes já fora até lá muitas vezes levar coisas ou tomar café. Levá-lo para a casa parecia muito seguro e normal.

Ela mandou uma mensagem de texto para Richard. Contou a ele o que estava prestes a fazer. Ela sabia que tinha sua bênção. Também sabia que ele gostava quando ela tomava a iniciativa dessa maneira, depois de ele ter feito uma sugestão. Sabia que ele gostava de abdicar de seu poder. Ficava feliz em agradá-lo.

No quarto, ela baixou o cós da calça para mostrar a Wes a tatuagem. Ele se ajoelhou ao lado de seus quadris. Ela sentiu a respiração dele em sua pele, em seguida as pontas da barba por fazer.

Ambos tiveram orgasmos como se tivessem orgasmos juntos havia muitos anos. Mas a sensação de normalidade foi intensificada porque eles sabiam que ainda estavam se comportando de forma ilícita. Sloane se sentiu elevada e feliz. Depois de se vestirem, ela pegou o celular. Contou ao marido como tinha sido. Richard respondeu que era muito difícil ficar de pau duro enquanto jantava fora com as crianças. Ela sorriu e então ela e Wes falaram sobre a vida em geral, os filhos, o restaurante, o que fulano tinha feito em uma refeição em família. Nada jamais tinha sido tão natural.

Àquele encontro se seguiram vários meses do sexo mais agradável e feliz da vida de Sloane. De Richard também. Nunca fora fácil encontrar o tipo certo de terceiro. O tipo certo de homem. Homens interessantes, bonitos e de boa qualidade da idade deles ou eram casados, ou não estavam interessados no tipo de arranjo que Richard procurava. Além disso, Sloane com frequência ficava incomodada ao transar com estranhos. Com seus grunhidos e idiossincrasias. A maneira como, quando ficava por trás dela, um homem podia segurar seu quadril com a mão firme, enquanto a outra afastava delicadamente a camisa dele nas costas, prendendo-a ali. Coisas assim a faziam perder o tesão. O grau de violência de alguns homens, o cheiro de outros.

Com Wes, nenhuma dessas questões se apresentava. Não havia complicações. Era hedonista e ao mesmo tempo carinhoso. Os dois trepavam muito com Sloane, juntos e separados. O beijo era sensual. Era maravilhoso beijar o marido enquanto um homem incrivelmente atraente estava entre suas pernas. Ou o contrário. Era bom trepar com outro homem enquanto o marido observava demonstrando aprovação. Ela nunca se sentia suja. Ela se sentia amada. Sentia que seus desejos e os de Richard tinham enfim se encaixado de uma maneira que antes ela não considerava possível. Acima de tudo, ela se sentia presente.

Às vezes o sexo durava menos de trinta minutos. Não era uma maratona com lençóis de seda e velas. Durava o tempo necessário para que cada uma das partes gozasse. Em geral, Sloane era a que demorava mais, porque mesmo que tivesse passado dias fantasiando exatamente sobre aquilo, quando acontecia de fato, seus nervos atrapalhavam. Então ela encerrava. Dizia: Tudo bem, pessoal, para mim está ótimo. Depois que Wes ia embora, atingia o orgasmo, às vezes com Richard, às vezes sozinha, pensando no que tinha acabado de acontecer na cama deles. Depois de cada interlúdio, se tivessem tempo, os três se vestiam e tomavam uma xícara de café. Era o mesmo quando estavam apenas Sloane e Wes. Eles conversavam como se estivessem em um jantar.

Desde que tinham começado esse novo relacionamento, Wes não falava muito de sua parceira, Jenny. Sloane estava acostumada com isso em se tratando de homens. Eles apagavam as mulheres quando estavam perto dela. Mas imaginava que Jenny soubesse. Ela supunha, porque Wes era um homem generoso, que ele estava tomando as decisões certas em relação a ela.

Sloane tinha medo de qualquer coisa que perturbasse o que eles tinham. Wes trouxera uma alegria imprevista para o casamento deles e para o senso de identidade de Sloane. Ela tinha dois homens heterossexuais esperando por ela, desejando-a o tempo todo. Sentia-se poderosa.

Uma noite, Sloane perguntou a Wes: Você perguntou a Jenny se ela gostaria de se juntar a nós? Eles estavam se divertindo muito quando ela fez a sugestão. Rindo de algo que um amigo deles tinha feito. Mas pela reação de Wes, Sloane percebeu que Jenny não sabia exatamente onde ele estava naquela noite, ou em nenhuma das tardes e noites antes daquela.

Mais tarde, quando estavam apenas os dois, Sloane disse para Richard: Acho que ela não sabe.

Ela deve saber, ele disse.

Eu acho que ela não sabe.

Richard não queria estragar o que eles tinham. Sloane também não queria. Mas um interruptor fora acionado, e ela não conseguia voltar atrás. Era como os faróis que via através de sua janela — eles nunca se apagavam. Ela se sentiu desconfortável. Sentiu isso em seu âmago. Durante um bom tempo, viveu com uma espécie de medo constante de descobrir que Jenny não sabia de nada. Que Jenny estava em casa, assando biscoitos com as crianças, cuidando do jardim, se preocupando com dinheiro, sem saber o que seu parceiro fazia algumas noites e algumas tardes. Sloane vivia com medo de ser descoberta, de ser chamada de uma pessoa horrível. E enfim acabou sendo.

Era inverno, mas o clima não estava congelante. Sloane estava passeando pela rua com o cachorro de um vizinho. Richard estava no exterior. Ela sentia falta dele, mas se sentia bem e tranquila. Cuidando da casa, lendo, saindo com as amigas. Mais tarde, decidiu, iria ao mercado comprar algo divertido para levar para as crianças. Algo que elas pudessem assar, além de cobertura e confeitos. Mais tarde ela perceberia que geralmente é durante esses momentos de alegria despreocupada que uma bigorna atinge sua cabeça.

Bem perto da curva onde podia ver o mar, seu celular soou. Uma mensagem: Eu estou com o celular do Wes. Vi suas mensagens. Vi as fotos.

Era uma resposta a uma mensagem de Sloane para Wes quando eles estavam combinando de se encontrar. Sloane escrevera algo provocante. Mal posso esperar por mais tarde...

A rua, de repente, pareceu cheia de olhos. As bagas de inverno em seus galhos empertigados. Sloane se sentiu nua e enojada consigo mesma. Não se sentia mais uma mãe, uma esposa, a dona de um negócio ou mesmo um corpo saudável no mundo. Ela era um coágulo escuro.

Com medo de desmaiar, agarrou a coleira do cão com mais força. Tentou se concentrar no cachorro. Aquele animal que não fazia ideia do tipo de pessoa que estava diante dele. A vergonha era enorme, mas além dela não havia nada. Sloane não sentia nada por dentro. Ela era roupas, um poncho e uma boa calça jeans. Será que tinha morrido de novo?

Embora sofrendo pela pessoa que queria ser, ela se deu conta de que era melhor escrever de volta logo. Olhou em volta para ver se Jenny estava na rua, em um carro estacionado, observando-a.

Não é o que você está pensando, escreveu. Ela viu as palavras na tela e se odiou.

Ela sabia, como imaginava que Jenny soubesse, que quase sempre é o que você está pensando.

Enquanto estava parada ali, na rua, o desprezo que sentia por si mesma cresceu mais alto e mais forte do que qualquer erva daninha, qualquer árvore. Antes daquele dia, Sloane tinha pensado: Talvez esteja tudo bem, talvez ela saiba. Talvez ela apenas saiba, e algum dia nós possamos incluí-la.

Mas não podia mais fingir inocência. Na verdade, naquele momento, ela percebeu que soubera o tempo todo que Jenny estava no escuro. Apenas tentara se convencer do contrário.

Outra mensagem chegou. Jenny disse que nunca mais queria falar com Sloane, não queria vê-la nem ouvir uma palavra sequer sobre ela. Mas precisava saber se estava segura no que dizia respeito a sua saúde.

O estômago de Sloane se revirou violentamente.

Ela sabia que ela mesma não importava, mas queria tentar salvar Jenny e Wes. Queria proteger Wes. Ajudá-lo, pensou.

Sloane não respondeu. Jenny pressionou. Precisava saber, disse, se ela tinha alguma doença. Precisava saber naquele exato momento.

Sloane negou mais uma vez. Disse que eles tinham flertado de maneira inapropriada, só isso. Foi só isso, ela escreveu. Ela olhou para as palavras na tela. O cachorro não puxou a coleira. Ele ficou sentado e esperou.

Havia duas verdades. A primeira era que ela não achava que precisasse levar Jenny em consideração, que Wes tomaria as decisões certas para sua parceira. A segunda verdade, talvez mais verdadeira do que a primeira, era que dois homens não pensavam tanto nas coisas quanto uma mulher. Talvez Sloane estivesse sendo sexista, de certa forma, mas ela sabia que os homens podiam ser egoístas. Contanto que certas necessidades fossem atendidas, eles não levavam em consideração o custo. Cabia a Sloane, como mulher, certificar-se de que a outra mulher estivesse de acordo.

Havia também uma terceira verdade: a presença de Wes em sua vida havia completado Sloane. Ele tornara aceitável o que ela fazia com o marido. De certa forma, ela não sabia como existiria sem ele.

O contato foi interrompido quase imediatamente. Sloane queria que Richard falasse com Jenny. Richard disse que pensaria a respeito. Então o tempo passou e ele falou que era melhor deixar as coisas como estavam, deixar os ânimos se acalmarem. Não vamos nos envolver nos assuntos de outro casal, ele disse.

Mas nós já estamos envolvidos, respondeu Sloane.

Por vários meses, Sloane não soube se Wes e a parceira iriam ficar juntos. Ela se preocupava com a família, com as crianças. Os rumores eram simples e diretos: Sloane tivera um caso com Wes. Os rumores, como de costume, não levavam em conta a complexidade das coisas, muito menos a verdade.

Sloane ficou arrasada. Sentia falta de Wes, aquele homem que a fizera se sentir segura, que a fizera sentir que seu estilo de vida não era uma grande aberração. Richard era seu esteio, é claro, mas Wes tinha sido alguém de fora que ajudara a legitimar suas escolhas. Ele se tornara um amigo íntimo. E tornara o que Richard queria dela algo menos sexual e até mais amoroso.

O que ela realmente queria era que Richard explicasse a Jenny que ele a havia pressionado a fazer aquilo, o que era a verdade. Queria que ele dissesse: Veja bem, não foi Sloane quem foi atrás de Wes; nós não sabíamos muito bem como era o relacionamento de vocês. O que aconteceu foi algo que nós dois fizemos, como um casal. Não foi culpa de Sloane. Ela não é o que você pensa.

Na verdade não foi Sloane quem pensou nisso. Foi sua melhor amiga, Ingrid, que disse: Richard precisa ir até a casa dessa mulher. É isso que tem que acontecer.

Alguns meses depois, Sloane viu toda a família na balsa. Ela estava sozinha e sentiu o ácido subindo por sua garganta. Um grande medo. De forma casual, Jenny procurava algo no interior da bolsa. Wes e as crianças conversavam e olhavam para a água. Eles apontaram para algo na água e então Jenny também olhou e todos começaram a rir. Sloane percebeu que eles estavam felizes. Não foi nada, ela pensou. Já passou. Nada de ruim aconteceu. Ela achou que Wes a tivesse visto de relance, mas se viu, ele não deu nenhum sinal, tampouco Jenny, e eles continuaram rindo e conversando como uma família feliz, então Sloane entrou rapidamente em seu carro e ficou lá durante todo o resto do trajeto. Sentiu um alívio extravagante. Perguntou-se se Wes a tinha visto; parecia que sim, embora, é claro, fosse possível que não. Era possível que ninguém conseguisse vê-la de todo.

lina

A próxima mensagem de texto que ele manda chega às quatro da tarde. As crianças estão em casa e é aquela hora já quase no fim da tarde quando Lina esquenta o jantar, coloca a roupa na secadora e limpa alguns espelhos. Se soubesse que o veria no dia seguinte, aquela poderia ser a melhor parte do dia para fantasiar sobre o próximo encontro.

Mas ele nunca a chama com antecedência para encontrá-lo. Ele lhe manda mensagens quando é acometido pelo desejo. É cruel, desmoralizante. O desejo dele pode surgir, como agora, às quatro da tarde, quando seus dois filhos estão em casa e não há ninguém para tomar conta deles.

E não dá para marcarem outra hora. Com homens assim, você não pode reprogramar o desejo. Em duas horas ele vai desaparecer. Em vinte minutos, se Lina não enviar uma mensagem rápido o suficiente com uma resposta afirmativa, ele vai se voltar para o closet e bater uma punheta olhando para os sutiãs da esposa. Uma pequena gota fantasmagórica de sêmen vai cair em uma sacola de papel pardo da Macy's, ele vai rasgar a ponta úmida e jogá-la no cesto de lixo do quarto e lá, para o lixo, também vai todo o dia no qual Lina tem pensado sem parar, com o qual tem sonhado e para o qual tem feito exercícios na barra nas últimas semanas.

A verdade — e Lina sabe disso em momentos de clareza, nos dias de clareza — é que ele só pensa nela quando é conveniente, quando está bêbado ou entediado e quando há uma rara combinação de possibilidades. Quando pode vê-la com facilidade, sem correr o risco de ser pego, arrumar problemas no trabalho ou gastar muita gasolina. Mesmo assim, ele não se importa quando não consegue vê-la. Mesmo assim, para ele é pegar ou largar. Isso é doloroso, mas Lina aceita.

Ela está na cozinha cortando tomates frescos, e a faca penetrando primeiro a pele fina da fruta e em seguida seu interior macio é como sexo; para Lina, naquele momento, tudo é como sexo. Seus sonhos são preenchidos por imagens de seu corpo com água salgada até os joelhos enquanto ela beija e transa com Aidan, dele chupando ostras do espaço entre suas pernas, dos dois transando sobre cobertores na floresta, com folhas grudadas nos cabelos. Ela pensa no que vai vestir da próxima vez que o vir, como ele vai tocar a bainha de seu vestido de algodão preto, como vai levantá-lo sobre suas coxas e seu polegar vai encontrar a borda inferior da calcinha dela. Ela sonha com pores do sol laranja e ardentes, embora zombasse dos pores do sol antes de se apaixonar. Antes de *voltar* a se apaixonar.

Mas quando ele manda uma mensagem às quatro da tarde, toda essa fantasia é destruída. Ela quer chorar pensando em como seria bom se ele tivesse mandado uma mensagem na véspera, ou mesmo naquela manhã. Para que ela pudesse sentir a excitação e as borboletas no estômago sem o maldito pânico. Como seria bom se ele se importasse com ela o suficiente para deixá-la raspar as pernas com um dia inteiro de antecedência.

Ele escreve: O q vc tá fazendo.

Ele está no canteiro de obras, dizendo aos rapazes qual terra remover, ou em um bar a três quilômetros do canteiro de obras, bebendo uma cerveja Miller gelada, ou no banheiro do bar digitando em seu celular.

Merda.

O q vc tá fazendo, Lina sabe, significa: Eu transo com você agora se você conseguir chegar perto de onde estou dentro do tempo previsto.

O q vc tá fazendo.

Estou livre o resto da noite.

Rio.

Rio, ela confirma. Vejo você lá.

Os filhos estão em casa. Todas as mulheres que ela conhece — não são muitas — que poderiam tomar conta das crianças estão ocupadas. Ela sabe que elas estão ocupadas porque liga, envia mensagens de texto e mensagens pelo Facebook para cada uma delas. Seus pais ficaram com as crianças no dia anterior e vão dizer que ela é uma péssima mãe. Lina estaria disposta a superar isso, mas eles não estão em casa.

Por fim, uma das mulheres liga de volta. Na mensagem de voz que deixou, Lina prometeu pagar 15 dólares por hora. É um valor alto para a área. A mulher diz que pode cuidar das crianças.

Ela fica eufórica. Contratou uma babá, pediu uma pizza, foi ao local de trabalho do marido, deixou o Bonneville, pegou o carro dele, deixou as chaves do Bonneville e está se dirigindo ao rio no Suburban. Ela está desvairada, em pânico, com medo de não chegar lá a tempo.

Pouco depois das cinco da tarde, ele manda uma mensagem: Estou esperando.

Que merda, ela pensa. *O que eu vou fazer?*

Tem medo de dizer quão longe está porque ele vai responder: Melhor não vir. *Melhor não vir* faz ela querer vomitar.

Entre a fentermina, a bupropiona e a duloxetina, ela acha que está prestes a ter um ataque cardíaco. Então Ed manda uma mensagem para ela e é algo irritante. Ela pensa: *Vá se foder, Ed*. Às vezes, não há nada pior do que estar esperando uma mensagem e receber uma mensagem da pessoa errada, de qualquer um que não seja a pessoa esperada.

Estou quase chegando, ela escreve para Aidan.

É melhor cancelarmos, Garota. Está ficando tarde.

Não, estou quase chegando. Por favor.

Melhor não, ele repete, o que sela seu coração rosado em uma frigideira, vira-o e sela-o de novo.

Por favor, estou a caminho, ela escreve, o coração cinzento, uma das mãos no volante, a outra tentando digitar tudo correta e rapidamente.

Ele diz que está muito cheio no rio.

Cinco minutos ao norte de Smith Valley, ela está prestes a virar para oeste na County Line Road. Prestes.

Por favor, ela escreve. Eu estou quase chegando.

Ele não responde por vários minutos. Os olhos dela começam a estremecer. Ela mal consegue se concentrar na estrada. Contratou uma babá pela qual não podia pagar, pediu uma pizza, mentiu para o marido e para os filhos. Percorreu sessenta e cinco quilômetros em dois carros diferentes, um deles um carro alugado com um número limitado de quilometragem sem cobrança extra. Ela cutuca algo que não está lá em seu rosto. Não consegue acreditar que ainda esteja dirigindo. Ela não vai dar meia-volta. Ele vai ter que encontrá-la. Ela implora a Deus.

Aidan? Por favor.

Ela tem medo de que ele perceba a agonia em suas mensagens de texto. Mas, por favor, permita que ele vá, ela reza. Permita que ele vá. Deus, por favor. O Senhor me deu tão pouco em termos de felicidade. Eu só quero ver esse homem, só mais uma noite.

Se precisar ir para casa, e tudo aquilo tiver sido em vão, ela acha que vai morrer. Naquele momento, realmente acredita nisso.

E então: ding!

Vá para o Best Western.

Há um hotel Best Western no caminho, ao lado de um hotel Super 8 e de um bazar da Goodwill. Ela vira o carro bem a tempo para pegar a saída. Seu coração e tudo abaixo de sua cintura sabem onde fica o Best Western. Ela verifica o rosto no espelho. Ajeita a calcinha. Seus mamilos estão duros. Ela está tremendo, mas se sente maravilhosa.

A mulher na recepção do Best Western, no entanto, diz que ela não pode pagar em dinheiro, e Lina não pode usar o cartão de crédito do marido para fazer sexo com Aidan.

A mulher na recepção se chama Gloria. Ela tem cabelos escuros e lisos e uma franja. Lina detesta todas as pessoas que não a ajudam. Ela sente que o mundo inteiro está contra sua felicidade.

Ela manda uma mensagem para ele: Você já está aqui? Por favor, fique no rio. Estou a caminho.

Norte de Smith Valley, cinco minutos, depois vire para oeste na County Line Road, a estrada de acesso público ao rio. É assim que se chega à oitava maravilha do mundo.

Ela acelera, indo a cento e vinte, cento e quarenta por hora, e de repente chega, e o carro dele está lá e ela fica tão feliz, a euforia é como uma sensação transbordante de bem-estar. Os médicos tratam sua depressão com coisas cujo nome ela não consegue pronunciar. Cada vez que vai a uma consulta, sai com uma nova cartela de pílulas. Se eles soubessem, se pudessem simplesmente prescrever que um homem como aquele estivesse onde diz que vai estar. Isso é tudo de que ela precisa para viver sem dor.

Lina está usando uma camiseta preta, calça jeans e uma jaqueta de couro. Ele veste as roupas de trabalho.

Ele vai até o lado do passageiro do carro dela. Ela está feliz, mas também um pouco irritada. Não consegue evitar. Passou a semana inteira mandando mensagens para ele no Facebook. Ele abre a porta e entra.

Eu sei que você viu minhas mensagens, ela diz. E não respondeu.

Estou muito ocupado, Garota.

Não pode mandar uma única *palavra* de volta?

Eles ficam sentados em silêncio.

Você ama sua mulher?

Bem, ela é legal.

Depois de um longo silêncio, ele pega a mão dela e em seguida acaricia seu braço. Ela quase vomita.

Um galo canta e Lina se lembra da fazenda de seus avós. Ela mostra a ele o papel de parede de seu celular — uma foto de seus filhos e seus avós. Gostaria de poder comprar a fazenda deles. Mas é provável que a deixem para os pais dela, que com certeza vão vendê-la.

Ela apoia a cabeça no ombro dele enquanto ele acaricia seu braço. Estende a mão para brincar com suas covinhas. A coisa que Lina mais teme é que ele não sinta nada por ela além do sexo, mas em momentos como aquele ela tem certeza de que ele sente algo. De que a ama.

Eles passam para o banco de trás e olham nos olhos um do outro o tempo todo. Ela tem medo de ele julgar seu rosto, de achar que ela não é bonita, mas o encara mesmo assim. Como da última vez, no hotel. Só que desta vez ela presta atenção a cada detalhe. Quer gravar os movimentos em seu cérebro e usá-los para se manter aquecida à noite. As coisas que ele faz das quais ela mais gosta são:

Virá-la para ficar por cima dela sem sair de dentro dela.

Segurá-la de forma que ela não consiga se mover de jeito nenhum.

Quando ele a penetra de maneira lenta e ritmada.

Quando ele a penetra rápido e com força, às vezes tão rápido que ocasionalmente ele desliza para fora e cutuca a faixa de pele entre a vagina e o ânus.

Quando ela faz força de volta enquanto ele a penetra com intensidade, de forma que ele não tenha que fazer todo o trabalho, então ele acha que ela tem talento para o sexo.

Como ele é tão grande que ela se sente não como uma mãe de dois filhos, mas como uma adolescente virgem.

Quando eles estão no chão do Suburban e ela está montada nele com as mãos apoiadas no chão e a bunda nas mãos dele. Ela o fode do chão para cima, depois para baixo, como um caranguejo ou uma acrobata, os cotovelos apontando na mesma direção dos joelhos, como uma criatura construída apenas para aquele movimento.

A maneira como ele segura as mãos dela com apenas uma das suas enquanto está fazendo sexo oral nela.

A maneira como ele a come, ela diz, como uma fatia quente de torta de cereja.

Quando ele tira o pênis e ejacula em seus pelos pubianos.

Quando, depois de gozar, ele beija seus seios e chupa seus mamilos enquanto a masturba para que ela possa gozar pela primeira vez, ou pela segunda vez.

Como ele a masturba. O jeito escorregadio e amoroso como seus dedos se movem dentro dela.

Como ele a acaricia, faz círculos sobre sua vagina e desliza um dedo para dentro dela, provocando-a, volta a acariciá-la e, em seguida, o dedo de novo.

Ed costumava passar a mão pelo braço dela e dizer: Está com vontade?

Iniciar as coisas, para ele, significava perguntar. Você está brincando comigo, ela dizia. Apenas fique por cima de mim ou me agarre e comece a me beijar *e simplesmente se comporte como um maldito homem.*

Eu não sou assim, Ed costumava dizer.

Bem, é o que eu quero, Lina retrucava. Não é pedir muito. Quando se ama alguém, não é muito querer que essa pessoa a beije e faça amor com você do jeito que você quer que ela faça.

Mas foda-se Ed, porque Ed acabou. Ed está morto.

Depois que termina, naquele dia com Aidan, depois de Lina gozar pela segunda vez, ela liga o rádio e diz: Então os Cubs levaram uma surra no domingo.

Hmm, ele diz.

Ah! Eu contei que Danny estava no banho ontem, então a água borbulhou e eu disse: Danny! Você acabou de soltar um pum na banheira? E ele disse: Mamãe! Eu acabei de soltar um pum na banheira!

Aidan ri. Ele está prestes a dizer algo, mas ela interrompe: Fique quietinho um segundo, eu quero ouvir sobre os Cubs, e liga o rádio. Aquilo é uma grande vitória para ela. Ser aquela que finge haver coisas mais importantes em sua vida do que ele. Ele sorri. Ela se vira para olhar as árvores e o rio marrom pela janela. Ele vira o rosto dela e começa a beijá-la. O beijo dele é o melhor beijo do mundo. É o momento *A princesa prometida* dela. Dali a alguns meses, ela vai tentar organizar uma festa de *A princesa prometida* só para garotas, que vai incluir assistir ao filme e depois beber vinho em sua jacuzzi. Apenas duas pessoas vão responder: uma delas dirá que precisa de duas semanas de antecedência para conseguir uma folga do trabalho, e a outra enviará uma carinha carrancuda e dirá: "É o fim de semana do aniversário do meu marido!"

Quando Aidan a beija daquela forma, é impossível aproveitar o momento. Seu cérebro fica sobrecarregado com pensamentos sobre o fim do tempo deles juntos. Esses são os momentos que ela precisa guardar na memória. Algumas pessoas, entre elas o médico que prescreve sua progesterona, dizem: Há um mundo inteiro lá fora, Lina. Tudo está apenas esperando por você. Isso a irrita muito, porque aquelas pessoas estão em momentos felizes de suas vidas.

O fato de ele tê-la beijado primeiro, antes que ela pudesse beijá-lo, a fez sentir que havia vencido alguma coisa. Mesmo no amor, Lina entende que há competição — uma necessidade frenética de ser aquele que vai se machucar menos. Ela também se sentiu vitoriosa depois que eles fizeram amor, fingindo que se importava mais com os Cubs do que com o que Aidan tinha a dizer. Mas então ela volta a ser um emaranhado de carência e ansiedade. Sente-se como a mãe.

Lina murmura calmamente que não quer que ele vá embora. Que não quer que ele pare de beijá-la. Ele lhe dá vários beijos curtos, mas maravilhosamente apaixonados. Ela solta um gemido sensual e diz: Mais, mais, *mais*. Para durar mais um mês até nos vermos de novo.

O beijo seguinte é o mais incrível que ela deu na vida. Ele a puxa para mais perto e continua beijando e beijando e beijando e beijando. A língua dele se move em sua boca sem nunca sair. Ela geme dentro da boca dele. Ele a aperta com tanta força que sua boca a leva cada vez mais para cima de seu colo e eles se beijam e gemem juntos por um longo tempo.

Aquilo é tudo que ela sempre quis. Lina acredita que fazer sexo com a pessoa que você considera a mais atraente naquele momento é a necessidade biológica mais importante que muitas pessoas subvertem o tempo todo.

Ele lhe dá um último beijo demorado. Em seguida sai para fazer xixi nas árvores marrons. Pega uma cerveja em sua caminhonete e se encosta na porta, abre a cerveja e fica ali por mais alguns minutos.

Mais tarde, ela vai mandar uma mensagem para ele: Obrigada por ter arranjado um tempo, por ter passado tanto tempo comigo hoje.

Se você perguntar a ela quanto tempo foi, ela vai responder: Nossa, eu diria que foram quase trinta minutos.

maggie

Segurando um rosário, Aaron Knodel se prepara para depor.

Seu advogado começa o interrogatório direto. O tribunal fica mais silencioso do que nunca. Hoy faz as perguntas dickensianas, onde o réu nasceu e onde ele mora. Aaron Knodel descreve a si mesmo como um verdadeiro nativo da Dakota do Norte. Evoca os rios escuros e as longas estradas planas. Nasceu em Beulah, filho de dois professores; o pai morreu quando Aaron tinha sete anos, e a mãe se casou novamente, com um médico. Seis irmãos dos dois maridos da mãe, além de alguns irmãos adotivos das Ilhas Marshall. Knodel era um participante ativo de clubes e esportes na Beulah High School. Terminou a escola em 1997 e foi para a NDSU, onde estudou engenharia elétrica, diz, apenas para no fim das contas acabar se tornando professor. No tribunal, ouve-se o tipo de risada que costuma acompanhar as piadas de um homem muito querido.

Tornou-se professor inspirado nos pais, especialmente na memória do falecido pai, nas histórias que ouviu sobre como ele era um homem benevolente e sábio. Começou a namorar Marie no penúltimo ano da faculdade e continuou com ela após a formatura. Conseguiu um emprego de professor em Shanley, a escola católica onde Arlene e Mark Wilken se apaixonaram.

A coisa toda é basicamente uma conversa. Dois homens conversando sobre a trajetória de um deles. Hoy pergunta quando ele e Marie se casaram.

"Em, ah, estou sob juramento, então tenho que dizer a data exata. 26 de julho de 2003."

Mais uma vez, risos.

Eles falam sobre os três filhos de Aaron. Um tem dez, outro tem oito e o terceiro tem dois. Há uma lacuna considerável entre a criança de oito anos e a de dois. As pessoas do lado de Maggie observam que há casais que espaçam as crianças em intervalos de dois anos, outros que têm filhos de maneira intuitiva, e há ainda os que começam com espaçamentos planejados e acabam produzindo um terceiro a serviço de algo compulsório.

Eles discutem o estilo de Aaron em sala de aula. Ele conta ao tribunal o que diz aos alunos no primeiro dia de aula.

"Eu sempre digo a eles, número um, que não sei o que está acontecendo em sua vida. Sei que as paredes da minha sala de aula não encerram toda a sua existência. Então, sei que vão enfrentar dificuldades na vida que vão interferir no que estou tentando fazer, no que estou tentando alcançar com eles. De forma que, se surgir algo que interfira nisso, peço que me digam o que posso fazer para apoiá-los."

Eles discutem a rotina dele quando o suposto crime aconteceu: acordar de manhã cedo, deixar as duas crianças mais velhas na creche e ir para a escola. Ele admite que não chegava à escola no horário todos os dias. A contrição é palpável.

Hoy é elegante e clínico. Ele pergunta a seu cliente: "Havia um determinado número de alunos que precisavam estar em sua sala de aula ou na sala de orientação às oito e meia da manhã?"

Ao que Aaron responde: "Não é um determinado número, mas um determinado grupo de alunos. Correto."

"Essa é uma descrição mais precisa que a minha", diz Hoy. "Obrigado."

Maggie e os promotores temem que as pessoas saiam do tribunal pensando: Bem, Aaron Knodel é rigoroso e preciso.

Hoy pergunta com quem ele costumava almoçar.

"Para a consternação de minhas colegas de trabalho, que achavam que estávamos nos apartando delas, éramos apenas os três professores de inglês: Shawn Krinke, eu e o sr. Murphy."

O lado de Maggie sabe o que está acontecendo, o que eles estão tentando fazer e dizer. Eis um homem que respeita o espaço do sexo oposto. Ele não precisa almoçar com mulheres. Tem em casa uma esposa amorosa e três filhos. Eles têm toalhas de prato limpas e nunca ficam sem ovos. Talvez isso faça os jurados se lembrarem de sua própria vida; e se de repente um deles se visse diante da possibilidade de passar trinta e cinco anos na prisão porque uma menina qualquer o tivesse acusado de manter relações sexuais com ela? E se ela estivesse apenas apaixonada por ele? E se esse jurado fosse um homem casado, um bom samaritano com princípios, filhos, um home theater em casa e anos e anos de uma vida construídos? Impostos em dia, todo mês de abril. Decoração de Natal colocada um pouco antes dos vizinhos e retirada com um dia de antecedência. Crianças educadas com unhas limpas e noites de pizza. Um grande pai morto e um padrasto profissional. Não esqueça, Professor do Ano. Uma pessoa não faz tudo isso, dia após dia, para que um belo dia uma garota aponte o dedo e diga: Aquele homem me masturbou em sua sala de aula, ele fez sexo oral comigo no porão, enquanto as crianças dormiam no andar de cima e sua esposa — que nunca sai de casa — estava em uma viagem de trabalho ou em um campeonato de boliche. Simplesmente não dá. Que Deus *ajude* esse homem.

E sobre o que eles falavam em seu almoço de rapazes?

"Isso é parte da razão por que nós... Eu não quero... É um departamento grande. Quinze professores, doze deles, mulheres, e os três caras não necessariamente queriam falar sobre alguns dos assuntos dos quais elas queriam falar. Então, nós ficávamos falando de Fantasy Football e coisas de homem."

Hoy pergunta como é um dia na vida de um professor. O arranjo meticuloso de seus minutos. Parte desses minutos, segundo o depoimento de Knodel, é passada em sua mesa, quando um aluno o procura para discutir seus problemas. Sim, há um departamento de orientação e, sim, os alunos são encaminhados para lá pelos professores, mas às vezes os alunos querem falar com Aaron Knodel. Às vezes os alunos acham que é ele quem vai ter a resposta.

Depois de decompor todos os minutos para mostrar quão pouco tempo sobrava para o estupro de vulnerável, Hoy diz: "Vamos falar sobre o que nos trouxe a este tribunal."

"Tudo bem", diz Aaron.

"Essas alegações. Quando foi a primeira vez que tomou conhecimento de que alguém tinha feito acusações contra você?"

"Foi em 14 de fevereiro, Dia dos Namorados."

"De que ano?"

"Dois mil e... Quatorze meses atrás. 2014."

"E como isso aconteceu?"

Aaron descreve como a aula tinha acabado de terminar quando o diretor adjunto entrou em sua sala. Esse foi o momento que separou um ato da vida do outro. O diretor adjunto, Greg, disse: Ei, Aaron, posso falar com você um segundo? E Aaron respondeu: Claro. Em seguida, Greg o levou para uma sala ao lado da sua. Greg parecia de bom humor. Aaron não achava que havia nada de errado. Talvez fosse receber um elogio?

Isso foi em Sheyenne, a nova escola de ensino médio de West Fargo, para a qual Aaron havia pedido transferência a fim de ficar mais perto de casa e trabalhar na escola que seus filhos iriam frequentar.

"Eu vi, sentados a uma mesa, a sra. — ou dra. — Fremstad, diretora da escola, e o superintendente adjunto. Quando entrei, vi que o superintendente adjunto estava com uma expressão muito séria e falei: Uau, está tudo bem? Vocês parecem muito sérios. E meu medo imediato foi de que alguém tivesse morrido e que fosse por isso que eles estavam me contatando. E eles me pediram que sentasse."

Asseguraram que ninguém tinha morrido. Não disseram a ele quais eram as alegações, informaram apenas que elas existiam. Ele foi colocado em uma licença administrativa de seis meses. No fim do período de seis meses, Aaron estava passando aspirador na casa quando seu telefone tocou. Era a irmã dele. Ele viu que ela havia ligado duas vezes. Adivinhou por que ela estava ligando e, em vez de retornar a ligação, acessou o *Fargo Forum* em seu computador e viu que estava sendo acusado… *daqueles crimes*.

Hoy pergunta se ele tentou recuperar as mensagens de texto trocadas com Maggie Wilken, e Aaron diz que sim, que entrou em contato com a empresa de telefonia, mas eles não conseguiram ajudar. Simplesmente fazia tempo demais que as mensagens tinham sido enviadas.

Em seguida, Hoy pergunta sobre Maggie. Aaron mal se lembra de quais aulas dele ela frequentou quando estava no primeiro e no segundo ano, mas se lembra dela em sua turma de inglês do terceiro ano. Confirma que eles começaram a se falar mais depois do feriado de Natal, quando ela estava de luto por causa da morte da prima. Em seguida, ela disse a ele que fora reprovada em Álgebra II, uma matéria da qual precisava para se formar. Depois contou que seus pais eram alcoólatras e que ela vivia estressada por brigar com eles por causa da bebida, e contou também que seu irmão e seu pai haviam fumado maconha juntos recentemente. Além disso, havia as questões rotineiras da adolescência, problemas com as amigas, a escola e o sexo oposto — angústia.

Em seguida, o réu e seu advogado iniciam uma conversa bastante técnica sobre alunos em risco. West Fargo e Sheyenne têm vários programas para ajudar esses alunos; um deles se chama "Mudando o Mundo — Cinco Alunos de Cada Vez", e outro "RAI", que quer dizer "Resposta à Intervenção". Há alguma matemática envolvida. A ideia é que oitenta por cento dos estudantes provavelmente conseguem se resolver sozinhos, mas vinte por cento precisam de ajuda extra. As Maggies e afins. Os professores decidiam identificar em uma turma de, digamos, vinte e cinco alunos, cinco estudantes que pudessem precisar dessa ajuda extra. Em seguida, compartilhavam suas estratégias individuais nas reuniões semanais.

Hoy, parecendo entediado com todo aquele falatório metódico de Professor do Ano de seu cliente, diz: "Não preciso conhecer toda a teoria educacional."

Mas Aaron tem mais algumas observações a fazer sobre o assunto. Ele aprendeu a melhor estratégia para lidar com esses alunos com um professor de matemática chamado Duane Broe. Broe a chamava de "dois por dez". Depois de identificar os alunos em risco, você tentava conversar com eles depois da escola todos os dias durante dez dias consecutivos, por pelo menos dois minutos. O objetivo, Aaron explica, era fazer com que o aluno se conectasse com o professor e a escola.

"E qual é a importância, do ponto de vista educacional, de uma conexão entre o aluno e o professor?"

"Praticamente todas as pesquisas dizem a mesma coisa sobre isso", responde Aaron. "Que quando um aluno se sente conectado com a escola, a taxa de graduação é fenomenalmente mais alta, e aqueles que não se sentem conectados correm um risco muito maior de abandonar os estudos."

Maggie se torna um desses alunos-piloto. E depois que a estratégia é implementada, ela parece funcionar, porque Maggie começa a contatá--lo com frequência durante todo o mês de janeiro, não apenas depois da aula, mas por meio de ligações e mensagens de texto. Como desejado, ela se torna bastante conectada.

Aaron diz: "Eu não falei a ela que podia fazer isso, mas também não falei que não podia."

Hoy pergunta por que ele fez isso. Trocar mensagens de texto com uma aluna com tanta frequência e falar com ela ao telefone por várias horas, muitas delas em horários bem depois do normal.

Aaron tinha as melhores intenções. Ele realmente queria ajudá-la.

Bancando o advogado do diabo, Hoy diz: "Tudo bem, mas como eram essas ligações?"

Aaron descreve como Maggie Wilken foi ficando cada vez mais carente. Não era seu desejo ficar ao telefone com ela, mas ele achava que ela poderia sair do controle. Ela era um tornado. Ele esperava retardar sua descida.

Hoy pergunta sobre o que eles falavam durante todas aquelas horas. Quanto era ele tentando tranquilizá-la e quanto era: Qual é sua cor favorita?

Aaron diz que não se lembra do conteúdo da maioria das ligações, apenas de uma delas. Aquele no início do dia 8 de março, logo depois da meia-noite. Foi a noite de sua festa surpresa no Spitfire Bar & Grill. Ele não conseguia se lembrar se ela havia ligado ou mandado uma mensagem de texto, e então ele ligou de volta. Mas o conteúdo envolvia os pais dela, e o fato de eles dirigirem depois de beber.

Hoy pergunta sobre as oito chamadas que duraram mais de uma hora, três das quais duraram mais de duas horas, duas das quais foram de Aaron para Maggie. Uma das chamadas foi de 240 minutos. Aaron afirma que foi quando ela teve uma emergência. Ele diz que não quer usar a palavra *emergência*, mas que em suma fora um grande problema explosivo, provavelmente relacionado aos pais e ao abuso de álcool, e ela precisou de orientação.

Uma vez, Aaron diz, houve uma grande briga com o pai e Maggie disse que queria sair de casa. Foi quando ela flagrou o irmão e o pai fumando maconha juntos. Ela sentiu o cheiro neles.

"O que você tentava fazer durante essas ligações?"

"Eu... eu não acho que tive um... É muito delicado lidar com algo assim. Eu não queria dizer a ela que isso é... Eis o que você precisa fazer. Você precisa fazer isso. Às vezes eu apresentava opções para ela. Acho que quando ela falou sobre o irmão e o pai fumando maconha, uma das opções que minha esposa me sugeriu foi: Apenas diga a ela para chamar a polícia. Então eu falei com ela a respeito. Ela não estava interessada nessa opção, mas nós... E eu... Eu basicamente a ouvi. Estava tentando me certificar de que ela estivesse segura, e ela sempre parecia indicar que não necessariamente se preocupava com a própria segurança. Mas na maior parte do tempo eu ouvia."

Em suma, Maggie tinha problemas tão graves que precisava de muita atenção, horas ao telefone com seu professor, e não com sua melhor amiga.

Ele descreve como isso teve um impacto em sua família. Todas aquelas ligações. Ele estava presente, claro. Era o mesmo ótimo pai e marido, mas admite que em casa não estava sendo tão atencioso quanto deveria. No fim de fevereiro, começou a se sentir sobrecarregado. Queria diminuir o contato sem deixar a garota desamparada. Começou a dizer coisas como: Talvez possamos falar sobre isso em um momento diferente. Se não for uma emergência, sabe? Ignorava uma mensagem de texto ou uma ligação, aqui e ali, para ver se ela se tocava. Ele se importava, mas não seria um pai para ela. Nem nada mais.

Além disso, há outra coisa.

Byers objeta, já que Aaron está prestes a gerar um testemunho indireto, mas então Hoy faz a pergunta de uma maneira diferente: "Em algum momento percebeu que Maggie Wilken poderia estar encarando essa relação por telefone de forma diferente de você?"

"Sim", diz Aaron.

Ele explica como o sr. Murphy foi falar com ele sobre rumores de que ele e Maggie estavam tendo um relacionamento inapropriado. Como resultado da preocupação do sr. Murphy, Aaron foi falar com Maggie durante a aula de jornal. Ele disse que tinha ouvido um boato e suspeitava que ela tivesse dado início aos rumores. Ela negou. Aaron disse que não acreditava nela. Disse que, independentemente da verdade, não poderia mais ter contato com ela fora da sala de aula.

Em seguida, eles projetam um diagrama da casa Knodel que Maggie desenhou para provar que esteve lá dentro. Aaron diz que não é preciso. Como os vampiros indesejados de *Crepúsculo*, ela nunca foi convidada a entrar. A defesa argumenta que Maggie obteve a descrição pela internet quando a casa foi colocada à venda.

Hoy intercala questões sobre o contato sexual com questões regulares sobre estilo de vida. Ele faz ambos os tipos de perguntas de um jeito leve e rápido, como se fossem da mesma natureza, e Aaron responde da mesma maneira.

Aonde você e seus amigos costumavam ir quando saíam? A que tipo de jogos você assistia? Alguma vez pediu a Maggie Wilken que o buscasse no TGI Friday's? Já teve contato sexual com Maggie Wilken? Ela alguma vez lhe emprestou seu exemplar de *Crepúsculo*? Alguma vez escreveu bilhetes em post-its e colou no livro que ela não lhe emprestou?

Cada *não* é claro e incisivo. Às vezes há um autoconfiante e panorâmico *nunca*.

Aaron se lembra do dia 7 de março, o sábado antes de seu aniversário de fato, quando houve uma pequena e deliciosa reunião surpresa no Spitfire Bar & Grill. Para levá-lo até lá, sua esposa teve que dizer: Vá encontrar seus amigos para jogar blackjack. Pelo amor de Deus! Você nunca faz nada para si mesmo!

A comemoração durou até meia-noite e meia, pouco antes de o bar fechar. Aaron e Marie colocaram alguns balões no carro para as crianças, que estavam com uma babá. A caminho de casa, ele recebeu uma ligação de Maggie Wilken. Faltavam quinze minutos para uma da manhã. O pai ou a mãe dela, Aaron não se lembra qual dos dois, estava bêbado e ia sair de carro para buscar o outro, que também estava bêbado.

Depois de um intervalo, a defesa apresenta uma prova à qual a acusação se opõe. É uma foto de Aaron e do filho mais velho segurando um bolo que Marie preparou para o aniversário do marido.

Byers pergunta: Qual é a relevância? Hoy explica que a relevância é que, se Marie tivesse encontrado uma mensagem de texto desagradável, realmente faria um bolo para o marido naquele mesmo dia? Byers argumenta que o réu não tem certeza a respeito do dia em que a fotografia foi tirada; ele diz que pode ser do dia 8 ou do dia 9. Se fosse do dia 8, o bolo ainda faria sentido. Mas na manhã do dia 9, de acordo com o testemunho de Maggie, Marie teria encontrado a mensagem ilícita e era improvável que estivesse no clima de fazer algum bolo.

Como um bom advogado, Hoy dá um jeito de fazer qualquer pergunta que pretende fazer antes que uma objeção da outra parte seja mantida pelo juiz. Ele pergunta se Aaron teve uma terceira comemoração naquele ano — a primeira sendo a festa no Spitfire e a segunda, o bolo em casa com Marie e os filhos —, e Aaron responde que sim, no fim de semana seguinte.

"Compartilho o aniversário — um aniversário em março — com Marie, minha esposa, e dois de meus primos, que também fazem aniversário nesse mês. Então decidimos levar nossas caras-metades para o karaokê Divas e Rockstars — minha irmã, que mora em Wahpeton, também foi com o marido e todos ficamos ouvindo pessoas cantarem mal."

Não há mais ligações de Aaron para Maggie depois de 9 de março. Ele não tem certeza se tomou uma decisão consciente, mas sabe que se sentia sobrecarregado por toda aquela carência. Não foi por causa de uma mensagem de texto que sua esposa encontrou enquanto ele tomava banho na manhã de 9 de março.

Ele, no entanto, lembra de ter contato com Maggie naquela manhã. Um de seus filhos — não consegue lembrar qual — estava doente, então Aaron decidiu tirar o dia de folga. Mas primeiro precisava passar na escola e preparar os planos para que alguém o substituísse. A caminho de lá, ligou para Maggie. Coincidentemente, ela também ia ficar em casa — devia ter algum vírus circulando — e queria saber qual era a tarefa. Ele disse algo como: Ainda não sei ao certo, vou preparar os planos de aula para meu substituto agora.

Ele chegou à escola e se comunicou com colegas professores. Viu como tinham decorado a porta da sala dele porque era seu aniversário. Ele se lembrava de até que horas tinha ficado na escola, até nove, mas não se lembrava de quem o havia substituído.

Hoy pergunta: "Lembra-se de mais algo sobre o resto do dia?"

"Sim, houve uma nevasca horrível."

Hoy diz: Você tem vivido com isso há mais de um ano, com essas acusações, então, o que aprendeu? Aaron responde que aprendeu que é um educador muito dedicado, às vezes em detrimento da própria família, e que mesmo quando você está tentando incansavelmente fazer o que é certo, as coisas nem sempre saem como planejado, e tudo bem, é a vida. É como sua esposa diz: "Você não deve viver para trabalhar, e sim trabalhar para viver."

"Obrigado, senhor", diz Hoy. "Sem mais perguntas."

Quando enfim chega sua vez de depor, Marie Knodel está usando uma camisa roxo-clara sob um terninho escuro. Seu cabelo é castanho-médio e muito liso. As sobrancelhas são delineadas de forma dramática, fazendo-a parecer permanentemente atordoada. É terrível perceber que, mesmo nessa situação, a mulher precisa se sentir e estar bonita. Não se pode aparecer com uma aparência desleixada, ou algum jurado pode acenar com a cabeça como se fizesse sentido. Mesmo aqueles que acreditam que o réu é inocente podem ter esse tipo de pensamento baixo. As pessoas que acreditam que Maggie Wilken está fazendo aquilo por dinheiro são muitas vezes as mesmas que acreditam que as mulheres que não se cuidam para estar sempre bonitas são as principais responsáveis por perder seus homens.

Hoy se aproxima e diz: "Eu posso cometer um deslize e chamá-la de Marie. Mas, sra. Knodel, a senhora é casada com Aaron Knodel?"

Está vendo, júri, que somos todos amigos aqui?, é o que Hoy está dizendo. Marie é uma amiga. Até mesmo os colegas de classe de Maggie Wilken são nossos amigos.

Marie Knodel diz ao tribunal que cresceu em uma fazenda de produção de leite na região central do estado de Minnesota. Depois de se formar no ensino médio, estudou justiça criminal na Universidade Estadual de Dakota do Norte. Hoje ela é agente de condicional. Supervisiona cerca de cem infratores que cometeram todo tipo de delito, dos de menor aos de maior potencial ofensivo.

Quando Hoy pergunta quantos filhos ela tem, é a primeira das poucas vezes que ela chora.

Hoy diz que ela não precisa ter pressa.

"Imagino que isso não deva ser fácil. Vamos tentar terminar esse processo o mais rápido possível. Seu cargo exige que a senhora saia da cidade para trabalhar aos fins de semana?"

"Não", responde ela, recuperando a compostura.

"Alguma vez já exigiu isso?"

"Não."

"A senhora já passou o fim de semana fora da cidade a trabalho?"

"Nunca."

Marie não sai aos fins de semana e Aaron trabalha o tempo todo. Ela descreve como sua dedicação aos alunos e à profissão excedem os limites do que é considerado normal. Uma vez, por exemplo, ele disse a Marie que ia comprar livros para um de seus alunos que não podia pagar por eles. Os livros custavam, no total, 600 dólares. Eles tiveram uma discussão por causa disso. Esforçar-se para ajudar seus alunos não era nada novo.

"Então, no que se refere especificamente a este caso, a senhora sabia que no ano letivo de 2008-2009 Aaron tomou a decisão de tentar ajudar uma aluna que ele achava que precisava de apoio?"

"Sim."

"Sabia o nome dela?"

"Não, eu não lembro o nome dela. Eu não *lembrava* o nome dela."

Mas Marie sabia que Aaron estava recebendo ligações de Maggie Wilken e ligando para ela. Também estava ciente das mensagens de texto.

Algumas tinham sido escritas em sua presença. Hoy pergunta se ela se lembra de algum desses casos. Sim, Marie diz, ela se lembra da noite da festa de aniversário surpresa no Spitfire. Maggie Wilken estava chateada porque um de seus pais tinha saído bêbado de casa. Marie ouviu trechos da conversa e disse a Aaron que ele deveria chamar a polícia se achasse que alguém poderia estar em perigo. Marie não se lembrava se era a mãe ou o pai de Maggie que estava bêbado. Poderia ter sido qualquer um dos dois, porque ambos eram alcoólatras. Não, ela diz, Aaron não estava tentando esconder essa comunicação. Marie paga as contas de celular, todas as contas, na verdade; é ela quem se senta, preenche os cheques e lambe os selos. Ela tinha acesso aos registros de chamadas.

Hoy pergunta sobre a alegação de Maggie de ter mandado uma mensagem para Aaron na manhã de nevasca de seu aniversário. Essa teria sido a mesma mensagem de texto que fizera Marie confrontar o marido. Não, diz Marie, nada disso aconteceu. Hoy exibe a foto do bolo que Marie supostamente assou para Aaron naquela manhã.

Em seguida, Hoy pergunta por que Maggie teria o número do celular de Marie. De acordo com Maggie, ela tinha o número porque Aaron dissera: Se esse número ligar para você, não atenda. Fazia parte das regras, junto com: Não entre em contato comigo primeiro.

Marie se lembra de uma vez em que Aaron estava conversando com Maggie ao celular e, como de costume, a garota estava sendo dramática, e o aparelho de Aaron estava ficando sem bateria, então ele disse: Tome, anote o número da minha esposa para o caso de cair a ligação e você precisar falar comigo.

Então era por isso que Maggie tinha o número de Marie. Não porque Aaron dera a ela para programar como *Não responder*, porque é minha esposa.

Quando é interrogada pelo promotor, o tribunal descobre que Marie Knodel não cooperou com a investigação da promotoria. A promotoria pergunta por que ela optou por não ser entrevistada pelo Departamento de Investigação Criminal, e Marie responde que foi porque tinha ouvido algumas coisas a respeito de Mike Ness, o chefe da investigação. E ao telefone ele não pareceu ser objetivo. Com sua própria formação na área da aplicação da lei, Marie diz, ela seria uma idiota se falasse com ele sem a presença de um advogado.

Byers afirma que, com sua formação, Marie deveria saber que se dissesse a Ness as mesmas coisas que dissera ao tribunal sob juramento, não precisaria estar ali. Seu depoimento era tão prejudicial para a linha do tempo de Maggie, que ele afirma que se os investigadores tivessem ouvido o lado de Marie da história durante a investigação, talvez nunca tivessem levado o caso a julgamento, para começar.

"Não achei que o caso iria a julgamento", diz ela.

Mais tarde, em suas declarações finais, Byers vai dar a entender o que ela pode ter ganhado ao deixar para contar sua história apenas no tribunal. Durante a investigação, Marie, através do advogado do marido, poderia ter acesso a todos os fatos do caso. Byers salienta que Marie poderia saber que teria a possibilidade de estudar a linha do tempo da promotoria e as entrevistas das testemunhas. Assim, poderia formular seu depoimento de forma a rebater as alegações de Maggie Wilken. Por causa de sua formação na área da aplicação da lei, ela poderia saber desde o começo que teria apenas uma chance de contar sua história, a mais importante da vida de sua família.

"Por exemplo", Byers continua, "o fato de que você parece ter dado seu número de celular voluntariamente a Maggie Wilken."

"Eu não dei o número a ela", diz Marie.

"Você deu permissão a seu marido para que desse?"

"Sim."

"E o Estado só tomou conhecimento desse fato na época do julgamento?"

"Sim."

"Por que o número de seu celular estaria na lista de contatos do celular de Maggie com o nome de *Não*?"

"Não sei."

Byers pergunta se algum outro aluno tinha seu número de telefone, e ela responde que não. Ele pergunta se ela sabia sobre as ligações e sobre a duração delas. Ela diz que tinha conhecimento de que havia ligações longas, mas não sabia as durações precisas. Byers pergunta se ela sabia que havia vinte e três chamadas feitas depois das dez da noite.

"Eu estava ciente das ligações", diz ela.

"Toda vez que faço uma pergunta, você responde: Eu sabia sobre as ligações. Minha pergunta é: Você sabia que houve vinte e três chamadas depois das dez da noite?"

"Não."

A sala fica muito silenciosa, sentindo o peso daquela resposta.

Em seguida, ele pergunta sobre a planta da casa. Pergunta sobre os lençóis da cama no andar de baixo e a cor dos edredons. Ele pergunta isso porque Maggie Wilken fez um desenho da casa para provar que esteve lá, mas a defesa argumenta que ela poderia ter feito o desenho a partir de fotografias publicadas na internet pelo corretor de imóveis. Em todo caso, agora os Knodel vivem em uma nova casa, em uma parte mais nobre da cidade, perto da nova escola de Aaron, Sheyenne. Novos guardanapos e porta-guardanapos. Um novo filho.

O julgamento é interrompido durante o fim de semana. Quando é retomado, na segunda-feira, Byers repete grande parte do que perguntou na sexta-feira, para garantir que os fatos permaneçam frescos na memória dos jurados. Byers repete uma das perguntas de Hoy, questionando a Marie se alguma vez ela passou o fim de semana fora da cidade a trabalho. Ela novamente responde que não. E sem ser a trabalho, diz Byers. Ele se refere ao torneio de boliche dos agentes da lei em um certo sábado em Mandan, um torneio do qual ela havia participado antes de 2009 e também depois de 2009. Ela diz que sim, que ia quase todos os anos, mas não naquele.

Quando questionada, Marie reafirma que sabia sobre as chamadas. Byers pergunta: Você sabia sobre as mais de noventa ligações a todas aquelas horas, ao que ela responde que não sabia a quantidade exata, mas sim, sabia sobre as ligações, que foram muitas. Ele diz: Mais de noventa? Ela diz que acha que isso constituiria muitas.

Byers volta às anotações nos post-its. Marie testemunha que, apesar de Aaron escrever muitos bilhetes em post-its para ela e para os filhos ou de uma maneira geral, os do livro *Crepúsculo* não estão escritos com a letra dele. Marie tem certeza? Sim, ela responde, na opinião dela, não é a letra do marido.

"Você se lembra do conteúdo geral dos bilhetes?", pergunta Byers.

"Sim."

"Ficou evidente para você que quem quer que tenha escrito aqueles bilhetes estava em algum tipo de relação com a pessoa para quem estava escrevendo?"

"Na minha opinião, não. Eu não li o livro. Não saberia o contexto."

"Então, por exemplo, este primeiro bilhete: 'Desde a primeira noite que sonhei com você, eu soube que estava apaixonado', não parece escrito por alguém que está envolvido com a pessoa para a qual escreve?"

"Parece um romance", diz Marie, "mas não... na minha opinião, não é a caligrafia dele."

"Eu sei que você disse isso. Considerando que indicou que não acha que seja a caligrafia de seu marido, formulou uma opinião sobre a pessoa que escreveu esses bilhetes?"

"Não passei muito tempo analisando o contexto dos bilhetes. Olhei para os bilhetes e, na minha opinião, não era a letra dele, por isso não me debrucei sobre eles."

Byers pergunta se algum dos floreios repetidos nos bilhetes lembra a Marie as coisas que seu marido fazia em seus textos, ao que ela responde que definitivamente não.

"Então, desenhar carinhas sorridentes nas coisas não é algo que seu marido costume fazer?", pergunta Byers.

"Não."

"E escrever *Hummmmm*?"

"Não."

"E a maneira como o 'E' está escrito em 'Eu acho'? Não é assim que ele escreve o dele?"

"Na minha opinião", diz Marie, "não."

"É seu testemunho que seu marido não tem o hábito regular de escrever com reticências?"

"Não, não que eu já tenha pensado nisso, mas não. Isso não é uma marca registrada dele, de jeito nenhum."

Byers repete várias perguntas. É difícil definir se ele tem uma estratégia ou se espera que Marie Knodel vacile e responda à mesma pergunta de duas maneiras diferentes. Ou talvez esteja apenas chocado com o fato de outro ser humano não concordar com o absurdo da situação.

"Se for um adulto escrevendo esses bilhetes para uma menor, considerando que você disse que não foi seu marido, mas se fosse um adulto escrevendo-os para uma menor, você concorda que esses bilhetes seriam inapropriados?"

"Sim", Marie concorda.

"Obrigado. Acho que a última pergunta provavelmente pode ser respondida com sim ou não. A razão pela qual vocês se mudaram em 2009 foi porque você sabia o que seu marido havia feito em sua casa?"

"Não, nós nos mudamos porque..."

"Responda apenas sim ou não."

"Para esclarecer", diz Marie.

O juiz interrompe, respondendo pela ré com a palavra: "Não."

Durante os argumentos finais, Jon Byers, que tem um caso de assassinato à sua espera logo depois daquele, pede ao júri que se lembre do horário das ligações. Ele afirma achar que nunca teve uma conversa de quatro horas com a própria esposa e pede aos membros do júri que considerem seus próprios históricos de ligações de quatro horas de duração. No entanto, aquele professor dedicava aquela quantidade inacreditável de tempo a sua aluna, das 23h30 até as 3h30 da manhã. Considerar que se trata apenas de um ótimo professor não é ir um pouco longe demais? Vocês não devem acreditar nisso, ele diz. Ele lembra ao júri sobre a caligrafia nos post-its. Todos aqueles bilhetinhos. Jon Byers argumenta que Aaron Knodel provavelmente contava com o fato de que ninguém acreditaria naquela adolescente problemática. Que, na verdade, ser uma adolescente problemática fazia dela a vítima perfeita.

Hoy começa sua declaração final dizendo que simplesmente não era possível que Aaron Knodel tivesse tido um relacionamento sexual com Maggie Wilken antes, durante ou depois da escola. Ele se concentra na logística. Transforma o sexo em algo que não goteja fora das linhas. Ao falar de Maggie, diz: "Vou sugerir a vocês que, com o passar do tempo, as lembranças se tornam o que o indivíduo gostaria que elas fossem. Não necessariamente o que aconteceu."

O que você sabe sobre mulheres jovens, Maggie pensa. Nós não lembramos o que queremos lembrar. Nós lembramos o que não conseguimos esquecer.

sloane

A situação com Wes se resolveu da mesma maneira que uma bala no cérebro resolve um tumor cerebral. Seu desaparecimento da vida de Sloane tinha sido tão rápido e sua permanência tão irrepreensível que ela mal conseguia acessar a dor. E logo outras coisas começaram a se encaixar, não exatamente de maneira positiva, mas como algo que lembrava evolução.

Na primavera, Sloane esteve com o irmão. Ele foi até a cidade para uma visita com a mulher e os filhos. O pai deles também foi. Sloane sempre se orgulhara do modo como os homens de sua vida caminhavam pelo mundo. Daquela vez, no entanto, algo parecia diferente.

Chama-se a reação do verme. Diz-se que o verme reage quando alguém que antes aceitava intensos maus-tratos repentinamente decide que basta e parte em busca de vingança.

Pouco depois de chegarem, seu pai e seu irmão participaram de um torneio de golfe pai-filho, que ganharam. Eles saíram do campo com sorrisos largos. Belas camisas de algodão, sapatos lustrosos. Sloane olhou para aqueles homens e de repente não conseguiu mais tirar da cabeça que, quando pesava vinte quilos a menos do que agora, quando era um esqueleto de saias, eles não disseram nada. Que quando ela acionou o triturador da pia em uma casa que alugaram nas Carolinas, a mulher do irmão gritou com ela como se estivesse se dirigindo a um cachorro e ninguém disse uma palavra.

Ela se lembrava apenas de impressões físicas da presença deles em sua infância. Botões de camisa perolados, gravatas de presente, o período durante o qual ela e o irmão escreviam seus nomes com letras que imitavam bolhas. A ideia de *pai* e *irmão* parecia roteirizada. O dia tinha uma beleza intensa. O sol espalhava uma fina camada de amarelo sobre o gramado e os verdes estavam surpreendentemente vivos.

Sloane sabia que não era fácil viajar de volta no tempo para reproduzir uma lembrança. Os portões que guardam a realidade da infância são altos e existencialmente pesados, e o simples ato de abri-los exige mais energia do que se imagina. Há segredos para abri-los também: é preciso escolher a estação correta do ano correto. Você não pode andar aos tropeções de maneira aleatória e esperar descobrir o motivo pelo qual tem medo de lobos.

Ela se lembrou, durante essa visita — ou talvez tivesse se lembrado antes, mas no campo de golfe, naquele dia, abriu os portões da memória que levavam até lá —, da ocasião, quando tinha oito ou nove anos e Gabe tinha onze ou doze, em que o irmão foi até seu quarto no meio da noite. Aquilo aconteceu em seu grande e majestoso quarto, que mais parecia pertencer a uma princesa, com uma enorme lareira, que não funcionava, sancas e todo decorado de cor-de-rosa. Antes de ela se mudar para o sótão. Ela dormia com a porta aberta e de repente alguém estava em seu quarto. Sobre a cama dela. Ela acordou e alguém estava falando.

A voz dele era baixa. Mais baixa do que o silêncio da casa.

Ei, ele disse, você quer... *brincar?*

Sloane estava dormindo, então seus olhos tiveram que se ajustar para ter certeza de que era o irmão mais velho sobre sua cama e não um tarado.

Casualmente, ela respondeu: Não. Como se estivesse com sono ou houvesse outras coisas nas quais tivesse que pensar ou que precisasse fazer. Não queria que ele se sentisse mal. Não queria que ele parasse de gostar dela. Ele era seu irmão mais velho, e ela o admirava. Então ela respondeu casualmente, e casualmente ele foi embora.

No campo de golfe aquele dia, enquanto os observava, essa lembrança voltou de uma maneira estranha, como se sempre tivesse estado lá, mas ao mesmo tempo não estivesse.

Mais tarde naquele mesmo dia, Sloane estava no campo de golfe com as duas filhas pequenas do irmão, enquanto Gabe e o filho mais velho, um menino, faziam as medições para escolher os melhores tacos para cada um. As garotas eram lindas e gentis, mas não tinham conhecimento de uma verdade elementar: que tiveram a sorte de nascer na família certa. Água limpa e férias em estações de esqui. Sloane percebeu que elas não iriam adquirir aquela compreensão com a idade. Pelo menos não tão cedo. Aquele era o tipo de lição que uma boa babá não podia, em princípio, ensinar.

Minhas meninas, Sloane queria dizer, há homens e também mulheres que jamais deveriam traí-las, mas vão traí-las mesmo assim. Queria ensinar a elas como sobreviver a certos ataques. Sloane sempre gostava de ir direto ao ponto, talvez porque viesse de uma família que achava que fazer o oposto era o melhor para todos. Tinha a impressão de que poderia salvar vidas com algumas das coisas que sabia. Mas as meninas não eram suas filhas. Ela as amava, mas não podia salvá-las dos terrores do mundo.

Tia Sloane?, disse a menina mais velha, encantadora em um vestido branco de gola arredondada.

O que foi, querida.

Papai nos disse que quando tinha dezesseis anos você destruiu o carro dele.

O verme dentro de Sloane ergueu a cabeça, pulsando, amorfo, infeliz; sibilou e cuspiu. Isso estava acontecendo do lado de dentro; do lado de fora ela estava tranquila, os cabelos perfeitos.

Ao longe, viu o irmão bebendo uma garrafa de água mineral. Ela o viu quando adolescente. Voltou para a noite do acidente. Foi fácil, naquele momento, relembrar. O som do metal é sempre mais repugnante do que você imagina. Parece que os órgãos de um robô estão sendo dilacerados. Ela se lembra do carro de lado, o pescoço comprimido como se estivesse no inferno, e de olhar para um teto de aço. Seu amigo, no banco do passageiro, pareceu morto. Apenas por um segundo. Mas um segundo é o suficiente para pensar que alguém está morto. Então ela percebeu que o amigo estava vivo e se deu conta de que era ela quem devia estar morta. As luzes da Route 684 eram intensas e monstruosas. Sem sons. Em meio àquele pânico, uma pessoa esperaria que seus pais aparecessem de repente para salvá-la, mas Sloane percebeu que não estava esperando isso. Quando se deu conta, ela era a própria mãe. Estava dirigindo o carro que havia matado a avó. Estava acordando e vendo a mãe — o rosto ainda quente, mas os olhos vazios e opalescentes — morta ao lado dela depois de seguir em frente. Depois de deixar seu dever para a filha.

Depois do acidente daquela noite, Sloane se tornou uma versão ainda mais esquelética de si mesma, sugando o sal de pretzels e bebendo quantidades abundantes de refrigerante diet. E ninguém disse uma palavra. Será que deveria contar tudo isso às sobrinhas? Como os médicos diziam que ela estava se punindo, o que era, em si, uma percepção masculina? Que, de modo geral, aparentemente as pessoas ficavam satisfeitas quando uma mulher admitia que era má e punia a si mesma. Que essa era a única maneira de as pessoas concordarem em ajudar. Sloane queria dizer isso a elas.

Tia Sloane, chamou a sobrinha mais velha. Conte sobre o acidente. Como você destruiu o carro do papai? Enquanto isso, a sobrinha mais nova dava risadas.

Sloane sorriu. Ela ainda estava olhando para o irmão a distância e sentindo raiva. Tristeza também. Se ao menos eles tivessem conversado mais. Agora apenas se visitavam em lugares bonitos, onde cada um tinha os próprios baús cheios de merda.

Ela podia imaginar ele e a esposa com cara de águia rindo, contando aos filhos: Sua tia Sloane é meio que um desastre e uma vez ela destruiu o carro do papai. Sem ter nem mesmo a classe de dizer: Não digam a ela que contamos isso a vocês. Talvez tivessem até incitado as crianças a perguntar-lhe a respeito.

No passado, Richard lhe dissera: Eu não acredito que ninguém perguntou se você estava bem. Ele já a abraçara muitas vezes enquanto ela relembrava o incidente, enquanto tentava descobrir o que a tornara indigna de cuidados. Eles nunca disseram: Graças a Deus você está viva?, Richard perguntara a ela diversas vezes, como se esperasse que, ao perguntar no dia certo, ela fosse responder: Ah, sim, na verdade, eles disseram. E eu tinha me esquecido até agora.

Naquele dia, entretanto, quando suas pequenas sobrinhas riram de um acontecimento que, de certo modo, a matara, Sloane sentiu o verme revirar em sua garganta. Talvez o verme tivesse muita raiva do acidente, mas talvez a verdadeira raiz de sua raiva fosse o que o irmão tinha perguntado a ela em seu quarto uma noite, muito tempo antes. O modo como ele havia obliterado de forma eficaz seu conceito de amor inocente. Eles nunca *brincaram*, é claro, e tinha sido por esse motivo que Sloane conseguira enterrar aquela lembrança. Nada aconteceu na ocasião, assim como nada aconteceu de fato na noite do acidente. Uma vida inteira de nada de ruim acontecendo e, em toda a volta, sol e grama verdejante.

Ela colocou as mãos nos ombros da menina mais velha, com firmeza, olhou para as duas e disse: Ouçam.

O sol começou a se pôr atrás do campo de golfe. Sloane sabia que todas as mulheres se transformam em animais, em determinado momento, quando mais precisam.

Ouçam, meninas. Eu estava levando um amigo para casa. E sabem o que aconteceu? Eu sofri um acidente, mas foi um *acidente*, e eu poderia ter me machucado, mas não me machuquei. Eu poderia ter *morrido*. Mas não morri. Eu sobrevivi. Estou aqui. Estão vendo? Vocês entenderam?

As sobrinhas concordaram com a cabeça, um gesto profundo e cuidadoso. Nervosas, desviaram o olhar. O pai delas estava a distância. Mas não estava olhando.

maggie

Na manhã do veredito, uma das juradas é hospitalizada. No início, não há detalhes. O juiz Steven McCullough reúne os onze jurados restantes em uma sala e pergunta: Chegaram ou não a um veredito no que diz respeito às cinco acusações contra Aaron Knodel?

O juiz diz aos meios de comunicação o que todos já adivinhavam: Que é incomum que um jurado seja levado às pressas para o hospital durante as deliberações. Ele pergunta aos advogados de defesa e acusação como eles gostariam de conduzir a situação. Byers pede a anulação do julgamento. Maggie afirma que está disposta a testemunhar em um novo julgamento. Hoy diz: Por favor, não.

"Todos dedicaram uma grande quantidade de tempo, esforço, energia e vida a este caso, e eu detestaria ver o julgamento anulado se isso puder ser evitado", diz Hoy, e em seguida começa a ler um trecho de um livro de regras jurídicas que diz que um júri com menos de doze integrantes pode chegar a um veredito em um caso criminal.

"O Estado pode não gostar do resultado, mas a realidade é que o caso foi julgado de forma plena e justa, e este júri gastou muito de seu tempo e esforço tentando chegar a um veredito."

Byers se recusa a concordar em deixar que um júri de menos de doze chegue a um veredito sobre todas as acusações, de modo que o juiz acata o pedido de anulação do julgamento para algumas delas. Ele pede que os onze jurados entrem e comuniquem o que decidiram antes de a décima segunda jurada ser hospitalizada. Eles haviam chegado a um veredito em relação a três das cinco acusações — números um, dois e cinco.

A acusação número um cita a ocasião em que Aaron Knodel teria penetrado a vulva de Maggie Wilken com os dedos na sala de aula. Essa ocorrência supostamente durou entre cinco e dez minutos. Ela estava de costas para ele, que tinha as mãos na parte da frente do cós de sua calça, e descreveu como ele, ao mesmo tempo que a penetrava com os dedos, se esfregava nela por trás. Eles foram interrompidos quando um professor girou a maçaneta da porta da sala, e Aaron pulou para trás, recolhendo a mão e entregando a ela um teste com a destreza exagerada de um personagem de um seriado cômico.

A acusação número dois cita outro incidente semelhante ao citado na acusação número um e inclui a maneira como Aaron supostamente colocou a mão de Maggie sobre seu pênis em sala de aula. De acordo com Maggie, ele a estava beijando e, em seguida, colocou a mão dela em seu peito e disse: "Sinta como meu coração está acelerado." Em seguida colocou a outra mão dela sobre a protuberância em sua calça e disse: "Veja como você me deixa duro." Isso aconteceu na mesa perto dos armários.

A acusação número cinco era semelhante às duas primeiras, mas acontecera no carro de Maggie. Ela diz que o buscou de carro no TGI Friday's porque ele estava bêbado e o levou até o carro dele, que estava estacionado perto de casa, ele explicou a ela, para que ele não precisasse dirigir por ruas mais movimentadas depois de ter ingerido bebida alcóolica. Ela alega que, no caminho, ele enfiou os dedos em sua calça e que ela quase bateu em um carro estacionado.

Várias pessoas limpam a garganta. Vidas estão prestes a ser decididas por pessoas que não têm nenhuma relação com elas.

Maggie aperta o escapulário do pai enquanto o primeiro jurado fala.

"No que diz respeito às acusações um, dois e cinco, nós do júri consideramos, por unanimidade, que o réu Aaron Knodel é inocente."

Todos olham para o réu. Todos querem saber como seu rosto vai registrar o veredito.

Alívio, claro. Mas será o alívio de um homem bom desnecessariamente atormentado? Esse é claramente o ponto de vista de muitos neste dia. Mas talvez sejam mais reveladoras as visões de quem enxerga ele diferente, de quem vê nele o alívio de um homem culpado. O mundo vê Aaron Knodel como as pessoas são instruídas a vê-lo, ou, o que seria mais assustador, a visão das pessoas se baseia no que alguém que elas respeitam lhes disse para ver.

Uma maneira de encará-lo, para aqueles que enxergam culpa: ele é um monstro manipulador, apenas alguns graus acima de um pedófilo comum. Orquestrou a paixão daquela jovem, manejou a quantidade perfeita de intenção, tornou-se um centauro: metade professor casado, metade namorado.

Outra maneira de encarar o réu é como um homem bom levado ao limite por uma jovem, nenhum dos terrivelmente errado, mas certamente o réu não é uma pessoa perversa. Talvez até tenha tentado se manter afastado, mas ela insistiu.

E, por fim, eis um homem, um professor, com um grande ego. Ele é atraente, e suas alunas confirmam isso, corando. Começou a trocar mensagens de texto com Maggie um pouco por acaso, porque ela é bonita, inteligente e empenhada. Tem um jeito de moleca, gosta de Led Zeppelin e *Trailer Park Boys*, mas seus cabelos são loiros e usa calcinhas femininas sob as calças de moletom. As mensagens de texto se desvirtuaram, como costuma acontecer com esse tipo de mensagem, e Aaron Knodel gostou, em seguida não gostou, então gostou de novo e por fim não gostou. Ele leu *Crepúsculo* porque o fato de alguém achar que ele era um amante vampiro o excitava. Ele recuou quando ela foi adiante, então houve dias em que sentiu que ela estava se desvanecendo, outra chance de juventude pouco a pouco se esgotando, e então escreveu: Estou me apaixonando por você. E o que ele queria dizer era: Estou apaixonado por quem sou agora, de novo, então, por favor, não vá embora, porque esse eu jovial vai morrer se sua paixão por mim morrer. Para consumar a própria idealização, ele a convidou para ir até a casa onde morava com a família e gostou, mas em seguida detestou; ela estava apaixonada demais. Nos meses seguintes, teve que lentamente terminar tudo, descamando o coração dela como um calo. Para fazer isso, precisou inspirar pena. Teve que ser o homem que não amava a esposa e cuja esposa não o amava. Teve que ser o homem que ficava por causa dos filhos. Ocasionalmente, mesmo durante todo esse processo de descamação, havia momentos em que ele estava no carro, entediado e, em vez de ouvir música ou notícias no rádio, ligava para uma garota que o fazia se sentir alguém que não soltava gases, não perdia no pôquer nem se preocupava com a hipoteca.

Em relação às acusações 1, 2 e 5, ele foi considerado inocente, mesmo pela jurada que tinha sido hospitalizada. As duas acusações restantes — três e quatro — diziam respeito ao que aconteceu na casa dele na noite em que tiveram mais liberdade para ficar juntos; a saber, a alegação de que ele penetrou a vulva dela com os dedos e de que houve contato entre a boca dele e a vulva dela. Em relação a essas acusações, não há veredito. O rumor é de que a jurada no hospital foi a única que se opôs a considerá-lo inocente no que dizia respeito a essas duas acusações também. Os presentes no tribunal são informados de que o Estado pode pedir a anulação do julgamento para as cinco acusações, ou apenas para as duas acusações em relação às quais não se chegou a um veredito.

O juiz diz que a jurada foi levada às pressas para a emergência porque de repente foi incapaz de reconhecer os membros da família. Além disso, ela se recusou a fornecer uma amostra de sangue. Nos dias que se seguem, informações relevantes saem do hospital, chegam ao tribunal, saem do tribunal e chegam à rua. Para começar, a jurada não informou ao tribunal, durante a seleção do júri, que ela mesma fora vítima de abuso sexual no passado. Em seguida, vaza a informação de que, quando foi levada, ela gritava para os investigadores da polícia que cabia a ela proteger as crianças.

O juiz McCullough agradece aos jurados e os dispensa do julgamento. Aaron se levanta e beija uma mulher mais velha na bochecha. Maggie não olha para ele. Não consegue. Sente-se eviscerada. Está enojada por ele ter segurado um rosário com os mesmos dedos que estiveram dentro dela e enojada por ele ter levado um rosário para competir com o escapulário de seu pai. De repente, ela se sente uma idiota. Por acreditar que as anotações nos post-its acabariam com ele, que ninguém poderia ignorar aqueles bilhetes. *Incondicional, como nosso amor!*

Mais tarde, o juiz manteria os três vered+itos que inocentavam o réu e anularia o julgamento dos outros dois. Aaron Knodel poderia voltar a exercer seu cargo de professor na Sheyenne High School.

Mas por que, Maggie se pergunta, ninguém acreditou que as anotações tinham sido feitas por ele nem achou que elas fossem nocivas? Por que ninguém admitia que uma menina problemática tivesse idealizado seu professor, que, por sua vez, pegara essa adulação e a corrompera? E que agora negava que tivesse escrito as seguintes palavras:

"Às vezes, fazer a coisa errada parece certo demais."

"A espera por você é *por vezes insuportável*!"

"Você se lembra de como suas mãos tremiam? Me faz bem saber que você estava tão empolgada!"

"Desde a primeira noite que sonhei com você, eu soube que estava apaixonado!"

"Você me faz revelar o melhor e o pior de mim... e ainda assim me ama!"

"'17' — você *parece* mais velha! Quantos dias faltam? ☺"

Ela começa a morder o interior da bochecha com tanta força que sente o gosto de sangue na boca. Quer arrancar a língua de seu professor vampiro. Em vez disso, ela sai em silêncio com o que resta de sua família.

Na saída do tribunal, ouve uma jurada dizer à imprensa que espera que a família de Knodel nunca mais precise passar por aquele sofrimento.

lina

Como um relógio: no segundo em que Lina não está pensando nele, ele sente. A algumas estradas do estado de Indiana de distância, ele sente as rédeas se afrouxando e manda uma mensagem de texto com uma carinha carrancuda. Ela acaba de adormecer em seu quarto de hotel quando a vibração do celular a desperta.

Por que a carinha triste, Aidan, o que houve?, ela escreve quase imediatamente. Pensa em como deve ser bom ser ele. Ele deve ser tomado por uma sensação maravilhosa de poder ao constatar que, quando quiser algo dela, basta pressionar um botão.

Talvez você tenha uma foto para me enviar, escreve Aidan.

De fato, Lina tem um álbum inteiro de fotos preparadas para ele. Dois dias antes, no salão de bronzeamento artificial, ela ficou de pé no carpete, com as manchas de loção marrom e a luz verde-limão das camas que zumbiam vindo de outros cômodos, segurou o celular quebrado acima da cabeça e tirou uma foto de seu corpo nu. É isso que envia para ele agora, rezando para a bateria do celular não acabar antes de receber uma resposta e rezando para que outras pessoas não gastem sua bateria enviando mensagens de texto para ela, porque todos que não são Aidan são apenas cracas em sua perna.

Aidan escreve: Uma nova foto sensual seria ótimo.

Vá se foder, ela pensa, mas ao mesmo tempo ri, porque quanto mais ele deseja dela, melhor, e quanto mais indiferente ele fica, mais ela quer impressioná-lo.

Ela manda para ele uma foto do seu corte de cabelo.

Ele escreve: Lingerie sexy seria legal.

Ela tira a roupa e fica só com a calcinha e o sutiã de renda preta que comprou para ele. Deita na cama, tira algumas fotos de si mesma e envia a melhor delas.

A bateria do celular está acabando, mas ela tem um iPod com uma quantidade razoável de bateria restante. No iPod, pode usar o aplicativo de mensagens do Facebook para se comunicar com ele. Então ela implora a ele para mudarem. É fácil para ele. Ele pode acessar o Facebook a partir do celular.

Lina escreve: Por favor, entre no Facebook, a bateria do meu celular está acabando!

Ela não levou o carregador. Não importa o quanto se prepare para vê-lo, o universo arranja um jeito de atrapalhar. No último minuto, um de seus filhos precisa de um bicho de pelúcia específico que ela colocou para lavar, ou o carro não pega.

Ela fica nua na cama do hotel. Se estiver nua, talvez ele sinta sua abertura na atmosfera. Ela fecha os olhos e imagina que a qualquer momento Aidan vai bater na porta do quarto 517. Ela ficou com o quarto, só por precaução. Ia se encontrar com uma amiga na área dele para tomar uns drinques e a amiga cancelou no último minuto, mas Lina já tinha reservado o quarto e as crianças estavam com Ed, então ela ficou lá. Disse a Aidan onde estava, disse que o hotel devia ficar a uns quinze quilômetros da casa dele. Sabia que era improvável que ele fosse até lá para encontrá-la, mas de qualquer maneira era melhor dormir mais perto de onde ele estava dormindo.

Por favor, entre no Facebook, ela repete.

Mas ele não entra, e não escreve de volta. Parece que a foto foi o suficiente. Lina tenta se consolar pensando que uma foto dela foi a última visão que ele teve antes de adormecer. Ela tenta voltar a dormir, mas tem dificuldade. Está chateada por ter gastado dinheiro com um quarto de hotel para nada.

De manhã, ela arruma seus pertences devagar, ainda esperando notícias de Aidan. Que ele acorde e escreva: Desculpe, peguei no sono! Onde vc tá?

A certa altura, a esperança se desfaz e Lina vai embora do hotel. O dia está ensolarado; se não estivesse, ela tem certeza de que cairia em depressão. Está dirigindo por Mooresville ouvindo música e, de repente, não consegue mais suportar.

Posso enviar uma mensagem agora?, ela escreve para ele. O que ela quer dizer é: Posso dizer exatamente o que quero, ou sua esposa está por perto?

Ele escreve de volta: Pode.

Sei que não deveria, mas quero ver seu rosto de novo, beijar você de novo, sentir como é quando nos movimentamos juntos.

"Sei que não deveria" é uma frase dele; ela gosta quando ele usa suas frases, e quando ela usa as dele.

Ele responde: Por quê?

Ela sabe que ele precisa que seu ego seja acariciado. Entende aquele homem melhor do que ele mesmo.

É ótimo com você, e eu gosto de você.

Ela quer escrever: Eu o amo tanto. Cuidaria de suas filhas como se fossem minhas.

Ele não responde e resta apenas um último suspiro de bateria no celular. Ela para o carro no estacionamento de uma loja de peças automotivas. Lá dentro, compra um carregador de celular para o carro que também serve para ouvir música, e até isso é apenas para a próxima vez que eles forem fazer amor em seu carro.

Ela escreve: Uhu! Comprei um carregador.

Ele não responde.

Ela escreve: Adoro quando as coisas se resolvem assim! Está um dia lindo aqui em Mooresville!

Ele não responde.

Ela escreve: Posso ser apenas sua amiga, se for isso que você quer. Vai ser difícil para mim, já que provavelmente sempre vou gostar de você. Está bom assim?

Ele escreve: Está indo para casa?

Em Mooresville. Só preciso chegar em casa às 16h30.

Que merda você tem pra fazer?

Ei, Grandão! Não me venha com palavrões!

A partida recomeçou, e ela está no páreo.

Desculpe, Garota.

Tudo bem, Grandão. Eu só estava brincando.

Pq vc está me chamando de gordo?

Você não é gordo. Você tem um pau grande e músculos fortes, Sr. Hart. Haha.

Por que o haha? É uma piada?

Não, não é uma piada, eu estava falando sério. Será que pode dar uma olhada em uns horários de filmes para mim?

Ele fica algum tempo sem responder, mas tudo bem, finalmente há uma conversa rolando, ela pode sentir a energia se acumulando. Consegue decifrá-lo mesmo quando está com medo. Em uma farmácia, manda uma mensagem para ele: Você já usou aquele gel lubrificante da KY que esquenta?

Ele responde: Não, pra que serve?

Consigo pensar em alguns lugares nos quais eu o colocaria, depois lamberia.

Ele diz algo sobre lagos e ela diz algo sobre encolhimento e ele diz algo sobre ficar menor e ela diz que pode fazer ficar maior e ele pergunta: Como?

A curiosidade matou o gato!

Passam-se alguns minutos e ele não responde, e ela não comprou o carregador à toa, então escreve: Quer descobrir pessoalmente?

É um jogo incrível. Todas as mensagens têm o propósito de atraí-lo. Ela dá tudo de si em cada uma. Concentra-se em ser impecável, em não assustá-lo. Há uma estratégia para cada letra. Há uma estratégia para a pontuação. Toda a sua vida depende das respostas dele. Seu coração está vivo, ardente, vermelho-cereja. Ela sabe, como um vendedor de carros, que se conseguir que ele fique bem diante de si, vai conseguir fechar o negócio.

Ela escreve: Neste exato momento, me sinto muito criativa e acabei de comprar uma coisa para expressar minha criatividade.

O quê?

Você vai ter que ver por conta própria.

Me dê uma pista.

É uma coisa para esfregar em certas partes do seu corpo que depois eu lamberia. Agora, onde quer me encontrar, Aidan?

Casa da sua mãe.

Haha Na minha antiga cama, seu safado?

Haha Atrás do cinema.

É o lugar onde eles tiveram seu primeiro encontro. O fato de ele se lembrar! Mas chega, chega! Ela está amando a conversa, mas não quer que o tempo passe e faça isso cair no esquecimento. Ela não tem uma quantidade ilimitada de tempo. Nunca tem.

Encontro você em Five Points e o sigo para algum lugar.

Não conheço nenhum lugar para irmos, ele escreve.

Estou em Five Points, ela escreve alguns minutos depois.

E espera, respirando fundo, sentindo o peso de seu desejo pressionando a pelve.

Finalmente, depois do que parece uma eternidade, ela vê a caminhonete dele vindo pela estrada. Ele meio que pisca para ela e faz um gesto para que ela o siga, e ela fica tão satisfeita consigo mesma por ter feito com que ele se esforçasse. Ele tinha usado a cabeça e pensado em um lugar. Seu rosto se ilumina quando ela se dá conta de que ele a está levando para a fazenda da avó, entre Five Points e o rio, onde ele e os irmãos costumam caçar em centenas de belíssimos hectares.

Ela segue o carro dele através dos campos e floresta adentro. Quando ele para, ela faz o mesmo. Ela espera, vê a porta dele se abrir, seu corpo forte sair. Ele se aproxima devagar e com segurança e entra no carro dela. Partes do corpo nas quais ela nunca pensa começam a brilhar e tremer. As raízes dos dentes, por exemplo, formigam de excitação.

Eles estão em uma pequena clareira entre dois trechos magníficos de floresta. Ela diz que o lugar se parece com um cenário do filme *Crepúsculo*, com se fosse uma versão do Noroeste Pacífico com vampiros, chuva e beleza na melancolia. Ela conta a ele algumas das coisas que aprendeu em uma aula na Universidade de Indiana, sobre como as árvores no centro das florestas se ramificam mais e ficam mais altas do que as árvores nas bordas, porque as que ficam no meio precisam lutar pela luz do sol.

Ele gosta quando ela fala sobre assuntos que não têm nada a ver com o fato de ela precisar dele. Ele pergunta: Você já ouviu o rosnado de um lince? Ela responde que não, e ele diz que ouviu da última vez que esteve ali caçando, e que soava como garotinhas sendo assassinadas. Ele estremece, porque tem duas filhas pequenas, então ela estende o braço e segura sua mão, e os dois ficam sentados no carro, observando a floresta. É um instante perfeito no tempo. No meio daquela ternura, ela estremece, porque sabe a verdade mesmo que tente ignorá-la: ele é péssimo com ela. Não porque seja propositalmente cruel, mas porque quase nunca leva em consideração o que ela sente. Ele vive a própria vida, cheia de balanços, tapumes e responsabilidades com a esposa. Lina é um lince na floresta; quando ele rosna, você fica triste na hora, mas depois se senta para jantar, pega uma criança no colo, tira um pedaço de cartilagem do dente. Assiste a um jogo. Esquece de responder uma mensagem de texto. Você adormece.

Eles ficam em silêncio por um tempo, depois Aidan fala primeiro, o que é estranho. Ele diz: Sabia que estive com Kel hoje cedo?

Ele se refere ao amigo Kel Thomas, que mandou mensagens para Lina na noite anterior se oferecendo para ir ao hotel e fazer companhia a ela. Lina mantém por perto alguns homens como Kel Thomas, para provocar ciúme em Aidan. Ou para sentir que não vai ficar sozinha pelo resto da vida.

Não sabia, diz Lina.

Humm.

Aidan, ele queria fazer sexo comigo. Eu não fiz. Não faria. Ele me convidou para sair. Mas apenas como dois adultos desfrutando da companhia um do outro.

Nunca se sabe, você pode gostar dele. Pode haver uma faísca entre vocês.

Isso não o incomoda?

Você é adulta e vacinada, Garota.

Não, quero dizer, não tem faísca nenhuma. Ele é seu melhor amigo. Além disso, ele é um pouco esquisito!

Aidan ri! Aidan ri!

Eles ficam em silêncio por mais algum tempo, então ele diz: Então, o que é essa coisa que você trouxe?

Lina está no controle agora, ou no mínimo acha que está. Ela diz: Vá lá para trás, tire a calça e os sapatos.

Ele vai para a parte de trás do Suburban e ela o segue. Tira a roupa mas não deixa que ele a toque ainda. Enfia a mão no bolso da calça que está no chão do carro e pega um ovo de chocolate recheado com creme da Cadbury.

Você demorou tanto para vir me encontrar, ela diz, que eu quase comi.

Ela dá uma piscadela, e ele olha para o ovo, intrigado. Ela o segura no alto e de lado na mão esquerda, em seguida aproxima o rosto do dele e o beija, e é incrível. Com Aidan é sempre incrível. A língua dele. Sua própria língua, que ele não acha que é como uma manta áspera ofensiva ao toque. Então ela se afasta dele para desembrulhar o ovo. Tem uma divisão onde ela o parte ao meio. Coloca uma das metades no chão do Suburban, pega o recheio da outra metade com os dedos indicador e médio, espalha por todo o pênis dele, até os testículos, e por fim tem o cuidado especial de aplicar uma quantidade generosa na cabeça.

Ela começa a chupar, espalhando o creme doce e pegajoso com a língua ao mesmo tempo que o lambe. Ele tem uma ligeira pré-ejaculação, e ela levanta a cabeça e diz: Hummmm, salgado e doce, delícia.

Em seguida se aproxima dele e o beija com creme na língua. Ela alterna entre beijá-lo na boca e chupar seu pênis. Tudo é tão bom.

Ele passa os braços fortes sob as coxas dela e a levanta completamente por cima dele, abaixa a virilha dela sobre o rosto e a chupa. Ela tem a sensação de estar sendo comida por um tigre. Ele geme em sua vagina e não para de repetir: Eu amo comer sua boceta. Ele diz isso, na verdade, dentro de sua vagina, de forma ela sente que estão desfrutando de uma comunhão particular, como se sua vagina e Aidan estivessem transando um com o outro e o resto de Lina estivesse olhando de cima.

O rosto dele fica enterrado lá por cerca de dez minutos. Às vezes a sensação é tão boa que beira o insuportável, e ela tenta se desvencilhar, mas os braços dele a seguram com força e a mantêm sobre seu rosto. Ele diz nã-ão dentro da vagina dela e a mantém enraizada em sua boca, como uma bola encaixada na base de um joystick.

Por fim, ele a levanta e está prestes a baixar sua vagina sobre o pênis quando ela diz: Espere! Eu não quero essa coisa dentro de mim!

Ela está se referindo ao creme do ovo de chocolate e, felizmente, há lenços umedecidos no console do carro, então ela os usa para tirar o creme do pênis e em seguida se abaixa sobre ele, agachada no chão do veículo.

Quando ele a penetra, ela sente que todas as suas necessidades são satisfeitas. Que ela é uma máquina abastecida exatamente com aquilo de que precisa para funcionar como deveria. As primeiras cem penetrações parecem a primeira. Quando ela se cansa, ele assume; pega Lina pela cintura e mergulha seu corpo inteiro sobre o colo, usando-a como uma ferramenta. E então ela começa a se mover outra vez, e eles se encaixam um no outro com habilidade. Ele fica por cima dela; na posição papai--e-mamãe ele tem um ritmo cadenciado, e quando começa a ir muito rápido ela perde o controle e tem pequenos orgasmos a cada estocada. Eles se beijam a maior parte do tempo e a cabeça dela parece que vai explodir. Ela goza centenas de minúsculas vezes e ele tira porque está prestes a gozar e pergunta se ela já gozou e ela responde que sim e então ele a penetra de novo, bang bang bang bang, e em seguida tira e goza na barriga dela e eles se deitam no chão abraçados e ela já está com medo porque começou a contagem regressiva para a partida dele.

Ela diz: Espere aí, senhor, quando sente o corpo dele ficando indiferente. Ela diz: Espere e me faça gozar com seus dedos.

Pensei que você tivesse gozado, ele diz, sem fôlego.

Não completamente.

Ele coloca um dedo dentro dela e a dedilha devagar. Então enfia mais um, e ela geme.

Isso continua por alguns minutos e ela está quase lá, mas não consegue chegar ao clímax porque sabe que no segundo em que o fizer ele vai embora. Quando os franceses chamavam o orgasmo de *la petite mort*, eles queriam dizer uma pequena morte feliz, uma morte satisfeita; o que Lina sente não é isso. Aquela é uma morte terrível. Toda vez pode ser a última que ela vai se sentir assim.

Mulher, você vai acabar comigo!

Ela sabe que ele está inquieto, que se sente sufocado em espaços apertados. Então diz: Pode ir, vai. Eu termino sozinha. Sai.

Ele diz: Espere um segundo, preciso fazer xixi, e sai e urina na clareira e em seguida começa a falar ao celular e ela ouve, através das janelas embaçadas do Suburban, que ele está falando com um homem e não com uma mulher, graças a Deus, mas ainda assim. Então ela começa a se masturbar, mas se sente ridícula fazendo aquilo no carro sozinha. Ele não está nem ao menos olhando para ela pela janela. Ela veste as roupas, sai, se senta no capô do carro e acende um American Spirit do maço que comprou para ele.

Quando desliga a chamada, ele se aproxima, coloca as mãos fortes nos joelhos dela e diz: Ei, Garota, eu vou ligar para você.

Eu sei, ela diz, observando os galhos na borda da clareira.

Ele começa a se afastar e ela diz: Ei, ei. Quer esse maço? São fortes demais para mim.

Claro, obrigado, Garota.

São seis dólares.

Ele tira a carteira da calça, pega uma nota de cinco e outra de um.

Eu estava brincando!

Não, Garota, fique com o dinheiro, ele diz.

Não, eu não quero.

Ele coloca as notas sob a perna dela.

Você vai ficar aqui?

Sim, vou ficar um tempinho, ela responde. Gosto de sentir o sol na minha pele. Está um dia bonito.

Tudo bem, Garota.

Ele tira as mãos das pernas dela, e Lina sente que o mundo acabou. Aidan volta para sua caminhonete e ela não olha, mas ouve o motor ser ligado. Ele estaciona ao lado do Suburban e pisca para ela pela janela aberta. Cuide-se, Garota.

Ela salta do capô do carro e faz um movimento para enfiar as notas de cinco e de um pela janela dele. Ela ainda não parou para pensar como vai ser difícil limpar o creme das reentrâncias do piso do carro, onde ele deve ter derretido. Ela não pensa nos pedaços de chocolate que grudaram em seu cabelo. Tenta enfiar as notas pela janela, mas ele sai com o carro enquanto ela tenta, e as notas permanecem em sua mão.

Enfim, ela dirá mais tarde para as mulheres em torno da mesa de reunião no consultório do médico, fiquei lá por mais trinta minutos, só observando as árvores, até que escureceu e eu estava atrasada para voltar para casa.

Ela deixou os seis dólares no chão. Uma nota de cinco e uma de um, amassadas e verdes, como folhas mortas no auge da cor.

Eu deveria ter colocado uma pedra sobre as notas ou algo assim, para que ele soubesse, se voltasse lá, que não fiquei com o dinheiro, ela diz. Mas não fiz isso. Eu simplesmente as deixei lá, e elas foram levadas pelo vento.

sloane

Na ilha, há uma ótima feira de orgânicos, onde são vendidas as alfaces-manteiga, as folhas de mostarda e a couves-nabiças cultivadas nas fazendas próximas. Salada cremosa de lagosta feita com lobos de carne da pata maiores que um punho.

Foi no grande e frio departamento de hortifrutigranjeiros do mercado que Sloane de repente viu a mulher que a fazia se sentir como um completo lixo. Não via aquela mulher havia muito tempo, não tivera nenhum contato com ela desde a mensagem de texto que a mulher enviara um ano antes e que Sloane recebera pouco antes de chegar àquele mesmo mercado, de modo que os corredores de comida pareceram assombrados.

Jenny usava calça jeans e um agasalho de ioga por baixo do casaco de inverno. Ela era uma mulher que carregava bebês em slings sem esforço, que poderia amarrar uma criança nas costas e amamentar outra enquanto fazia biscoitos de aveia. Tinha uma beleza que era típica da ilha e que evocava ioga ao sol e leite de amêndoas.

Ambas as mulheres empurravam carrinhos de comida. Sloane se sentia ridícula, com os pacotes de couve congelada e a manteiga de amêndoas.

Podemos conversar?, Jenny disse em voz alta, como se fosse a segunda vez que perguntava. Talvez Sloane, momentaneamente perdida nos próprios pensamentos, não a tivesse ouvido da primeira vez. O balão dentro de seu peito se desinflou um pouco.

Claro, ela respondeu. Quer ir até minha casa?

Jenny concordou. Ambas voltaram às compras. Sloane comprou vários pequenos itens dos quais não precisava. Macadâmias cobertas de chocolate. Barrinhas de figo sem glúten. Depois, Jenny a seguiu até a casa dela. Elas estacionaram e Sloane se dirigiu para a porta da frente. Jenny saiu do carro.

Espere, disse ela. Não quero entrar na sua casa.

Sloane ficou parada diante da porta da frente, tremendo de frio. Ela percebeu que sua casa era assombrada para Jenny, assim como o mercado era assombrado para ela. Embora não da mesma maneira.

Quer entrar no meu carro?, sugeriu Sloane.

Jenny concordou e elas entraram no carro. Sloane ligou o motor e ajustou o aquecimento de modo que ar quente fosse soprado nas pernas e não no rosto delas.

Por um tempo, ambas ficaram em silêncio. Sloane ouvia o som do ar quente do carro, o som de sua própria respiração e da respiração de Jenny. Havia passado algumas semanas preocupada com a visão da filha. Sua menina mais nova nascera com estreptococo do Grupo B, uma infecção transmitida pela mãe ainda no útero. A criança desenvolveu sepse tardia, que por sua vez levou à meningite uma semana após o nascimento. O médico explicou a Sloane que bebês que passam por isso correm o risco de perder a audição ou a visão, de desenvolver dificuldades de aprendizado e problemas neurológicos graves no decorrer da vida. Felizmente, eles a trataram com antibióticos intravenosos e ela vinha crescendo saudável o bastante para contrariar todas as probabilidades. Mas nas últimas semanas, tinha começado a se queixar de que o mundo ficava embaçado diante de seus olhos.

Por quê?, perguntou Jenny, quebrando o silêncio.

Sloane balançou imediatamente a cabeça, como se soubesse que aquela seria a primeira pergunta. Jenny tinha se virado para olhar para ela, para encará-la.

Eu não me dei conta, Sloane começou, até as coisas terminarem. Não sabia que você não tinha conhecimento.

Jenny riu. Me poupe, disse ela. Você não estava dando a mínima para mim.

Não é verdade!

Jenny continuou rindo. Sloane sentiu uma grande escuridão, uma lama se movendo por seu corpo. Sentiu o puro ódio que emanava daquela mulher. Ela nunca tinha ficado tão perto do ódio.

Eu não precisava estar aqui, Sloane disse com calma. Mas estou. E mesmo que não acredite em mim, estou dizendo a você que não sabia, até o fim, quando percebi que você não estava ciente de nada. E...

Sloane não podia dizer o resto. Quão horrível tinha sido no final. Como tinha feito aquilo mais duas ou três vezes, transado com o parceiro daquela mulher, mesmo sabendo que Jenny talvez não soubesse. Ela não podia dizer à outra como tinha perguntado a Wes se eles não poderiam incluí-la, e como ele respondera à sugestão ficando em silêncio. Como ele respondera começando a fazer amor com Sloane. Ela não podia dizer essa parte. Sabia que era melhor que aquela mulher a odiasse, em vez de odiar o pai dos próprios filhos.

Por que você não me procurou?, perguntou Jenny. Se estava se sentindo tão mal, por que não me procurou para falar comigo, porra?

Sloane se lembrou do conselho de sua amiga Ingrid: Richard precisa falar com ela. Diga a ele que ele precisa falar com Jenny e resolver isso. Diga a ele para ir até lá e explicar que foi tudo ideia dele. O que é verdade. Isso é o que você merece. Isso é o que essa outra mulher merece. É responsabilidade dele. Dele e de Wes. Não sua.

Então Sloane disse a Jenny: Eu deveria ter procurado você. Tem razão. Sinto muito. Acho que eu pensei que seria melhor deixar tudo como estava.

Você foi muito obscura na sua mensagem de texto! Não agiu como se estivesse sentindo culpa, agiu como se eu fosse louca!

Desculpe, disse Sloane. Eu não sabia o que você sabia. Eu não queria magoá-la ainda mais.

Você estava protegendo Wes. E a si mesma.

Juro por Deus que estava protegendo você!

Jenny balançou a cabeça. Você estava transando com o pai dos meus filhos. E estava me protegendo disso? É isso mesmo que você acha? Me diga que é isso que você realmente acha, porra. Quero ouvir você dizer.

Sloane sentiu o lábio tremer. Ela sabia que seria ridículo dizer que pensava ter feito o que era certo.

Você gosta de si mesma, não é? Consegue se olhar no espelho todas as manhãs. Gosta do que vê.

Sloane se viu sorrindo, de repente, contra sua vontade. Diante da futilidade. Lembrou-se de um momento, alguns meses antes, quando tinha dirigido sua picape até Providence, para resolver algumas pendências e levar o toldo do restaurante para lavar. Depois tinha algum tempo livre, então parou em uma patisserie. Seus olhos foram atraídos por um croissant de amêndoas que parecia o doce mais lindo do mundo. A forma era a de uma curva em cotovelo perfeita. A casca era crocante e frágil, da cor do sol.

Ela odiou a si mesma por desejá-lo, em seguida odiou a si mesma por ter se odiado. Sabia que havia mulheres, como aquela em seu carro, que enfrentavam sofrimentos terríveis, uma desnutrição terrível, por isso sempre sentira que tinha a responsabilidade de ter êxito, de não desperdiçar suas oportunidades. Já era uma boa amazona, uma boa skatista, uma boa esquiadora, uma boa cantora e uma boa modelo, antes mesmo dos treze anos. Tinha sido atleta de hóquei de campo e corrida. Formara-se em uma das melhores escolas particulares do país. Mas mesmo dentro do espectro dessa facilidade relativa, Sloane precisava reavaliar constantemente que tipo de mulher ela era. A maneira certa de se portar. Quão sexy, quão perfumada. Não abrir mão demais de si mesma, não abrir mão de menos. A quantidade perfeita, ou ela seria um fantasma, gorda, desagradável.

O que Sloane queria mais do que qualquer outra coisa era gostar de si mesma. Ela queria se sentar na patisserie naquele dia e não pensar tanto a respeito de um croissant. Queria apenas comê-lo. Não queria se pegar se odiando a cada momento do dia. Havia sempre um sentimento de inadequação pessoal quando ela não acertava cada mínima coisa. Tinha quarenta e dois anos e estava passando por outra mudança hormonal, e a simples palavra *hormônio* já soava como uma fralda geriátrica, e ela queria botox, mas não queria querer, mas, ao mesmo tempo, se não o aplicasse continuaria odiando aquelas rugas, aquela decadência, e gostaria de ter feito uma pós-graduação. Ela se perguntou de quantas unidades precisaria ao redor dos olhos.

Você está errada, Jenny, disse Sloane, buscando força em seu próprio sofrimento. A única coisa que posso garantir é que me importo com você. Que estou arrasada com o que você está sentindo por causa do que eu fiz.

Por que ele?

Sloane não sabia como responder. Ela queria gritar: *O que você quer que eu diga? Que Wes é lindo? Que ele tem um corpo maravilhoso, que é ótimo no sexo e incrível em todos os outros aspectos, gentil, charmoso e útil? Que ele poderia consertar um cano com vazamento depois que terminávamos de transar? Você quer que eu diga isso? Quer que eu diga todas essas coisas que você já sabe?*

Você estava tentando me ferir?, perguntou Jenny. Olhe só para a sua cara. Você é tão serena. Simplesmente finge que algo não está diante da sua cara.

Sloane sabia do que Jenny estava falando. No primeiro ano de funcionamento do restaurante, quando Jenny trabalhara servindo as mesas por um tempo, ela fizera algo que ferira Sloane. Alguns meses depois da abertura do restaurante, Sloane e Richard mudaram a política de distribuição de turnos, para que os turnos mais disputados, os brunchs e os jantares do fim de semana, não ficassem apenas com os garçons mais antigos, mas fossem distribuídos de maneira aleatória. Puxando tiras de papel de um chapéu. Todos foram informados da mudança com bastante antecedência. Mas depois da primeira grande festa do verão, Jenny reuniu todos os garçons e encurralou Sloane. Eles disseram: Isso é injusto, queremos que volte a ser como era antes. Estamos aqui há mais tempo. Sloane tinha vinte e cinco anos. Ela se sentiu como uma presa animal. Mas prometeu a si mesma que permaneceria imperturbável. Ficou parada com a coluna muito ereta, disse a eles que valorizava seu feedback e que discutiria a questão com Richard. Eles não mudaram a política para o que era antes. Sloane ficou chateada com Jenny, pela maneira pouco profissional como lidara com sua decepção. Talvez tivesse ficado mais chateada do que imaginara.

Por que Wes?, Jenny perguntou de novo, dessa vez quase implorando.

A verdade estava na ponta da língua de Sloane. *Porque ele é gostoso e meu marido me disse para transar com ele, ok? Talvez também porque você me magoou uma vez, você fez com que eu me sentisse acuada e humilhada. Mas em grande parte tinha a ver com foder alguém que meu marido queria que eu fodesse.* Mas ela sabia que jamais diria isso. Sabia que precisava proteger Wes e Richard. Não sabia por que, mas sentia que precisava protegê-los.

Eu não entendo, Jenny.

O que você não entende? Por que você sempre finge que não entende? Você gosta de agir como um robô?

Sloane estava, de certa forma, impressionada com a calma daquela mulher, com como ela estava sendo real. Sloane imaginava que, no lugar dela, diria mentiras, mas Jenny era sincera em relação a sua dor, a suas perguntas. Ela era forte e direta.

O mínimo que você pode fazer, disse Jenny por fim, é me dizer a porra da verdade.

Sloane percebeu que ela estava falando sério. Que ela queria saber cada detalhe. Mas Sloane sabia que não podia contar a uma mulher as maneiras como ela realizava a fantasia de seu homem. Também tinha consciência do quanto era sortuda — por ser a fantasia de seu próprio marido, ao passo que outras mulheres não eram aquilo em que seus maridos pensavam ao se masturbar durante o banho. Richard lhe dizia o tempo todo que ela era a garota de seus sonhos. Seus cabelos castanhos e longos; seus olhos cintilantes e maliciosos; seus lábios carnudos; seu corpo esguio. Ela sabia que, para Richard, havia elegância até mesmo em sua idade, na maneira como sua pele se movia contra os ossos.

Ouça, Sloane disse, eu sei o que parece. Sei que, se alguém me contasse essa história da sua perspectiva, eu acharia que sou uma pessoa horrível. Não estou tentando diminuir minha responsabilidade. Mas preciso que você saiba que eu sinto muito. Fui brutalmente atingida pelo que aconteceu. Quando fiquei sabendo que você não estava de acordo, eu devia tê-la procurado no mesmo instante.

Mas não procurou!

Eu vi vocês na balsa uma vez... vocês estavam rindo. Pareciam tão felizes. Achei que tivessem superado. Eu não queria desenterrar...

Superado? *Superado*? Você nos destruiu! Não passa nem um minuto sequer sem que meu coração se despedace. Eu não consigo olhar para ele e não ver seu corpo.

Jenny, eu gosto muito de você.

Não ouse... Não ouse vir dizer que gosta de mim!

Sloane recuou como se tivesse levado uma bofetada. Ela assentiu. Fez-se um silêncio longo e assombrado.

Eu acredito em você, Jenny disse por fim. Acredito que você gosta de mim, que se sente mal pelo que fez. E preciso lhe dizer, esta é a primeira vez em um ano que não tenho vontade de matá-la enquanto dorme. Eu fantasiava sobre cortar seu pescoço enquanto você dormia. E esta é a primeira vez que não sinto isso.

Sloane pensou nas filhas na escola. Pensou que era possível que aquela mulher a matasse bem ali no carro. Pensou que talvez não tentasse se defender com todas as forças, porque merecia.

Por quê?, Jenny gritou de repente. Seu rosto estava contraído em todas as direções. Ela colocou a mão no painel para se conter. Qual é a porra do seu *problema*?

Sloane sentiu frio, embora o aquecimento estivesse ligado. Ela ouviu Jenny falar algo sobre sororidade, sobre as mulheres não fazerem coisas horríveis umas com as outras. Isso fez Sloane se sentir uma nuvem de fiapos emaranhados presos no filtro da secadora de roupa. Ela não podia dizer que não tinha iniciado aquilo. Que tinham sido Richard e Wes, sempre. Que não era seu desejo, mas na maior parte o desejo deles, ao qual ela estava servindo.

Pensou em sua própria fantasia em tudo aquilo. Gostaria de poder compartilhá-la com Jenny, mas sabia que não podia. Na fantasia de Sloane, ela está na pia da cozinha, vestindo um avental amarelo-claro. Seus cabelos estão presos em um rabo de cavalo. As crianças estão brincando, tranquilas, na mesa. A luz é suave e amarelada. Eles acabaram de comer um frango assado no jantar. A pele estava crocante e por baixo a carne estava suculenta. Havia batatas e cenouras frescas da fazenda que fica mais adiante na estrada da casa deles. O restaurante está dando lucro. Não há nada com que se preocupar, nada para pagar. A cozinha está uma bagunça, do jeito que fica depois de um bom jantar. Seu marido a olha do outro lado da cozinha. A expressão em seu rosto é franca e maravilhosa. É uma expressão com ossos próprios. Ele se levanta e vai até a pia, com vários pratos na mão. A insinuação de seu corpo é o suficiente para que ela se afaste. Ele a olha de cima a baixo e sorri. Então abre a torneira e começa a lavar os pratos. Sem que ela precise pedir.

Sloane não podia dizer a Jenny que sabe fazer sexo oral em um homem como se fosse um esporte olímpico, que sabe como estudar a respiração de um homem e ajustar sua boca e seus movimentos para dar a ele o que ele precisa. Que sabe o que vestir em todos os tipos de jantar, um vestido ao mesmo tempo poderoso, feminino, esvoaçante e justo, porque existe uma receita, existe uma maneira exata de se vestir para conseguir o que você quer. Não é sobre ser sexy. É sobre ser tudo antes que o homem pense no que ele quer.

Ela não podia dizer a Jenny o quanto o próprio marido a desejava, porque haveria algo mais cruel que isso? Do que dizer a outra mulher que você é sinceramente mais amada? Ela não podia dizer que todas as manhãs acorda e vai até a pia para escovar os dentes. Ela se olha no espelho. Esse é o primeiro e mais importante julgamento do dia. Se ela pensa estar com uma aparência ruim, se culpa por ter bebido na noite anterior. Você não é jovem o suficiente, ela diz a seu rosto, para escapar das consequências. Este é o preço de ser tão magra na sua idade — seus olhos vazios e afundados. Se você não tivesse se obrigado a passar fome por tanto tempo, não teria perdido as bochechas, sua idiota superficial.

Richard vai chegar por trás dela. Ele saberá o que ela está fazendo e interromperá sua autodepreciação. Se ela estiver segurando um fio de cabelo branco, ele vai passar o dedo ao longo do fio e dizer que cabelo grisalho é sexy. E será sincero. À tarde, vai usar os sapatos que ela gosta que ele use e os exibirá, porque é mais provável que ela queira fazer sexo à tarde do que de manhã ou à noite. Então ele vai chupá-la por meia hora, porque essa é a única maneira de fazê-la gozar. A essa altura ele estará duro o suficiente para transar com ela enquanto ela ainda estiver gozando. Sim, ele vai pedir que ela fale sobre transar com outra pessoa enquanto ele estiver gozando, o que ela não curte, mas, merda, ela pensa, e daí?

Ela não podia dizer a Jenny que Richard pode ser um babaca, mas que o tipo de babaca que ele pode ser nunca é imperdoável. Nunca é o tipo que mente sobre onde esteve. Ela não podia dizer a Jenny que quando ele está fantasiando, não é com uma amiga dela ou uma estrela pornô, é sempre, sempre com Sloane. Talvez seja com Sloane *com* a estrela pornô, mas ela está sempre lá. Não podia dizer a Jenny que nunca precisa se preocupar com o marido justamente da maneira que Jenny mostrou que precisa se preocupar com o dela.

Acima de tudo, Sloane não podia contar a Jenny sobre sua própria dor, porque ela era menor que a dor de Jenny, e Jenny não era responsável pela dor de Sloane da mesma forma que Sloane era responsável pela dor de Jenny. Ela não podia dizer a Jenny que fica de pé e olha pela janela de sua cozinha pela manhã, as tarefas do dia se desenrolando diante dela como um rolo de celuloide, e ela pensa: Ok, passar repelente e trocar de roupa e aula de patinação e colocar papel higiênico no banheiro e comprar leite, cebola, limões e pedir mais papel de impressora e trocar o óleo de um dos carros e pedir ração para o cachorro e fazer depilação e preparar macarrão com abóbora e ricota e espere, temos uma porra de um cachorro? e comprar lâmpadas de sessenta watts para o bar e repor o estoque de Grey Goose e tirar as roupas da secadora e arrancar um único pelo preto do queixo e limpar o outro carro antes de a família chegar e trazer latas de lixo para dentro e comprar novo desentupidor e foder meu marido e passear com o cachorro se tivermos um.

Ela não podia dizer a Jenny que, de certa maneira, não podia confiar no marido. Poderia pedir a ele que fizesse metade das tarefas da lista. Ele é chef e, portanto, o dia dele não começa até mais tarde e tudo bem que ele tem sua própria lista, mas a lista dele não é tão longa quanto a de Sloane e não existe, como a de Sloane, na forma de azia. Não está escrita em fogo laranja.

Digamos que ela lhe dê quarenta por cento... não, trinta por cento, ele dá conta disso. E desses trinta por cento ele vai fazer errado precisamente a metade. Pode comprar a ração errada para o cachorro. Pode esquecer de passar repelente nas crianças. Pode comprar o leite de vaca, mas não o de amêndoa. Então digamos que ele cuide de parte da lista e faça metade das coisas errado, mas fica orgulhoso de si mesmo, e se Sloane disser: Obrigada por comprar a ração do cachorro, mas você comprou a ração errada, e de qualquer maneira, não temos cachorro, ele vai ficar chateado, e algo vai congelar dentro de sua uretra, vai se transformar em um pequeno cristal de gelo, sua urina e seu sêmen lá, e ele vai se sentir mal. Então ela não pode dizer isso. Não pode dizer nada. Ela poderia dizer, *Obrigada*, mas até isso está errado, porque *obrigada* significa que Sloane assume que ele não teria feito de outra forma, e mesmo que nunca faça nada por conta própria, ele acha que faria. Claro que cedo ou tarde ele faria algo. Tipo, se ela estivesse morta. E, de qualquer maneira, Sloane não quer ser uma chata. Há mulheres que são excelentes chatas, mas Sloane odeia o som da própria voz ao formular uma pergunta. Então, qual é a fantasia? Não é nada, na verdade, se quer saber. Claro, a fantasia é que ele fizesse as coisas sem que ela soubesse que precisava fazer, como limpar as gotas de urina da borda do vaso sanitário, preparar as roupas das crianças para a manhã seguinte, colocar a tesoura de volta no lugar das tesouras, que ele fizesse um monte de tarefas antes mesmo de a ideia dessas tarefas entrar na cabeça de Sloane. Serviço invisível, do tipo que ela gosta que os garçons pratiquem em seu restaurante. Que ele liberasse espaço em sua mente para que ela pudesse ficar sexualmente excitada naquele campo agora aberto onde não há mais uma lista infinita de tarefas, e os quadradinhos ao lado de cada tarefa estão preenchidos... mas essa lista esmagadora nem chegaria a ser escrita, porque ele faria tudo antes mesmo de ela pensar. Até passearia com o cachorro. Ha, ela pensa. Fala sério. Isso é loucura. Afinal de contas, nem sequer temos uma porra de um cachorro.

Mas, principalmente, ela sabia, não podia dizer a Jenny que, além de todas aquelas coisas que queria do marido, o que ela mais queria era que ele dissesse que tinha sido culpa dele. Que Sloane não era uma vadia demoníaca. Que ele gostava de vê-la sendo fodida por outros homens. Que ele escolhera Wes por uma variedade de razões que talvez não tivessem nada a ver com o que Sloane gostava, queria ou precisava. E Sloane de repente se deu conta de que aquela mulher não tinha entendido nada. Ela achava que dependia de Sloane. Ela achava...

Quero dizer, sério, qual é a porra do seu problema?, repetiu Jenny.

Sloane saiu de seu devaneio e olhou para Jenny, para a maneira como Jenny a olhava. E percebeu de repente que era mais conhecida, mais bem vista do que pensava.

Você é a mulher, disse Jenny com raiva. E você deixou isso acontecer.

Sloane sentiu o banco do carro desaparecer embaixo dela.

Você é a mulher, repetiu Jenny. Não sabe que deveria ter o poder?

No ano anterior, antes de toda aquela questão com Jenny e Wes ter chegado ao fim, Sloane foi deixar a mãe no aeroporto depois de uma visita. Tinha sido uma visita boa. Também tinha sido antes do dia no campo de golfe, quando as sobrinhas perguntaram sobre o acidente. Ela e a mãe estavam conversando sobre como tinha sido bom o tempo que passaram juntas, quando, de repente, a voz de Dyan ficou presa na garganta.

Mãe?, disse Sloane. Você está bem?

Aquele homem, disse Dyan, indicando um homem que despachava a bagagem à frente delas.

Quem é?

Não é ninguém, disse Dyan. Ele só se parece com alguém.

Com quem?

Parece o pai da garota com quem eu fui morar depois do acidente. Ele sempre trapaceava no tênis. Ele e eu jogávamos tênis no clube dele. Quando a bola caía sobre o lado de fora da linha, ele sempre marcava ponto para si. Eu tinha dezessete anos. Não sabia o que fazer. E sabia que ele estava roubando.

Eu não sabia que você tinha ido morar com outras pessoas depois do acidente, disse Sloane.

Dyan fez que sim com a cabeça. E explicou pela primeira vez que seu pai não suportava olhar para ela, então a mandara embora para morar com uma amiga. Dyan descreveu a situação de uma maneira muito objetiva, como se falasse de outra pessoa. Sloane começou a chorar. Ela abraçou a mãe, que parecia feita de pedra fria.

É uma das razões, disse Dyan, sorrindo e se afastando, por que eu não gosto de tênis.

Sloane continuou segurando os braços da mãe, embora não tivesse certeza de que estava ajudando. Ela não se sentia capaz de ajudar. Pensou em tudo que a mãe já fizera por ela. Todas as maneiras pelas quais se certificara de que Sloane teria as melhores oportunidades na vida. Todas as refeições magníficas que tinha preparado. Todas as vezes que havia esperado dentro de um rinque gelado, um estúdio de dança abafado. Cada gesto carinhoso que tivera com os netos, as roupas boas, os brinquedos cuidadosamente escolhidos. A maneira como dizia a Sloane que ela era bonita, olhando em seus olhos e confirmando a aparência de uma filha como só uma mãe consegue fazer.

Mas então havia momentos como aquele, quando parecia que a mãe enterrara as coisas tão fundo que Sloane não conseguia alcançá-las. O mesmo, ela sabia, valia para o acordo que Sloane tinha com o próprio marido. As regras, as linhas, tinham sido desenhadas na areia de uma praia, onde não era fácil enxergá-las. Onde a maré podia mudá-las durante a noite, de modo que, de manhã, o que você tinha desenhado desaparecera.

Na última vez que ficara bêbada além da conta, ela estava observando o marido dentro de outra mulher e sentiu que tudo dentro dela mesma evaporara. Saiu do quarto. Saiu em um rompante, tanto quanto alguém como ela podia sair em um rompante. Alguém que estava acostumada a ser uma superfície serena, adorável e solitária. Ou talvez ela não tivesse saído do quarto em um rompante. Talvez apenas o interior dela tivesse feito isso.

Sloane pensou em como era curiosa a forma como as lembranças vivem em nossa mente. É engraçado quem consegue ligar e desligar as coisas. É preciso decidir quem está certo. Se Richard nunca tivesse lhe dito que fora errado ninguém dizer: Graças a Deus você está viva! quando ela capotou com o carro do irmão, aquela noite teria vivido em sua mente como a noite em que ela destruiu o carro do irmão. Isso significaria que a culpa era dela por não ser próxima do irmão. E talvez nunca tivesse lembrado que a ótima relação que tinha com o irmão não havia terminado, como ela pensava, por causa do cara que ela namorou ou porque ela capotou com o carro de Gabe, mas na verdade havia morrido de uma morte muito diferente, e muito antes, quando ela tinha oito ou nove anos e Gabe entrou em seu quarto e perguntou: *você quer brincar?* para a irmã mais nova.

Na patisserie naquele dia, Sloane pediu o croissant e sorriu para si mesma diante do absurdo. Deu uma mordida, sentiu o gosto exuberante da manteiga e a doçura da amêndoa e pensou: *Jesus Cristo, eu estou comendo um croissant de amêndoa.*

Você é a mulher, você deveria ter o poder.

Sloane queria tomar Jenny nos braços e contar a ela sobre a noite em que viu o próprio marido dentro de outra mulher, sobre o fato de ele ter escolhido Wes para ela. Queria contar a Jenny sobre o acidente em que sua mãe se envolvera e sobre como ela fora mandada embora. Como isso, por sua vez, ditara a maneira como ela fora mãe de Sloane. Ela queria descrever seu próprio acidente e como tinha se sentido mal na época, e como estava sempre se sentindo mal em relação a algo que quase fizera ou que não fizera. Ela queria contar a Jenny sobre o jeito como seu irmão tinha sugerido que eles brincassem quando ela era uma menina. Queria contar a ela que naquela época tinha uma cama com dossel e uma lareira que não funcionava em seu grande e lindo quarto rosa. Queria dizer como tudo, visto de fora, parecia absolutamente perfeito.

maggie

Maggie e seus dois irmãos fazem um protesto. Levam algumas estacas de madeira e cartazes que fizeram para o perímetro da West Fargo High School. Ela usa um gorro laranja e seus longos cabelos loiros caem por sobre os ombros. Os cartazes dizem

QUANTAS VÍTIMAS SERÃO NECESSÁRIAS?

e

AARON COSBY?

De carros em movimento, as pessoas gritam com eles: a maioria meninas, mais jovens que Maggie. Buzinam e gritam pelas janelas, dizendo coisas que a deixam enjoada — coisas que não se pode repetir, porque, caso a pessoa para quem você está contando não as tenha pensado sobre você ainda, agora, no mínimo, essa pessoa vai saber que outra pessoa pensou.

Puta horrorosa!

Você é a piranha mais feia que eu já vi, e é por isso que está dizendo que foi estuprada!

Larga esse cartaz ou eu vou acabar com a sua raça!

Um carro, cheio de garotas jovens e meigas, passa por eles de novo, e Maggie tira uma foto com o celular.

Ah, vai chamar a polícia, sua vaca?

Maggie diz: Sim, na verdade eu vou!

Há um contraprotesto no mesmo dia. "West Fargo em apoio a Knodel." Maggie assiste pela televisão. É liderado por oito dos alunos atuais de Aaron Knodel. A maioria é do sexo feminino. Elas praticam esportes e suas fotos de perfil do Facebook são assertivas e cheias de línguas. Usam shorts curtos e suas pernas são bronzeadas. Seguram cartazes que dizem

Melhor professor que já tivemos

#WFcomKnodel

Inocente #WFcomKnodel

Ao passar, os motoristas diminuem a velocidade e buzinam ou aceleram e gritam. Aplausos e sol. Agora, a perua da família Knodel passa. Uma foto é tirada. Marie está no banco do passageiro, com cabelos presos no alto como os de uma mãe, a pele consideravelmente mais clara do que no tribunal, a boca aberta como se gritasse: Sim! Há um menino no banco atrás dela, fazendo sinal de positivo com os polegares para fora da janela aberta, e ao lado dele um menino menor, que parece confuso. Aaron está no banco do motorista com um cachorrinho branco acomodado entre seu tronco e o volante. Em seu rosto, uma expressão de orgulho um pouco constrangido e ao mesmo tempo totalmente exultante, como o sol sobre o funeral de um inimigo.

Um jornalista local, que permaneceu neutro durante a cobertura do julgamento, diz: Se não sabia antes, então ficaria sabendo agora. Ele dirigia de um lado para o outro durante o protesto, com o cachorro no colo, as crianças e a esposa, e um sorriso presunçoso no rosto.

Ele enganou, o repórter diz, literalmente todo mundo.

* * *

Em uma ensolarada tarde de setembro, os Bisontes, da Universidade Estadual da Dakota do Norte, jogam contra os Fighting Hawks, da Universidade de Dakota do Norte. É também o dia da West Fest, um desfile para a cidade de West Fargo durante o qual carros alegóricos patrocinados por empresas locais percorrem a rua principal, com os participantes do desfile jogando doces para crianças pequenas que esperam nas calçadas.

Os carros alegóricos anunciam rivalidades e alta qualidade. Compre meu seguro. Coma na minha lanchonete. Os membros da American Legion estão competindo com os membros do Veterans of Foreign Wars. A Lauritsen Financial coloca garotinhas para jogarem picolés para a multidão. As guloseimas são lançadas em direção às crianças que esperam nas calçadas, e também na rua, provocando um pequeno caos de pernas em disparada. As meninas do softbol de arremesso rápido jogam algumas bolas do campeonato estadual de 2015, assinadas por todas as garotas da equipe vencedora.

Um garotinho grita depois de ser atingido na boca por uma das bolas de softbol. A mãe, com cabelos loiros finos e uma caneca de café na mão, diz: Você vai ficar bem, querido, eu prometo. Ela olha para a multidão, distraída.

Outra mãe, com três filhos a reboque, diz à criança do meio: Você nunca me ouve. Existe uma razão para nunca me ouvir?

Há um carro alegórico do time de futebol americano West Fargo Packers — uma *end zone* da Astroturf enfeitada com balões e garotos com camisas do time jogando bolas de futebol entre si. Animadoras de torcida com leggings pretas e camisas verde e brancas do Packers caminham atrás do carro, agitando pompons verdes nas mãos. Há mascotes e pequenas meninas somalis segurando cupons de vale-presentes de 25 dólares da Aaron's, uma loja de itens de cozinha e eletrodomésticos. Há escoteiros carregando uma bandeira como um caixão; meninas animadas usando óculos de sol, vestidas como uvas e bananas; carros esportivos elegantes percorrendo lentamente a avenida. Ao longo das calçadas estão os espectadores, as cadeiras dobráveis, as cabeças calvas besuntadas de protetor solar como ovos fritos, meninas com as raízes dos cabelos molhadas depois do banho, pré-adolescentes ao celular. Há pais que bebem cerveja e pais que bebem água, com moletons de West Fargo e da UEDN, acenando para os integrantes do desfile nos carros alegóricos, o tipo de comunidade que é pequena o suficiente para que todo mundo conheça todo mundo e grande o suficiente para que se sintam confortáveis para falar uns dos outros pelas costas.

Um repórter local diz ao cinegrafista que Aaron Knodel deve desfilar no carro alegórico do Sistema de Escolas Públicas de West Fargo. Ninguém anuncia esse fato, por causa dos acontecimentos recentes, mas ele certamente tem o direito de estar lá — Professor do Ano. Como em uma brincadeira de telefone sem fio, a notícia se espalha.

Maggie não está no desfile. Ela está servindo mesas no Perkins. Trabalha como garçonete desde a época da escola, embora no ensino médio trabalhasse no Buffalo Wild Wings, transportando asas de frango laranja escaldantes em pratos, e mesmo que o cheiro ficasse impregnado nela, era melhor que o cheiro do Perkins, que é mais antigo e mais suave, mas de alguma forma mais penetrante. O Perkins cheira a refeitório. Os ovos mexidos são ressecados e pálidos. Uma vez, Aaron foi comprar comida para viagem no Buffalo Wild Wings, mas, até onde Maggie sabia, ele nunca tinha ido ao Perkins.

Há um trilho de trem de carga a distância. Às vezes ela vai até a janela e fica olhando os trens passarem. Hoje, como todos os dias, seu cabelo está comprido, escovado e lindo. Ela parece deslocada, levando ovos esbranquiçados para clientes intratáveis. Uma garçonete magra, com cicatrizes no rosto, fala sobre o filho, que não cresceu um centímetro nem ganhou um quilo desde os seis meses de idade. Agora ele tem quinze meses. É curioso, ela sabe. Nem um grama. O médico disse: Minha nossa, o que está acontecendo?

Maggie ouve um trem e vai até a janela. Ela quer sair dali. É a única maneira de esquecer. Ainda fala de Aaron como se a proximidade deles fosse recente, embora o relacionamento tenha terminado há mais de seis anos. Ela não parava de pensar: E se eu o estiver traindo? E se ele ainda tiver os mesmos sentimentos e simplesmente não souber o que fazer? Ela se sente estúpida e ridícula por ter acreditado que ele a amava. É solitária de uma maneira mais profunda do que muitas outras jovens de vinte e três anos. Está no Tinder, mas todos os caras por quem se interessa pedem um encontro imediatamente. Quando descobrem o nome dela, eles dizem: Ah, não sabia que você era uma vadia maluca. Ela não confia em ninguém, mas também há o perigo de confiar demais. Maggie não tem mais o pai. Quando meninas ficam sem pai, elas olham debaixo de cada tampa de bueiro. Outro dia ela disse a uma amiga que só queria que Aaron passasse uma noite na cadeia, uma noite durante a qual ele estivesse errado e ela estivesse certa, uma noite durante a qual ele pagasse pelo que fez com a vida dela.

Seria o suficiente, perguntou a amiga, se a mulher dele o deixasse? Se o mundo dele desmoronasse, isso seria um bálsamo, e seria o bastante?

Ela pensou por um momento. Sua resposta não estava errada, mas o mundo, ela sabia, estava alheio demais à trajetória da dor feminina para compreendê-la por completo sem humilhar Maggie. Até as mulheres teriam dificuldade. Ou as mulheres seriam as que mais teriam dificuldade.

Sim, respondeu ela, acho que seria.

Enquanto isso, na casa de Maggie, Arlene Wilken está se desfazendo da maioria das coisas do falecido marido. Já faz mais de um ano, e Maggie ainda não quer abrir mão de nada. Arlene gosta de sentir o perfume dele. Primeiro doou todas as calças, porque significam menos do que as camisas, mas nos últimos dias também vem doando as camisas.

Na parte de trás da porta do quarto, ela guarda duas camisas que ele pendurou lá dias antes de se matar. É incrível como o cheiro dele ainda persiste, e isso faz Arlene ter ainda mais certeza de que ele não estava pronto para ir. Ela sabe que pode deixar as duas últimas camisas lá porque a porta está sempre aberta, as camisas viradas para a parede, de forma que ninguém as vê, a não ser ela.

O que gostaria de pedir como acompanhamento?, Maggie pergunta a um homem de boné e uma mulher cujo suéter tem, nas costas, um gato gigante bordado à mão.

O homem tem um jeito rabugento. Ele diz: Salada verde com cebola picada.

Na mesa ao lado, um bebê em um carrinho sofisticado solta um gemido de despertar.

Que tipo de molho?, Maggie pergunta ao homem do boné.

Francês, responde ele, como se fosse óbvio. E acrescenta com firmeza: Com cebola picada!

Cebolas picadas, Maggie confirma, riscando com força o bloco de pedidos.

No West Fest, Aaron Knodel está sentado no carro alegórico como um rei. Há duas escolas secundárias na cidade, assim como há dois Estados Unidos. Há homens e há mulheres, e um ainda domina o outro em certos bolsões do país, em momentos que não são televisionados. Até quando se defende, a mulher deve fazê-lo da maneira correta. Deve chorar na medida certa, e parecer bonita, mas não sensual.

No Perkins, a garçonete magricela deixa cair uma faca de manteiga a poucos centímetros da roda do carrinho sofisticado. Maggie pega a faca e a coloca na bandeja bege de louça suja antes que alguém perceba.

O homem do boné e a mulher com o gato no suéter estão conversando em voz baixa e olhando para Maggie. Está claro, pela cara deles, que não estão dizendo coisas boas. Quando as pessoas olham para Maggie, ela não sabe se é porque a reconhecem da televisão ou se apenas veem uma garota de cabelos compridos e maquiagem perfeita que deve pensar que é boa demais para sua função. Outro trem passa a distância. Os trens passam muito rápido, antiquados e misteriosos. Maggie ama a aparência deles, o som e o movimento propulsor. Inventa histórias sobre seus destinos. Em sua mente, ela viaja em um dos vagões elegantes, com lábios pintados de vermelho e uma linda mala.

Mais tarde, na mesma noite, Maggie vai postar no Facebook: Até mais, Perkins... Foi tão *surreal*!

Houve uma discussão com um cliente, e o resto do dia ficou triste e cinzento. Ela disse ao gerente que estava indo embora e nunca mais voltaria. Sabe que precisa do dinheiro, mas vai conseguir um emprego em outro lugar. Em qualquer outro lugar. Vai para a faculdade para ser assistente social. Alguma coisa vai dar certo. Alguma coisa sempre dá certo. Afinal, não é como se o mundo precisasse de mais uma Garçonete do Ano.

Ainda mais tarde, ela vai postar em letras brancas sobre um fundo preto: Sinto muita falta do meu pai.

Poucas pessoas vão curtir o primeiro post de Maggie ou oferecer conforto ao ver o último.

Mas ainda não é hoje à noite. Por enquanto, Maggie ainda está no Perkins. Por enquanto, ela não pediu demissão. Nem foi embora. As coisas ainda podem ser diferentes. Ela ainda tem o resto da vida pela frente.

O trem está desaparecendo de vista, sua traseira deslizando como uma espada em meio às árvores. Ela fica de pé com a coluna ereta dentro da moldura completa de si mesma, tenta silenciar as vozes e o observa pela janela, todo ele passando tão rápido.

epílogo

No hospital, minha mãe estava pior do que incoerente. Embora seja difícil pensar em muitas coisas piores do que a incoerência, em especial porque durante toda a vida ela foi clara como vodca.

Mas às vezes ela era ela mesma, e eu aproveitava esses momentos. Queria falar e ouvir, mas principalmente queria que ela me dissesse o que desejava. Eu implorava por qualquer coisa. Você quer ir para Rimini?, eu perguntava. A pequena cidade de praia familiar que ela amava, quando eu queria que ela amasse o mar Tirreno, ou a região italiana de Como. Depois que implorei por desejos finais, sonhos, alegrias irreais que eu pudesse levar para ela, ela disse apenas asas de frango fritas. E eu sabia que ela se referia não às coxas, mas apenas às asas, de um laranja vibrante, do restaurante local onde um dia eu tinha trabalhado como hostess, usando meia-calça sob a calça preta engomada. Saí do hospital animada. Ao fazer o pedido, eu estava tão emocionada quanto alguém em minha posição poderia estar. Peguei o isopor branco no saco marrom. Embora fosse primavera, liguei o aquecimento do carro e segurei o saco diante do ar quente para manter as asas aquecidas. Minha mãe odiava comida fria. Ela gostava de queimar a língua.

Entrei no quarto dela, vitoriosa. Ela havia acabado de ser transferida para o andar onde ficava a ala de oncologia e o novo quarto era bonito, comparado com os primeiros dias difíceis na maternidade. Quando ela foi internada, a maternidade era o único lugar onde havia um leito disponível, e minha mãe, a única coisa silenciosa e pálida entre seres corados, suados, eufóricos.

Eu trouxe, falei. Suas favoritas.

Ela olhou para mim. A seu lado, eu havia empilhado exemplares da revista *People* e da *Gente*, seu equivalente italiano. Coloquei o controle remoto da televisão em um lugar onde ela pudesse acessá-lo facilmente. Mas ela não tinha tocado em nada. Ficara apenas deitada ali, olhando para a parede amarela.

Ah, ela disse.

Como assim *Ah*?

Eu não estou com muita fome.

Apenas experimente, pedi. Eu tiro a carne para você.

Não, você sabe que eu gosto de comê-las direto do osso.

Mas ela não conseguia. Para comer algo direto do osso, é preciso ter um apetite genuíno. Ela pegou uma asa e a deixou cair.

Eu fiquei com raiva. De sua falta de vontade. Fiquei com raiva porque ela mal estava tentando querer.

Tem algo que você ainda queira me dizer?

Você sabe onde está tudo, respondeu ela. Estava se referindo à escritura da casa e a outras pequenas coisas que escondera dos ladrões e de membros bisbilhoteiros da família.

Sim. Eu quis dizer mais alguma coisa.

Eu te amo.

Ótimo, eu disse. Ela entendeu minha raiva. Sabia que eu achava que era culpa dela, não necessariamente ter ficado doente, mas não se importar de ter ficado doente.

Você quer saber outra coisa, tudo bem. Seu sotaque estava menos carregado do que jamais estivera. A morfina tornava a pronúncia mais difícil, fazendo com que ela soasse como todas as outras pessoas.

Naquele momento, a enfermeira mais gentil entrou e disse: Humm, asas de frango! Moça de sorte! E minha mãe as ofereceu a ela de uma forma que não fez por mim. Eu tenho uma boa filha, ela disse, e deu tapinhas em meu braço.

Depois que a enfermeira simpática saiu, minha mãe olhou para mim. Seu rosto estava tão cinzento. Apenas à noite, quando recebia transfusões de sangue, ela ficava rosada, parecida com a mulher que eu conhecera. Que limpava a casa de forma incansável, que polia as panelas de cobre toda semana e comia sementes de girassol, ruidosamente, sem remorso, no cinema.

Você está pronta?, ela me perguntou.

Estou, respondi. E me aproximei do rosto dela. Toquei sua bochecha. Ainda estava quente, e eu sabia que não seria por muito tempo.

Não deixe que a vejam feliz, sussurrou ela.

Quem?

Todo mundo, disse ela, cansada, como se eu já tivesse deixado de entender. E acrescentou: Outras mulheres, principalmente.

Pensei que fosse o contrário, falei. Não deixe que a vejam para baixo.

Isso está errado. Todos vão vê-la para baixo. Eles *devem* vê-la triste. Se virem que você é feliz, tentarão destruí-la.

Mas quem?, perguntei mais uma vez. E o que quer dizer com isso? Não está dizendo nada com nada.

Eu ainda era jovem, tinha perdido meu pai havia apenas alguns anos. Ainda não tinha me aventurado no mundo sozinha e sido mordida. Além disso, era uma pessoa dividida; meu pai me dizia que eu podia ter tudo. Que eu era a única coisa que importava. Minha mãe me ensinara que éramos moscas. Estávamos todos na sala de espera de hospitais lotados. Todos destinados a qualquer ala que pudesse nos receber.

Seus olhos se fecharam então. As pálpebras tremeram, na verdade. Foi mais dramático do que precisava ser. Mesmo naquele momento, uma chaminé de galhos, ela queria que eu tivesse consciência do peso de sua vida.

Em uma noite quente de julho de 2018, Arlene Wilken se prepara para dormir. Ela liga a televisão para assistir ao noticiário e puxa as cobertas até a cintura. O outro lado da cama está vazio.

Na televisão, o âncora fala sobre o mais recente escândalo envolvendo professor e aluno na Dakota do Norte. Há tantos, é um foco, não para de acontecer. Arlene aumenta o volume.

O âncora, Mike Morken, não é um dos que Arlene não suporta ouvir, aqueles que durante o julgamento pintaram a filha dela como a garota que tentou destruir o lar do Professor do Ano. Morken não fez julgamentos, como todo mundo fez naquele estado frio e quadrado.

Arlene o ouve dizer que na Dakota do Norte é possível acessar o arquivo de qualquer professor no sistema. É uma informação nova e chocante. Ela sente que Deus está falando por intermédio de Mike Morken, guiando-a. No dia seguinte, liga para o sistema escolar de West Fargo e solicita o arquivo de Aaron Knodel. Recebe um pacote grosso que parece sujo ao toque. Em cada página, ouve a voz do professor pedindo à filha menor de idade que espere cinco anos por ele, dizendo a ela que não via a hora de cobrir todo o seu corpo com a boca.

Então Arlene encontra algo que a deixa mais perplexa do que perturbada: várias amostras de caligrafia que não foram divulgadas durante o julgamento. Na verdade, ela vê a ficha de inscrição de Aaron Knodel, inteiramente preenchida à mão, linhas e linhas de floreios idiossincráticos que poderiam ter ajudado a perita forense a chegar a uma opinião mais conclusiva do que "indicações", o que dá a entender que há evidências que sugerem que Knodel pode ter escrito os bilhetes, mas que, na escala da análise criminal, é uma avaliação bastante frágil.

Arlene não sabe o que fazer com a descoberta. Ela pensa em falar com Jon Byers, mas ele já ignorou suas ligações tantas vezes. No fim do julgamento, embora estivesse arrasada, Arlene estendeu a mão para cumprimentá-lo, para agradecer, e percebeu que ele fingiu não ver. Ele ainda guardava rancor, ela imaginou, de quando ela havia questionado por que ele estava demorando tanto para indiciar Knodel. Arlene perguntara, Quem, exatamente, você está protegendo? Mas naquela época ela não sabia, e continua sem saber, quem estava do seu lado.

Tudo o que ela tem é sua crença inabalável no relato da filha. Aquelas coisas não saíam de sua cabeça. Cada depoimento, cada prova. Um aterro fumegante de informações e os terríveis pensamentos que escoavam dele como chorume. De quantas maneiras, por exemplo, tinham deixado o sistema fazer o que quisesse com elas, porque ainda estavam de luto pela morte de Mark Wilken ao mesmo tempo em que tentavam se concentrar no julgamento? Ela olha para o lado vazio da cama e implora por orientação.

Será que *aquilo* finalmente convenceria as pessoas de que Knodel escrevera para sua filha: *Mal posso esperar você fazer dezoito anos...?*

Ela quer ligar para alguém. Quer dizer ao mundo: Vejam, por favor! Vejam como nossa família foi maltratada, ignorada. Vejam tudo que eles esconderam! Ela pega o telefone. Então o coloca de volta onde estava. Não há ninguém para quem ligar. Ninguém que se importe. Ela não sente exatamente desapontamento. Desapontamento significa que você está acostumado a ver as coisas darem certo para você de vez em quando. Há anos que Arlene vem tentando exonerar a filha, o marido e a si mesma. Em público, sim, mas na maior parte do tempo presidindo julgamentos particulares, sozinha em seu quarto, nas muitas horas aterrorizantes durante as quais repassava cada passo que tinham dado como família, cada jantar, cada viagem, cada bebida.

Na noite seguinte, quando Maggie chega do trabalho, Arlene lhe conta sobre as novas amostras de caligrafia. Ela quer saber o que elas devem fazer. Se Maggie quer ir adiante com aquilo. Maggie dá de ombros.

Para quê, mãe? Você acha que dessa vez vão acreditar em mim?

Arlene acena com a cabeça. Ela vai em direção à cozinha. Pode fazer macarrão ou esquentar sopa, ou podem pedir comida. O que você quer, Maggie? Maggie diz que não está com fome. Está cansada. Trabalhou o dia inteiro como especialista em saúde comportamental. Orientando um grupo de crianças, a maioria mais desafortunada do que ela.

Maggie, quer sair para jantar, nós duas?

Desde o julgamento, desde a morte de Mark Wilken, Maggie não deseja como costumava fazer. A única coisa mais difícil do que um pai ou uma mãe que você não consegue agradar é um filho desencantado que não quer que você tente. O desespero de uma mãe, Arlene percebe, não é suficiente.

* * *

Mesmo quando as mulheres são ouvidas, muitas vezes apenas aquelas do tipo certo são ouvidas de fato. As brancas. As ricas. As bonitas. As jovens. É ainda melhor que seja todas essas coisas ao mesmo tempo.

Algumas mulheres, como minha mãe, têm medo de falar. Uma das primeiras mulheres com quem conversei desistiu porque se apaixonou e teve medo de que falar a respeito fizesse aquele sentimento desaparecer. Sua própria mãe lhe dissera que falar do amor era a maneira mais rápida de acabar com ele. Seu nome é Mallory, ela é alta, tem cabelos longos e é da Dominica, uma ilha com areias cor de ameixa, pobreza, banheiros ao ar livre na praia. Antes de se apaixonar, Mallory gostava de transar com mulheres negras e homens brancos. Mulheres negras, como ela, porque faziam com que se sentisse bonita e segura. Homens brancos, especificamente da Nova Inglaterra, que usavam camisas de algodão e eram entediantes e perturbados na cama, porque ela ficava excitada ao pensar nas mulheres negras que a julgariam por transar com homens que elas imaginavam serem racistas. Ficava excitada ao transar com homens brancos que eram desejados por mulheres brancas. As mesmas mulheres brancas que passavam férias em sua ilha quando ela era criança e que compravam sarongues de sua mãe, que tinha uma barraca na areia escura. Elas faziam Mallory desejar o que elas tinham.

Tantos dos medos relacionados ao desejo parecem ser coisas que deveríamos ter superado anos atrás. Podemos dizer que queremos transar indiscriminadamente, mas não podemos dizer exatamente que esperamos ser felizes.

Nas noites que passei em Indiana, ouvindo uma sala cheia de mulheres, havia muita camaradagem, muita preocupação silenciosa. Mas quando Lina entrava na sala feliz, quando ela chegava logo depois de ter se encontrado com Aidan, essas eram as noites em que as outras mulheres tamborilavam os dedos e tentavam abafar sua alegria.

Algumas das mulheres expressavam frustração porque Lina tinha uma casa, um marido que cuidava dela e filhos saudáveis. Tudo estava limpo e em perfeito funcionamento. Elas ficavam com raiva por ela querer mais.

Durante a infância e a adolescência de Lina, sua mãe era extremamente controladora. Escolhia a paleta de maquiagem de Lina e a cor de suas roupas. Comprava vários itens rosa, apesar de Lina detestar rosa. A mãe de Lina não se importava. Ela comprava aquilo de que gostava. E o pai de Lina nunca passava tempo com ela. Ela se lembrava de implorar, durante anos a fio, noite após noite, que ele lhe ensinasse como trocar um pneu.

Lina tentou explicar ao grupo de mulheres que Ed era igual a seu pai, um homem impermeável que não absorvia nada do que ela queria ou dizia. Ela queria um *parceiro*. Essa palavra não parecia significar nada para ninguém que ela conhecesse. Queria alguém para transar, amar, consertar carros, dirigir por estradas de terra em conversíveis ou quadriciclos, ou o que quer que fosse, contanto que estivessem juntos. Não ter isso não era o mesmo que não ter uma máquina de lavar roupa novinha em folha. Não ter um parceiro, para Lina, era como morrer devagar e silenciosamente. Talvez Aidan não fosse fazer essas coisas com ela, talvez ele nunca deixasse a esposa. Talvez nenhuma das formas como ela o idealizara correspondesse à realidade. Mas Aidan deixava seu sangue quente. Ele fazia com que ela se sentisse uma garota, não parte da casa. Ela não via mais o fim de sua vida com clareza, não imaginava mais o cinza da terra na qual seria enterrada e a rua que o carro funerário percorreria para levá-la até lá. E isso fazia com que se sentisse viva, mais do que qualquer outra coisa que já tivesse feito antes.

Durante o fim de semana do Dia do Trabalho, Sloane e Richard têm uma discussão a respeito do restaurante. Faz dias que eles não transam, e Sloane sabe que Richard fica abatido quando eles não fazem sexo todos os dias. Trinta e seis horas é tempo demais, às vezes vinte e quatro é tempo demais. Mas naquele dia ele está com raiva; não quer se conectar com ela. Pela primeira vez, é ele quem quer esperar. Do lado de fora, homens pintam a fachada de madeira da casa. A cor vai mudar de verde-menta para cinza.

Sloane vai à depilação, em seguida toma um banho. Um dos parceiros deles manda uma mensagem enquanto ela está de molho na banheira. Ela vê a mensagem e pega o telefone, pingando, para ligar para Richard.

Sei que você não quer transar comigo, ela diz, mas eu preciso.

Richard diz que não, continua dizendo não, e Sloane continua implorando, até que finalmente ele diz que vai para casa. No quarto, ele enterra a cabeça entre as pernas dela, e ela pede a ele que suba, encaixando o corpo inteiro no dela, para penetrá-la. Ele não quer, ainda não consegue chegar lá emocionalmente. É mais fácil para ele fazer aquilo, fazê-la gozar com a boca, dar a ela o que ela quer sem se unir a ela.

Sloane usa lingerie de renda e nada mais e faz tudo o que pode com seu corpo para seduzi-lo. Ele continua negando, e ela continua insistindo. Por fim, ele cede e eles transam, e é intenso, límpido e rápido; quase sai pelo nariz dela quando ele goza em sua boca.

Depois Sloane fica deitada na cama, sentindo não *la petite mort*, mas o oposto — uma plenitude, quase. Ela sabe que no fim do dia, além da saúde da família e dos amigos mais queridos, não há nada mais importante do que o fato de ela desejar o marido mais do que qualquer outro homem, e de ele a desejar mais do que qualquer outra mulher. Que apesar das dificuldades que ela enfrentou e dos milhões de pequenas coisas que fazem com que se sinta mal a cada dia, não há nada melhor no mundo do que aquela comunhão.

Há pessoas invejosas que dizem coisas por suas costas, que a xingam dos mesmos nomes que Maggie Wilken foi xingada depois de fazer a denúncia e que Lina Parrish foi chamada na escola depois de ser estuprada por três garotos. Claro, Sloane sabe que tem o luxo de não dar atenção ao que as outras pessoas dizem. Ela é branca, bonita e proprietária de um negócio. Vem de uma família rica. Tem consciência de todas as maneiras pelas quais o mundo gira a seu favor. Também tem consciência de todas as coisas que ele vai usar para tentar derrubá-la. Mas quando está com o marido, são apenas os dois — mesmo quando não são.

Naturalmente, minha mãe morreu. Todas as mães morrem, e deixam para trás um rastro de sua sabedoria, de seus medos e desejos. Às vezes tudo é óbvio, assinalado para ladrões. No meu caso, eu precisei de uma luz negra.

Havia beleza em quão pouco minha mãe desejava. Não há nada mais seguro do que não desejar nada. Mas estar seguro dessa maneira, eu descobri, não nos prepara para as doenças, a dor e a morte. Às vezes a única coisa que isso mantém são as aparências.

No início do outono, Arlene Wilken continua pensando nas novas amostras de caligrafia. Ela está convencida de que é um caminho adiante para elas; de que coisas boas ainda podem acontecer. Diz a Maggie como está esperançosa. Mas Maggie não compartilha a perspectiva da mãe.

Ela está frustrada, furiosa até, com a ideia de que, para que muitas pessoas ao menos considerem por um momento que ela não inventou tudo aquilo, elas precisam de provas de um especialista.

Durante o julgamento e depois, Maggie e sua família foram transformados em um clichê. As nuances foram arquivadas, em favor da palavra *problemática*. Quando Maggie era pequena e chegava o inverno, Mark Wilken pegava seu removedor de neve e construía uma colina gigantesca no quintal, para os filhos descerem de trenó. Ele levava horas, mas sabia o quanto eles amavam aquilo. Arlene Wilken parou de beber três meses antes da morte do marido, e continua sóbria até hoje. Os pais de Maggie bebiam, mas eram funcionais e, acima de tudo, amorosos. O amor foi varrido para debaixo do tapete. Enquanto isso, as boas ações de Aaron Knodel foram enumeradas na imprensa, na escola e na rua.

Em um dos últimos dias do julgamento, Maggie estava saindo do tribunal. Um homem corpulento e de cabelos grisalhos na casa dos cinquenta anos se aproximou dela e disse: "Se vale de alguma coisa, eu acreditei em você, desde o início. Eu acreditei em você desde o primeiro dia."

Seus olhos eram bondosos e, embora tivesse se tornado difícil para Maggie confiar em homens que não conhecia, ela ficou feliz por ter um estranho do seu lado. Além da família e do círculo de amigos mais próximos, ele foi o único. A única pessoa que acreditou nela, ou que teve coragem de dizê-lo.

Enquanto isso, Aaron Knodel foi apoiado implicitamente pelos outros professores, pelos alunos, pelos repórteres, pelos atendentes dos postos de gasolina, pelas caixas dos supermercados. Pessoas que não o conheciam, não conheciam Maggie. Todos apostaram em Aaron Knodel antes mesmo de o caso ir a julgamento.

"O mundo queria acreditar que aquele homem bonito jamais teria feito o que fez", diz Arlene. "Defendê-lo fazia com que se sentissem seguros."

Na verdade, é o mesmo mundo que quer continuar louvando apenas aqueles que já foram louvados, aqueles que, ao longo da história, foram aceitos. Assistir ao modo como tantas pessoas reagiram à história de Maggie foi perturbador para mim. Mesmo aqueles que acreditavam em sua versão achavam que ela fora cúmplice. O que, afinal, Aaron Knodel tinha feito? Aaron Knodel não é um estuprador, diziam. Ele é um ótimo professor, tem uma família. Não merece ter a vida arruinada por *isso*.

Mas as ações das quais Aaron Knodel foi acusado são, indiscutivelmente, quase tão prejudiciais para uma criança quanto algo não consensual teria sido. A sociedade trata meninas, como a menina que Maggie era, como adultos que têm a capacidade de tomar boas decisões. Ela era uma garota inteligente com algumas dificuldades. Um professor brilhante como Aaron Knodel poderia ter sido o catalisador que a impulsionaria para uma vida inteira de confiança e realizações. Em vez disso, ele se tornou o oposto.

Muitas pessoas, tanto homens como mulheres, que aceitavam a verdade de Maggie, me disseram: Bem, ela quis. Ela pediu. Mas para mim Maggie Wilken não pediu. Ela aceitou, da mesma maneira que qualquer criança aceita uma condecoração, um presente. Mulheres têm livre-arbítrio, crianças não. O desejo de Maggie de ser amada, de que alguém lhe dissesse que ela era um ser valioso no mundo, foi atacado, no fim das contas, por sua ousadia.

Observei a mesma dinâmica quando conversei com outras pessoas sobre Sloane e Lina — em especial as pessoas mais próximas delas, seus amigos e vizinhos. Parecia que, no que dizia respeito ao desejo, ninguém queria que mais ninguém o sentisse, principalmente uma mulher. Casamento tudo bem. O casamento era uma prisão, uma hipoteca por si só. Eis um lugar para você deitar sua cabeça e eis uma tigela de comida para o cachorro. Se transar por aí, se tentar construir uma sauna, que todos os seus temores se tornem realidade. A lição final de minha mãe para mim — nunca deixar que ninguém soubesse que eu era feliz — na verdade já fora assimilada por mim muitos anos antes, durante a infância. Meu pai comprou para mim uma sereia não autorizada, algo que mudava de cor, para meninas mimadas durante o banho. Ele nunca me disse para não contar a minha mãe. Eu disse a mim mesma.

Por enquanto, Arlene Wilken tem uma sensação de alívio. Gostaria de dizer ao marido que talvez haja um novo caminho. Gostaria de convencer a filha. Mas Maggie é reservada, distante, ponderada. Aprendeu a não mostrar muito de si a ninguém. Tudo o que ela disser pode e será usado contra ela.

Além disso, é o momento errado; dá para entender por que ela não está eufórica. A descoberta das amostras de caligrafia vem logo após Maggie Wilken ficar sabendo que Aaron Knodel é o novo treinador assistente da equipe de golfe de Sheyenne. Lá está ele no site da escola, sorrindo, com as mãos cruzadas nas costas. Ele está mais encorpado, mais largo do que estava durante o julgamento. Está menos pálido. Parece saudável e satisfeito ao lado das quinze garotas, algumas delas morenas, algumas loiras. Uma ou duas ruivas.

agradecimentos

Obrigada: a Jackson, eu ainda preciso atingir o painel inferior de sua generosidade, mas vou passar o resto da vida tentando; a minha mãe e meu pai, que me deram o suficiente, demais, no curto espaço de tempo em que os tive; a Ewa, que me salvou; a meu irmão, que se salvou.

A Cydney, por tudo que você faz que é como lanternas de papel pegando fogo no céu noturno. A Eboni, Caitlin, Jan, Bevan, Karen, Beth, Dana, Ilde, Lucia, Caroline, Emily, Christina, Laure, Chrissy, Dara, Zoe, Camila, Ruth, Charlotte, pela sororidade. A Eddie também.

Grandes e infinitos agradecimentos ao meu editor, Jofie Ferrari-Adler, que acreditou em mim e depois esperou, pela elegância discreta com o qual pressionava sem pressionar; a minha agente, Jenn Joel, por ser sempre a melhor; a Jon Karp, por ser uma daquelas pessoas cujo nome em uma nota de elogio desperta uma espécie de orgulho divino de si mesmo.

Obrigada a outros primeiros fiéis e magníficos editores e amantes de histórias, David Granger e Tyler Cabot. A todas as pessoas, como eles, que formam suas próprias opiniões à frente das massas. Àqueles poucos ídolos que se revelam melhores quando você os conhece: Adam Ross. Obrigada, Leslie Epstein e Ha Jin, por serem artistas fantásticos e generosos o suficiente para serem também mestres vitais e altruístas.

Obrigada, Matt Andry, Justin Garcia e Kathryn Coe, por me colocarem na direção certa. Por fazerem isso com sabedoria e amor. Obrigada, Nick Pachelli e Susan Gamer, por terem acertado. A Mike Sager, por me dizer para começar em algum lugar quente, o único conselho que não segui. Obrigada, Jordan Rodman, pelas cores púrpura e ameixa e por todas as coisas pelas quais vou lamentar não saber que deveria agradecer a você. Obrigada, Alison Forner, por esta capa, que parece sempre ter existido.

Sou grata a todos os cérebros da Avid Reader Press, Simon & Schuster, ICM e Curtis Brown. A saber: Ben Loehnen, Carolyn Reidy, Meredith Vilarello, Julianna Haubner, Nic Vivas, Cathryn Summerhayes, Jake Smith-Bosanquet, Carolyn Kelly, Sherry Wasserman, Elisa Rivlin, Paul O'Halloran, Amanda Mulholland, Mike Kwan, Paula Amendolara, Leora Bernstein, Teresa Brumm, Lesley Collins, Chrissy Festa, Cheri Hickman, Alessandra Lacavaro, Tracy Nelson, Daniela Plunkett, Wendy Sheanin e, por um dos meus e-mails favoritos de todos os tempos, Stu Smith.

Por fim, e mais importante, sou profunda e eternamente grata às mulheres nestas páginas: a Lina, Sloane, Maggie e Arlene. Foi a generosidade delas que tornou este livro possível. Sem elas, este livro não existiria, tampouco existiria uma humanidade necessária. Elas são pessoas reais, como poucos são nos dias atuais. Não falaram comigo em benefício próprio, mas motivadas pela ideia de que outros pudessem se beneficiar com suas histórias. Fico honrada com sua verdade, bravura e esperança. Acredito que suas histórias invocam o desejo como ele é agora, seu aspecto bestial, sua glória e brutalidade. Elas são sangue e osso e amor e dor. Nascimento e morte. Tudo ao mesmo tempo. E isso, por fim, é vida.

Este livro foi impresso pela Lis Gráfica, em 2019, para a
HarperCollins Brasil. O papel do miolo é offwhite 70g/
m^2, e o da capa é cartão 250g/m^2.